COMO SE TORNAR O

TORNAR O

AMOR

QUE VOCÊ

BUSCA

CB029868

Diretor editorial
Luis Matos

Gerente editorial
Marcia Batista

Produção editorial
Letícia Nakamura
Raquel F. Abranches

Tradução
Felipe CF Vieira

Preparação
Nathalia Ferrarezi

Revisão
Gabriele Fernandes
Ricardo Franzin
Tássia Carvalho

Revisão técnica
Dra. Yone Fonseca

Arte e capa
Renato Klisman

Diagramação
Nadine Christine

Dados Internacionais de Catalogação na Publicação (CIP)
Angélica Ilacqua CRB-8/7057

L615c

LePera, Nicole
    Como se tornar o amor que você busca : Interrompa ciclos, encontre paz e cure os seus relacionamentos / Nicole LePera ; tradução de Felipe CF Vieira.
    –– São Paulo : Universo dos Livros, 2024.
        304 p : il.

    ISBN 978-65-5609-643-8
    Título original: *How to be the love you seek*

    1. Autoajuda I. Título II. Vieira, Felipe CF

24-1246   CDD 158.1

Universo dos Livros Editora Ltda.
Avenida Ordem e Progresso, 157 — 8º andar — Conj. 803
CEP 01141-030 — Barra Funda — São Paulo/SP
Telefone: (11) 3392-3336
www.universodoslivros.com.br
e-mail: editor@universodoslivros.com.br

Dra. Nicole LePera

Autora com mais de 8 milhões de seguidores nas redes sociais

COMO SE TORNAR O AMOR QUE VOCÊ BUSCA

Acabe com relacionamentos tóxicos
e atraia tudo o que sempre sonhou

São Paulo
2024

Grupo Editorial
UNIVERSO DOS LIVROS

Para minha mãe e todos aqueles que vieram antes.
Que descansem na infinita paz do amor.

Para todos nós que ainda estamos aqui.
Que sejamos capazes de transformar nossa dor
e curar nossos corações.

SUMÁRIO

INTRODUÇÃO

VOCÊ CRIA A MUDANÇA

Você provavelmente está lendo este livro porque existe um relacionamento em sua vida que está lhe causando estresse. Seja um parceiro romântico, seja um dos seus pais, irmãos, filhos, amigos ou colegas, você gostaria de mudar a dinâmica com o outro – e, se for como a maioria de nós, você gostaria que essa mudança acontecesse rapidamente. Alguns podem até pensar duas vezes sobre continuar investindo em um relacionamento em particular, sem saber se vale o esforço ou mesmo se seria possível repará-lo. Outros podem achar difícil iniciar ou manter relacionamentos, temendo um futuro de isolamento e solidão.

Eu entendo tudo isso. Depois de uma década trabalhando como psicóloga clínica, tive muitos clientes que desejavam profundamente encontrar um amor duradouro, resolver conflitos repetitivos ou eliminar hábitos disfuncionais. Durante sessões de terapia com indivíduos, casais e famílias, testemunhei um padrão semelhante repetidas vezes: apesar de seus melhores esforços e intenções, boa parte das pessoas não conseguia criar ou manter os relacionamentos que queriam, e muitas delas se tornavam frustradas e ressentidas no processo.

A maioria dos meus clientes leu livros sobre relacionamentos e, com o tempo, tentou todas as estratégias e ferramentas da moda, torcendo para que algo, qualquer coisa, pudesse ajudar. Muitos ouviram sobre o conceito das "linguagens do amor", popularizado pelo livro do dr. Gary Chapman, de 1992, *As cinco linguagens do amor: como expressar um compromisso de amor a seu cônjuge*. A teoria do dr. Chapman sugere que pedir a nosso parceiro que demonstre seu amor de diferentes maneiras – por meio do toque físico, passando tempo juntos, dando presentes, recorrendo a palavras de afirmação ou atos de serviço (como arrumar a cama ou fazer o jantar) – pode aprofundar nossa conexão.

Essa abordagem mais ampla de implementar mudanças externas – esperando que os outros adaptem seus comportamentos para atender às nossas necessidades – é um traço comum na maioria das terapias baseadas em relacionamentos. Embora as práticas e as ferramentas possam diferir entre terapeutas, livros e ideologias, em geral a mensagem central é a mesma: devemos mudar a nós mesmos para melhor atender às necessidades de outra pessoa e vice-versa.

Na teoria, se você não sente apoio ou conexão em seu relacionamento, pedir para a outra pessoa modificar o comportamento dela talvez soe como um bom plano. Mas, quando tomamos essa abordagem na prática, geralmente o tiro sai pela culatra. Não podemos mudar os outros, e esperar que eles mudem seus padrões enraizados costuma não funcionar, pelo menos não por muito tempo. Buscar uma mudança externa, em geral, aumenta a tensão entre as pessoas, causando reatividade ou descontentamento, além de perpetuar o conflito e a desconexão. Pode acabar se transformando em uma receita para uma vida de ressentimentos e desprezo.

Não podemos mudar os outros, e esperar que eles mudem seus padrões enraizados costuma não funcionar, pelo menos não por muito tempo.

Você pode (com razão) estar se perguntando: *Então, o que posso fazer?* Se esperar que os outros adaptem quem são para melhor atender a quem nós somos não funciona, então o que funciona? Por anos também me perguntei isso.

Cedo em minha vida adulta, tive dificuldade para criar conexões que almejava muito. Apesar de ter várias ferramentas terapêuticas a meu dispor, continuava me sentindo insatisfeita na maioria dos meus relacionamentos, apesar dos meus melhores esforços para apurar a autorreflexão, a consciência de mim mesma e a comunicação. Eu me sentia constantemente sozinha, mesmo cercada de pessoas, fossem familiares durante as festas de fim de ano, fosse um grupo de amigos celebrando um aniversário, fosse um parceiro romântico em uma viagem a dois. Naqueles momentos, quando eu queria (ou mesmo esperava) sentir uma conexão mais profunda, geralmente acabava me sentindo solitária e não amada. Não importava o que eu dissesse, como eu dissesse ou o que os outros fizessem ou tentassem fazer por mim, ainda me sentia desconectada e sozinha. Quanto mais desesperadamente tentava me aproximar dos outros, mais distante eu me sentia e mais profunda minha dor se tornava.

Em certo Natal, presa no meio desses familiares ciclos insatisfatórios, meus padrões de relacionamento se tornaram mais claros para mim. Naquele momento, eu namorava a Sara, um relacionamento sobre o qual você lerá mais no capítulo 1. Estávamos juntas havia muitos anos e morávamos em um apartamento no East Village. Como nós duas voltávamos para nossas respectivas famílias para a noite de Natal, tínhamos uma tradição de celebrar juntas com alguns dias de antecedência. Naquele ano em particular, Sara perguntou se podíamos passar um tempo como casal, apenas nós duas. Seria uma mudança significativa de nossa dinâmica normal. Sara era uma pessoa muito social, e, por anos, nosso relacionamento girava em torno de festas e jantares em grupo. Fiquei comovida por ela querer passar o dia comigo e esperançosa de que aquele gesto ajudasse a aprofundar nossa conexão.

Naquele dia, acordamos em nosso apartamento decorado e preparei um café da manhã especial antes de nos sentarmos para a troca de presentes. Fiquei encantada quando abri um envelope de Sara com dois ingressos para ver a apresentação do Cirque du Soleil – meu favorito! – naquele mesmo dia. *Ela quer passar mais tempo sozinha comigo! Ela se lembrou do quanto eu gosto do Cirque du Soleil! Ela me ama!*, pensei. Foi o gesto mais romântico de todos. Mas, enquanto nos arrumávamos para sair, comecei a sentir a mesma desconexão que me corroía por dentro.

Várias horas depois, sentada ao seu lado na escuridão do teatro lotado, não me senti diferente; na verdade, eu me senti ainda mais sozinha que antes. Não conversávamos nem nos olhávamos nos olhos, e, em vez de me sentir conectada por algum laço de amor invisível que esperava que fluísse silenciosamente entre nós, eu me senti como se estivesse ao lado de uma estranha. Para lidar com o desconforto, pedi uma cerveja e bebi durante toda a apresentação, esperando que o muro entre nós fosse derrubado.

Naquela época, eu estava no segundo ano do meu programa de psicologia clínica e também fazia terapia. Estava me esforçando para melhorar e me tornar mais autoconsciente – pelo menos é o que eu pensava – e transmitir aquilo que aprendia para os outros. Isso apenas reforçou minha crença de que o problema no meu relacionamento com Sara devia ser a falta de disposição ou a incapacidade *dela* de se conectar.

Quanto mais me afundava em minha solidão familiar e na sensação cada vez maior de desconexão, mais começava a pensar que talvez *eu* tivesse algo a ver com minha infelicidade, no fim das contas. Como já experimentara essa sensação antes com muitas outras pessoas, talvez eu me sentisse sozinha com Sara porque, emocionalmente, eu estava sozinha. Embora fosse difícil reconhecer que eu podia estar criando o meu sofrimento mais profundo de modo inconsciente, isso também me dava esperança de que, como responsável, eu teria o poder de quebrar esses ciclos repetitivos.

Tal qual muitos dos padrões de relacionamento que repetimos como adultos, minha solidão emocional começou quando eu era pequena, como resultado dos meus primeiros relacionamentos familiares. Na infância, eu nunca aprendi como me conectar emocionalmente com alguém porque ninguém ao meu redor era conectado emocionalmente – eles também não aprenderam a ser. Para se conectar dessa forma com outra pessoa, como descobri anos depois, você precisa estar emocionalmente conectado consigo mesmo. E, para se conectar emocionalmente consigo mesmo, você precisa ser capaz de sentir e expressar emoções de maneira autêntica. Expressar nossas emoções autenticamente permite que nos sintamos de fato vistos, conhecidos e apoiados pelos outros – necessidades emocionais centrais que todos compartilhamos.

Por eu sempre julgar os outros como responsáveis por meus problemas de relacionamento e esperar que mudassem por mim, não enxergava o papel que eu desempenhava em minha própria infelicidade. Não conseguia enxergar o quanto estava desconectada dos meus próprios desejos e necessidades. Embora eu trabalhasse para me entender melhor, não estava completamente ciente de como me apresentava em meus relacionamentos. Assim como muitos dos meus clientes, eu esperava que os outros cuidassem das minhas emoções ou que me fizessem sentir melhor, sem saber como fazer isso eu mesma. Acreditando que a pessoa "certa" simplesmente "saberia" como aliviar ou eliminar minha sensação enraizada de solidão, ficava desapontada quando isso não acontecia, independentemente do que a pessoa fizesse ou de quem ela fosse. Esperar que os outros atendessem às minhas necessidades estava sabotando minha satisfação nos relacionamentos, mas eu continuava repetindo os mesmos comportamentos não apenas em minhas parcerias românticas, mas em outras esferas também.

Lentamente, quando comecei a enxergar que eu era a parte constante em todos os meus relacionamentos, percebi que nunca poderia controlar aquilo que os outros fariam ou não, muito menos o quão rápido ou efetivamente eles poderiam apoiar minhas necessidades. E passei a entender que esperar ou exigir que outra pessoa mude quem ela é ou como se expressa de forma autêntica apenas faria ambos sentirem falta de amor. Ser amado por aquilo que somos é uma necessidade humana universal – e uma necessidade que eu definitivamente não queria negar aos meus entes queridos.

Aquilo que não foi ensinado por minha família ou pelo meu treinamento clínico era que, para mudar o modo como nos relacionamos com os outros e vivemos nossos relacionamentos, primeiro temos que mudar como nos relacionamos conosco mesmos e vivemos.

> **Ser amado por aquilo que somos é uma necessidade humana universal.**

A maneira como nos relacionamos conosco e vivemos quando adultos é diretamente impactada por como os outros se relacionaram e viveram conosco em nossos primeiros relacionamentos. Sempre que, na infância, nossas necessidades eram imprevisíveis, inconsistentes ou negligenciadas, formávamos a crença central de que éramos indignos de receber cuidados ou de ter nossas necessidades atendidas. Sentindo-nos intrinsicamente indignos, começamos, então, a modificar o modo como nos expressamos e nos relacionamos com os outros. Com o tempo, passamos a mostrar aos outros apenas nossas partes "aceitáveis" ao desempenhar certos papéis – aquilo que chamo de nosso *eu condicionado* neste livro – para nos proteger e nos encaixar em nossas primeiras ambientações. Já adultos, ainda somos induzidos por nossos medos mais profundos a crer que não somos dignos e continuamos repetindo esses padrões em nossos relacionamentos.

Atuar nesses papéis habituais nos desconecta de nossa essência única ou de nossa maneira individual de ser com os outros, inevitavelmente nos fazendo sentir desvalorizados em nossos relacionamentos. Para nos expressar de forma autêntica com os outros, precisamos nos sentir seguros e protegidos o bastante. E, para nos sentirmos seguros e protegidos, primeiro temos que nos sentir realmente seguros e protegidos em nosso próprio corpo. Muitos de nós, entretanto, não conseguimos acessar essa sensação de segurança, porque nosso corpo não é capaz de alcançá-la. Com necessidades cronicamente não atendidas, nosso sistema nervoso permanece, por sua vez, cronicamente estressado. Ficamos presos no modo de sobrevivência, incapazes, pela própria fisiologia, de *sentir* segurança na presença de outras pessoas.

> **Ficamos presos no modo de sobrevivência, incapazes, pela própria fisiologia, de *sentir* segurança na presença de outras pessoas.**

Esse entendimento abriu os meus olhos. Se eu nunca me senti realmente segura em meu próprio corpo, como poderia me abrir para me sentir segura o bastante para viver os momentos de alegria, calma e conexão que o amor autêntico pode oferecer? Se eu estiver sempre focada em me comparar aos outros ou aos padrões da sociedade, suprimindo minhas necessidades e meus desejos genuínos no processo, como alguém ao meu redor poderia ter oportunidade de se conectar com o meu verdadeiro *eu*? Se eu não souber como conhecer e amar *tudo* em mim, como posso esperar que eu permita que outra pessoa conheça e ame tudo em mim?

Estou compartilhando minha história com você porque é uma história comum. Independentemente dos aspectos únicos da sua vivência, poucas pessoas se sentem dignas ou amáveis sozinhas, sem receber a validação e a aprovação do outro. Assim como fazíamos quando éramos crianças, constantemente esperamos que outros nos façam sentir seguros e protegidos. Continuamos suprimindo partes nossas que um dia aprendemos serem vergonhosas, confirmando nossos medos profundamente enraizados de que essas partes são tão indignas quanto um dia nos fizeram acreditar. Nosso nível de estresse aumenta com nosso ressentimento em relação aos outros à medida que evitamos, negamos ou modificamos nossa expressão autêntica. Sentindo-nos sobrecarregados, gritamos com nossos parceiros quando não perguntam como foi o nosso dia, evitamos conversas difíceis – mas importantes – com nossa família ou nos fechamos quando nossos amigos tentam nos apoiar – hábitos comuns que mantemos enquanto continuamos a reviver as estratégias de enfrentamento da nossa infância, ainda que elas nos causem dor e sofrimento.

Quando nos reconectamos com quem de fato somos e com nosso valor inerente, algo lindo acontece – e não apenas para nós. Quanto mais seguros e protegidos nos tornamos em nossa autoexpressão, mais prontamente podemos criar segurança e proteção para que os outros também se expressem autêntica e vulneravelmente. Foi apenas depois que me tornei mais conectada com aquilo que necessitava e queria que fui capaz de realmente ser o meu eu mais autêntico com os outros, permitindo-me oferecer o amor que achava que estivesse dando a eles por todo esse tempo. E, para entender o que eu precisava e queria, tive que me conectar com meu corpo físico, explorando como ele se sentia naquele momento.

À medida que eu começava a me reconectar com meu corpo físico e a me sentir mais confortável explorando curiosamente as sensações presentes nele, fui me tornando mais capaz de lidar com experiências estressantes e compartilhar meus sentimentos em vez de fugir ou me fechar, como vinha fazendo havia anos. Sentindo-me mais confortável com minhas emoções e mais confiante em minha crescente capacidade de me expressar, eu me encontrei mais bem habilitada para tolerar o desconforto que sentia quando ficava emocionalmente vulnerável na presença dos outros. Com o tempo, comecei a me abrir mais com outras pessoas, mesmo com aquelas que tinha acabado de conhecer. Ao me abrir para minhas próprias experiências emocionais, consegui estar mais presente, ou ter mais empatia, às experiências emocionais dos outros nos relacionamentos.

Na realidade, precisei ensinar a mim mesma como me sentir segura e protegida o suficiente em meu próprio corpo físico para abrir meu coração e ser capaz de dar e receber o amor que eu tanto desejava. Embarcar nessa jornada que mudou minha vida me mostrou o quanto o amor pode ser profundo, satisfatório e expansivo, e me ensinou que o objetivo não é apenas encontrar amor, mas também encontrar e remover todas as barreiras protetoras erguidas contra ele. O amor, eu aprendi, não é uma questão de se apresentar de um jeito em particular, mas de encarnar o próprio sentimento, oferecendo aos outros o apoio e a oportunidade para *serem* eles mesmos, exatamente como são.

Neste livro, vou compartilhar informações e ferramentas que aprendi para ajudar você a se guiar em sua própria jornada de volta para o seu coração. Ao longo de suas páginas, você descobrirá como se reconectar consigo mesmo por completo: de corpo, mente

> **O objetivo não é apenas encontrar amor, mas também encontrar e remover todas as barreiras protetoras erguidas contra ele.**

e alma. Aprenderá a reconhecer os diferentes *eus condicionados* que usa nos relacionamentos e a se reconectar com a capacidade de amar, inata e infinita, do seu coração. Essa jornada, assim como esta obra, é sobre transformar a sua conexão e o relacionamento com o seu próprio coração tanto quanto é sobre curar a sua conexão e o relacionamento com o coração daqueles ao seu redor. Assim como eu, você também aprenderá que é apenas quando estamos conectados e cuidando do nosso coração que podemos realmente nos conectar e cuidar do coração de outra pessoa.[*]

Reconectar-se com a sabedoria infinita e a intuição que mora no interior do seu ser irá guiá-lo para tomar decisões que lhe trarão alegria e satisfação, tanto dentro quanto fora dos seus relacionamentos. Essa jornada vai ajudá-lo a espalhar amor pelos quatro cantos, dando acesso ao seu mais profundo potencial como indivíduo, parceiro e membro de uma família, e beneficiará toda a comunidade. *Ser* o amor que buscamos é o maior presente que podemos dar a nós mesmos, àqueles ao nosso redor e ao mundo onde todos vivemos.

Dentro do seu coração está o poder para mudar os seus relacionamentos, assim como o ambiente. O amor que habita em cada de um de vocês é a verdadeira fonte de todas as curas.

> **Reconectar-se com a sabedoria infinita e a intuição que mora no interior do seu ser irá guiá-lo para tomar decisões que lhe trarão alegria e satisfação, tanto dentro quanto fora dos seus relacionamentos.**

---

[*] A leitura deste livro não substitui a avaliação de um profissional psicólogo e/ou psiquiatra. Em casos de sofrimento emocional intenso e/ou sintomas moderados ou graves de ansiedade e depressão, é indicado que se procure ajuda profissional especializada. (N. E.)

1

O PODER DOS SEUS RELACIONAMENTOS

A maioria de nós enxerga os relacionamentos como algo acontecendo *para* nós, em vez de *com* a gente ou *por causa* de nós. Nós nos "apaixonamos", sendo atraídos pela paixão ou pelo poder de outra pessoa. Escolhemos as pessoas erradas de novo e de novo, ignorando "alertas vermelhos" repetidamente, embora acreditando que sabemos o que estamos fazendo. Quando um relacionamento desmorona ou acaba, frequentemente culpamos a outra pessoa, acreditando que ela não estava disposta ou que era incapaz de nos fazer felizes.

Muitas vezes é difícil reconhecer o papel ativo que desempenhamos em nossos relacionamentos, incluindo o fato de podermos, intrinsecamente, escolher certas pessoas por razões específicas. Muitos de nós se "apaixonam" por alguém não porque essa pessoa despertou o desejo do nosso coração, mas porque ela satisfaz necessidades inconscientes que nem sabemos que temos. E muitos de nós escolhem inconscientemente se cercar de pessoas que nos permitem reconstituir hábitos e padrões interpessoais de nossos primeiros relacionamentos.

Frequentemente, sentimo-nos impotentes em nossos relacionamentos porque passamos a maior parte do tempo e dispendemos energia concentrados naquilo que não podemos controlar: outras pessoas. Embora você possa se sentir impotente e desesperançoso sobre mudar seus relacionamentos, simplesmente saber que pode, sim, fazer isso já é um ato empoderador. Todos nós podemos. Podemos encontrar e criar relacionamentos saudáveis e felizes. Podemos *ser* o amor que buscamos, independentemente daquilo que outras pessoas façam ou do que aconteça ao nosso redor.

MEU PAPEL EM MEUS RELACIONAMENTOS

Até o início dos meus trinta anos, eu me sentia impotente e passiva em meus relacionamentos românticos. Saltava de parceiro em parceiro, culpando cada um pela insatisfação que eu inevitavelmente sentia e acreditando que podia remediar a situação encontrando alguém que "combinasse melhor" comigo. O padrão começou quando eu tinha dezesseis anos de idade e comecei a namorar Billy. Ele foi meu primeiro relacionamento romântico, e eu estava apaixonada – pelos menos era o que eu pensava.

Assim como em qualquer romance adolescente típico, nós passávamos a maior parte do tempo juntos nos fins de semana assistindo à TV, saindo com os amigos e indo ao cinema. Minha família sabia sobre Billy e aprovava esse tempo que passávamos juntos. Mesmo assim, eu nunca conversava a respeito dele com minha família, apenas resmungava alguma resposta curta se minha mãe ou minha irmã perguntassem sobre ele ou reclamava se ele tivesse feito algo que me deixara chateada. Eu também não conversava sobre meu relacionamento em detalhes com meus amigos, não porque não gostasse dele ou não tivesse sentimentos profundos por ele; muito pelo contrário, eu achava que estava *apaixonada* por ele. Mas, em casa, não compartilhávamos nossos sentimentos, a não ser que estivéssemos irritados ou preocupados com algo. E mantive esse padrão, sentindo-me confortável para falar de Billy (ou reclamar dele, na verdade) apenas quando ele fazia algo que me magoava ou irritava.

Depois de um ano e meio de relacionamento, Billy e eu nos separamos. Fiquei devastada. Uma razão foi que seguiríamos para faculdades diferentes no semestre seguinte, duas universidades separadas por treze horas de viagem na estrada interestadual. Mas outra razão foi que, nas palavras de Billy, eu estava "emocionalmente indisponível", uma descrição que me marcou até hoje. Na época, fiquei chocada: eu não me sentia emocionalmente indisponível. Sentia muito amor em relação a Billy. Desde criança, sempre me orgulhei de me preocupar com os outros e ser uma boa pessoa que se importa.

Depois de um ano na faculdade, fiquei surpresa por me sentir atraída pela possibilidade de namorar outras mulheres. De repente, enxerguei todo o incidente com Billy com outros olhos. *É claro que eu estava emocionalmente indisponível!*, pensei. *Eu sou lésbica!* Conheci minha primeira namorada, Katie, praticando esportes. Tínhamos os mesmos amigos e os mesmos interesses, e passávamos muito tempo juntas no treino, viajando para os jogos e saindo com nossas colegas de equipe. Fazíamos juntas a maior parte das atividades, mas eu tinha uma sensação de que faltava algo. Embora desejasse uma conexão mais profunda, compartilhava muito pouco do meu mundo emocional com ela – ou com qualquer pessoa. A verdade era que eu não estava realmente aberta ou disponível para uma conexão emocional. Sem saber como eu vinha contribuindo para nossa desconexão e sem sentir a fagulha que buscava, nós terminamos depois de um ano e meio juntas, e, então, comecei a namorar Sofia.

Sofia e eu tivemos um namoro do tipo vaivém pelo restante da faculdade, até que finalmente optamos por nos mudar para a mesma cidade depois da graduação. Ela era diferente de Katie de muitas maneiras, mas a dinâmica que criamos mutuamente entre nós ainda me permitia ficar emocionalmente distante para evitar qualquer conexão profunda ou autêntica. E eu sabia disso. Ou melhor, minha mente subconsciente sabia – a parte do nosso cérebro que cuida de todos os nossos pensamentos, reações e sentimentos instintivos e automáticos. Essa parte tão enraizada de nossa psique é onde guardamos nossas memórias, mesmo aquelas que não conseguimos lembrar explicitamente, junto de nossos sentimentos suprimidos, mágoas da infância e crenças principais.

Sofia foi criada por uma mãe emocionalmente reativa que, com frequência, explodia contra ela quando era criança, gritando com ela, criticando-a ou podando-a. Logo no início do relacionamento, Sofia começou a me tratar da mesma maneira, gritando quando não concordava com o que eu dizia ou fazia e me xingando ou julgando quando não gostava de aspectos da minha aparência. Sabendo um pouco do que acontecera em sua infância, eu justificava seu comportamento dizendo a mim mesma que ela não queria dizer aquilo nem me tratar daquela forma, que estava simplesmente revivendo velhas mágoas da infância. E, embora isso fosse verdade, eu achava difícil estabelecer limites para aquilo que eu deveria tolerar. Incapaz de me defender ou de comunicar minha mágoa e minha irritação, passei a notar uma sensação crescente de ressentimento em relação a ela.

Continuei culpando Sofia por minha infelicidade sem perceber aquilo que de fato estava errado: o fato de eu estar profundamente irritada comigo mesma por ter que dar explicações sobre minha dor e desculpas pelo comportamento nocivo dela.

Depois que Sofia e eu terminamos de vez, conheci uma mulher chamada Sara; namoramos pelos quatro anos seguintes. Sara era uma pessoa extrovertida que gostava de festejar e se divertir, subconscientemente me atraindo para ela: com Sara, sempre havia muitos eventos e experiências para distrair a atenção de qualquer sentimento negativo. Já que ela parecia tão despreocupada com tudo, eu me sentia envergonhada quando não me achava tão extrovertida e despreocupada. Comecei a ir com ela a festas e a acompanhá-la em sua rotina de eventos sociais quase constantes. Tentando acalmar a crescente dor e o vazio que eu sentia na ausência de uma conexão emocional mais profunda, meu subconsciente continuava a usar seus velhos hábitos enraizados enquanto eu me mantinha ocupada ou usava substâncias para me distrair. Embora Sara nunca tivesse expressado qualquer desagrado com nosso relacionamento, ela muitas vezes se tornava maldosa quando bebia, o que fazia sempre. Assim como agia com Sofia, eu racionalizava o comportamento de Sara, dizendo a mim mesma que ela apenas tinha bebido um pouco demais ou não queria realmente dizer aquilo que dizia. Nesses momentos, eu continuava suprimindo minhas emoções para tentar acalmá-la ou agradá-la, colocando os sentimentos dela acima dos meus. Quando os meses juntas se transformaram em anos, comecei a sentir o mesmo ressentimento que sentia com Sofia. Mais uma vez, eu culpava Sara por não me dar atenção suficiente e por não se importar com meus sentimentos. Por fim, a relação acabou.

Depois que Sara e eu terminamos, passei a compartilhar um apartamento de três quartos com uma colega chamada Vivienne, que era mais velha que eu. De imediato, Vivienne parecia mais madura que as outras mulheres que eu conhecia, e rapidamente nos tornamos amigas e depois amantes. Fiquei atraída por sua independência e sua autossuficiência emocional, e logo encontramos gostos semelhantes e interesses em comum. Com o tempo, passamos a compartilhar nossas preocupações e nossos medos, aprofundando nossa conexão.

Assim como Sofia, Vivienne cresceu em um lar estressante e instável, tendo se mudado de lá sozinha quando ainda era adolescente. Orgulhando-se de nunca precisar de alguém, insistiu desde o início de nosso relacionamento que ela não era "do tipo que se casa". Então, quando começou a falar sobre se casar comigo alguns anos mais tarde, eu me senti extremamente especial: *Ela não quer se casar, mas comigo, sim!*, eu me vangloriava comigo mesma. Fomos para Connecticut, onde o casamento homoafetivo era legalizado na época, e, dentro de um ano, mudamo-nos de volta para minha cidade natal, casadas.

Pouco tempo depois de nos mudarmos, minha perspectiva sobre relacionamentos românticos começou a se transformar. Tendo acabado o meu doutorado em Psicologia na New School for Social Research, comecei a trabalhar para receber minha licença, o treinamento prático que todos os psicólogos precisam completar antes de poderem abrir uma clínica particular. O treinamento era em tempo integral e muito intenso. Por dois anos, tratei indivíduos e fiz sessões em grupo de psicanálise, um tipo de terapia que examina as diferentes maneiras a partir das quais a mente inconsciente impulsiona pensamentos, sentimentos, comportamentos e dinâmicas de relacionamento.

De repente, eu me encontrei imersa em uma ebulição de autoanálise e avaliação. Durante sessões individuais, comecei a explorar meus pensamentos e sentimentos subconscientes – algo que nunca tinha feito antes – e passei sessões em grupo avaliando como eu interagia com os outros estudantes na classe. Em algumas semanas, percebi que havia um imenso abismo emocional entre Vivienne e mim; nunca conversávamos sobre nossos sentimentos mais profundos ou sobre a real dinâmica de nosso relacionamento, mas agora lá estava eu, discutindo ambos com totais estranhos. Comecei a pensar que eu não estava feliz no casamento e que o relacionamento não me dava a conexão emocional que eu tanto desejava.

Em nossa nova cidade, não tínhamos um círculo de amigos tão grande quanto antes, o que estreitou nosso mundo para apenas nós duas. Sem as distrações dos eventos sociais, as dinâmicas de nosso relacionamento se tornaram mais evidentes, emergindo como bolhas escapando de alguém debaixo d'água que vinha prendendo sua respiração por tempo demais.

Comecei a reclamar regularmente para Vivienne que eu não me sentia conectada e não achava que nosso relacionamento tinha a profundidade emocional que eu queria ou de que precisava. Eu a culpava por ser

Sem as distrações dos eventos sociais, as dinâmicas de nosso relacionamento se tornaram mais evidentes, emergindo como bolhas escapando de alguém debaixo d'água que vinha prendendo sua respiração por tempo demais.

independente demais e dizia que ela era a razão de não nos conectarmos em um nível mais profundo, o que nos lançava em ciclos de conflito exacerbado. Olhando para tudo agora, sinto vergonha. Assim como nas minhas relações anteriores, fracassei em reconhecer o papel que eu desempenhava ao manter o relacionamento em um nível superficial insatisfatório. Por estar tão desconectada das minhas emoções, eu não conseguia honrá-las. Eu nem sabia quais eram minhas emoções.

À medida que eu me tornava mais infeliz, Vivienne começou a lutar com mais afinco por nosso casamento. Sua determinação me amedrontava, e, quando percebi que eu queria o divórcio, fiquei paralisada de medo: pela primeira vez em minha vida, senti um forte desejo que diretamente se opunha aos desejos de alguém de quem eu gostava tanto. Lutei durante meses para encontrar um jeito de pedir o divórcio a ela e, em vez de ser direta, fiquei tentando afastá-la com minhas ações. Quando finalmente dei voz àquilo que sentia de verdade, eu me senti aterrorizada e empoderada ao mesmo tempo: foi a primeira vez em todos os meus relacionamentos que priorizei os meus desejos acima dos desejos de outra pessoa.

Meu divórcio marcou a primeira vez em que comecei a enxergar o papel ativo que eu estava desempenhando ao criar as dinâmicas de relacionamento que não me serviam e que não serviam àqueles ao meu redor. Na superfície, meu hábito subconsciente de ignorar minhas necessidades, reprimir meus sentimentos e colocar os desejos ou as necessidades dos outros acima dos meus me fizeram acreditar que eu era uma "boa pessoa" ou uma "pessoa generosa". Mas esse hábito não estava deixando a mim ou qualquer outra pessoa mais feliz. Na realidade, por quase nunca expressar meus sentimentos verdadeiros, muitos dos quais eu nem me permitia ter, eu apenas aumentava minha distância emocional dos outros. Colocá-los acima de mim mesma não era algo generoso – era um autoabandono. Profundamente insatisfeita, eu vivia me sentindo agitada ou irritada e comecei a causar brigas e discussões sobre coisas cotidianas, o que apenas aumentou o ressentimento entre mim e Vivienne.

Na época, eu não conseguia enxergar meu papel nesses conflitos repetitivos porque meus hábitos de relacionamento estavam enraizados no subconsciente desde a infância – eles eram parte da maneira instintiva de me relacionar, interagir ou me conectar com os outros. Eu tinha desenvolvido e me apoiado nesses hábitos nos meus primeiros relacionamentos: aqueles que tive com minha família.

OS SEUS PRIMEIROS RELACIONAMENTOS MOLDAM O SEU FUTURO

Olhando de fora, você pode pensar que cresci em uma família feliz e unida. Eu teria dito a mesma coisa quando era criança e durante a maior parte da minha vida adulta. Eu tinha bastante comida, era incentivada a me destacar na escola e nos esportes, e não sofri abuso físico ou sexual. Mas aprendi que a ausência de um abuso óbvio não extingue a possibilidade de negligência emocional e do vínculo traumático relacionado.

Quando criança, eu vivia cercada de estresse e doenças. Minha irmã mais velha passou por crises de saúde que ameaçaram sua vida, e por anos minha mãe sofreu com problemas de saúde crônicos, que nunca eram abertamente reconhecidos na família. Além disso, nós não conversávamos sobre nossos sentimentos, se estávamos felizes ou tristes, ou confrontávamos uns aos outros se nos sentíssemos magoados ou irritados. Afinal de contas, éramos relativamente felizes, não é mesmo? Por que haveríamos de discutir ou confrontar qualquer coisa?

Em vez de uma conexão emocional, eu me conectava com meus pais e minha irmã por meio do estresse e da ansiedade. De novo e de novo, quando uma nova crise de saúde ou estresse acontecia, nosso foco como família se alinhava na preocupação compartilhada até a questão ser resolvida. Todos se apressavam para cuidar das necessidades "urgentes" do membro da família estressado, doente ou irritado, regularmente negligenciando suas próprias necessidades no processo.

Exposta à consistente repetição desses padrões, aprendi com o tempo que minhas necessidades e meus sentimentos não eram tão importantes quanto as necessidades e os sentimentos daqueles ao meu redor. Embora eu *soubesse* que minha família me amava e gostava de mim, nunca realmente *senti* esse amor ou uma consideração de um ponto de vista emocional. Quando eu me irritava, como acontece com qualquer criança, eu precisava ser ouvida e emocionalmente confortada. Uma vez que a atenção dos meus pais muitas vezes não estava disponível por ter sido

> **Embora eu *soubesse* que minha família me amava e gostava de mim, nunca realmente *senti* esse amor ou uma consideração de um ponto de vista emocional.**

consumida pela crise do momento, comecei a limitar o quanto eu comparti-lhava com eles, temendo que fosse piorar o nível de estresse já alto da família. Por fim, aprendi a nem reconhecer que eu tinha necessidades, para início de conversa – ou, ao menos, tentava não mostrar minha vulnerabilidade para evitar a possibilidade de me sentir desapontada se ninguém estivesse disponível para me apoiar. Para me manter segura, eu me tornei desconectada, reprimindo meus sentimentos e erguendo uma barreira de proteção contra meu mundo emocional. Essas estratégias de enfrentamento se tornaram meu escudo defensivo, que eu usava instintivamente para tentar me proteger de me sentir magoada nos relacionamentos ao longo dos anos seguintes.

Minha história é, claro, somente minha, e a sua será diferente. Independentemente de nossas jornadas individuais únicas, nossas primeiras conexões impactam os hábitos que levamos até nossos relacionamentos na vida adulta, sobretudo os românticos. Embora esses hábitos raramente sirvam aos nossos interesses hoje, eles parecem familiares, confortáveis e, portanto, seguros. Uma vez que eles são armazenados em nossa mente subconsciente e repetidos de forma automática todos os dias, em geral são difíceis de serem observados por nós, e temos dificuldades para enxergar conscientemente o papel ativo que desempenhamos em nossos relacionamentos.

Nossas primeiras conexões impactam os hábitos que levamos até nossos relacionamentos na vida adulta, sobretudo os românticos.

Mas podemos aprender a testemunhar nosso condicionamento e criar hábitos que melhor servirão às necessidades que temos hoje. Quando enxergamos e entendemos que nosso condicionamento é um resquício de nossas experiências, podemos nos livrar da vergonha que sentimos como resultado de nossos hábitos disfuncionais de relacionamento. Ao reconhecer e aceitar o papel ativo que desempenhamos, conseguimos usar nossa capacidade e nosso poder para mudar nossas dinâmicas de relacionamento. Porque, no fim, se quisermos que esses relacionamentos mudem, temos de mudar a maneira como nos apresentamos neles.

Depois que entendi que o fator comum de todos os meus padrões disfuncionais de relacionamentos era *eu mesma*, empoderei-me para começar a mudar minhas dinâmicas com os outros. Passei a ver como eu apenas me sentia confortável quando sacrificava minhas necessidades para evitar meu desconforto ao desapontar os outros. Eu não tinha limites nem os impunha de forma clara – ou qualquer limite em si. Desconectada de minhas necessidades e de meus desejos autênticos, além de cruzando com frequência meus limites, eu me sentia emocionalmente distante e ressentida enquanto continuava responsabilizando os outros, sempre saindo de relacionamentos em busca de um parceiro mais "perfeito". Sem estar ciente dos meus hábitos inconscientes, eu culpava os outros por nossos problemas de relacionamento e esperava que eles mudassem sem reconhecer o meu papel na criação das minhas circunstâncias repetitivas.

Meus relacionamentos só começaram a evoluir quando comecei a testemunhar a mim mesma de modo mais honesto. Percebi que encontrar ou manter relacionamentos saudáveis significaria também me deixar mais emocionalmente saudável. Eu teria que fazer algo muito desconfortável primeiro, além de aprender a honrar minhas próprias necessidades e meus desejos, criando limites com os outros, sendo paciente e tendo autocompaixão.

ENTENDENDO COMO TRAUMAS
NA INFÂNCIA NOS AFETAM

A verdade é que, quando se trata dos nossos relacionamentos, repetimos aquilo que passamos ou aprendemos. Então, se crescemos em um ambiente estressante ou caótico, se não testemunhamos hábitos saudáveis ou se fomos emocionalmente negligenciados ou ignorados, repetimos a mesma dinâmica quando adultos em nossos relacionamentos. Embora possamos não estar cientes, o nosso passado, sobretudo a conexão com nossas figuras parentais, fica marcado em nossa mente e nosso corpo, direcionando-nos a instintivamente buscar e recriar o mesmo tipo de relacionamento quando adultos. Essas são nossas conexões traumáticas, nossos padrões condicionados de nos relacionarmos com outras pessoas de um jeito que espelha ou reconstitui nossas primeiras conexões com as figuras parentais.

Antes de nos aprofundarmos, será útil definir alguns conceitos que vamos explorar ao longo deste livro.

Vamos começar com o termo *trauma*. Quando as pessoas ouvem essa palavra, elas geralmente pensam no sofrimento que um indivíduo pode experimentar depois de um evento catastrófico ou violento, como desastre natural, guerra, estupro, incesto ou abuso.

Embora o trauma certamente seja causado por todos esses incidentes, também resulta de qualquer estresse que exceda nossa capacidade de processar a experiência emocionalmente, causando uma desregulação contínua de nosso sistema nervoso central. Isso inclui o estresse avassalador que ocorre quando não temos as coisas de que precisamos para nos sentirmos seguros, incluindo apoio emocional. Quando não nos sentimos seguros e protegidos ou quando temos medo de que aqueles com quem contamos para nossa sobrevivência não estarão consistentemente disponíveis, experimentamos uma falta de certeza e controle. Isso ativa o circuito de estresse do nosso corpo, conhecido também como eixo hipotálamo-pituitária-adrenal (HPA – falaremos mais sobre ele na página 84),[1] que impacta a capacidade do nosso organismo de lidar com as circunstâncias atuais.

A contínua vergonha de nossas emoções, a negação de nossas experiências ou nossa realidade, ou o abandono e a negligência emocional podem ativar o circuito do estresse de nosso corpo e criar uma sobrecarga emocional traumática. Esse impacto pode ocorrer em um único momento (o que geralmente é o caso em alguns dos eventos listados anteriormente) ou acumular-se lentamente com o tempo, aumentando cada vez mais dentro de nós, geralmente sem que nos demos conta. Quando não somos capazes de processar nossa resposta emocional, esta se torna impressa em nossa mente e nosso corpo, permanecendo conosco e influenciando pensamentos, sentimentos e reações por muitos anos.

Além do estresse que passamos em nosso lar, o estresse ambiental de traumas sistêmicos, culturais ou coletivos afeta a maioria das pessoas, desconectando-nos dos relacionamentos de apoio de que precisamos para a segurança e a proteção emocional. O trauma coletivo ocorre quando um único evento ou uma série de eventos – como desastres naturais, insegurança financeira, guerras ou pandemias – cria falta de segurança para um grupo de pessoas, uma comunidade, um país ou o mundo. Traumas coletivos impactam a maneira como as pessoas se relacionam consigo mesmas e com os outros, afetando todos diferentemente, com base em nosso condicionamento e em nossa capacidade de enfrentamento modelada ao longo das gerações.

Assim como temos experiências emocionais únicas, possuímos diferentes padrões de reação e estratégias de enfrentamento que se baseiam em nosso condicionamento específico na infância, mesmo se não pudermos conscientemente nos lembrar daquilo que aconteceu quando éramos crianças. Se você já participou de terapia tradicional ou leu sobre ciência comportamental, provavelmente conhece o conceito de *condicionamento*, processo pelo qual as crenças, os comportamentos e os hábitos que aprendemos por meio da repetição das experiências são armazenados em nossa mente subconsciente,

> O trauma coletivo ocorre quando um único evento ou uma série de eventos — como desastres naturais, insegurança financeira, guerras ou pandemias — cria falta de segurança para um grupo de pessoas, uma comunidade, um país ou o mundo.

de onde direcionam reações automáticas, impulsos e motivações.

Embora certamente possamos criar hábitos fazendo novas escolhas e vivenciando novas experiências quando adultos, a maior parte de nosso condicionamento ocorre quando somos crianças pequenas e dependemos do relacionamento com nossas figuras parentais. O termo *figuras parentais*, que você encontrará ao longo deste livro, refere-se às principais pessoas responsáveis por atender às nossas necessidades físicas e emocionais quando éramos crianças. Para a maioria de nós, nossas figuras parentais foram nossa mãe ou nosso pai biológicos, ou ambos, embora o termo possa incluir avós, padrastos, pais adotivos, irmãos, enfermeiros, cuidadores profissionais ou quaisquer outros cuidadores primários na infância.

Quando éramos crianças, independentemente de quem tenham sido nossas figuras parentais ou de acharmos que tivemos um relacionamento "bom" ou "ruim" com elas, instintivamente buscamos orientação nelas, absorvendo informações sobre nós mesmos e nosso mundo. Aprendemos com elas a expressar (ou reprimir) nossas emoções, a sentir e tratar nosso corpo, a nos encaixar ou ser socialmente aceitos (ou seja, quais comportamentos eram certos ou errados) e a nos relacionar e interagir com os outros. Adquirimos esses hábitos e crenças observando aqueles ao nosso redor, bem como espelhando o que faziam.

Todas as crianças pequenas imitam suas figuras parentais. Você provavelmente presenciou isso se já observou um bebê sorrir ou colocar a língua para fora em resposta à mãe ou ao pai fazendo o mesmo. Assim, elas copiam a maior parte do que veem suas figuras parentais fazendo. Se nossas figuras parentais se envergonhavam ou reprimiam as próprias emoções, podemos ter aprendido a fazê-lo também. Se criticavam seus corpos ou as características físicas de outras pessoas, podemos ter aprendido a criticar ou nos envergonhar desses aspectos em nós mesmos. Se reagiam a uma situação estressante ou perturbadora gritando e berrando, podemos agir igual. Se lidavam com experiências estressantes ou perturbadoras se fechando e ignorando os outros, podemos ter aprendido a nos desconectar emocionalmente de maneira semelhante.

Para aprender a navegar por nosso mundo emocional, primeiro precisamos nos sentir seguros e protegidos o bastante para expressar aquilo que realmente estamos pensando e sentindo para as pessoas ao nosso redor. Nossa capacidade para fazer isso como adultos é bastante influenciada pela maneira como nos sentíamos regularmente em nossos primeiros relacionamentos. O conceito da *teoria do apego*, que foi desenvolvido pelo psicanalista John Bowlby, em 1952, explica que a segurança e a proteção de nosso relacionamento com nossas figuras parentais influencia o tipo de relacionamento que buscamos e criamos com os outros pelo restante de nossa vida.[2] Se o apego com nossas figuras parentais foi predominantemente seguro e protegido na infância e nossas necessidades físicas e emocionais foram consistentemente atendidas, é mais provável que nossas necessidades quando adultos sejam priorizadas

A proteção de nosso relacionamento com nossas figuras parentais influencia o tipo de relacionamento que buscamos e criamos com os outros pelo restante de nossa vida.

e atendidas. As pessoas que tiveram conexões seguras têm mais chance de confiar em si mesmas e nos outros, além de terem mais resistência emocional e serem mais capazes de tolerar e rapidamente se recuperar de emoções desconfortáveis. Essa autoconfiança emocional é construída com o tempo por meio de nossas ações consistentes, confiáveis e previsíveis. Em um relacionamento, a confiança é a sensação de que você pode contar que alguém irá se comportar de determinada maneira.

Muitos de nós não cresceram com conexões seguras e protegidas porque nossas figuras parentais foram impactadas por seus próprios ambientes de relacionamento nos quais muitas de suas necessidades não foram atendidas. Como resultado, nossas necessidades físicas e/ou emocionais não foram consistentemente identificadas ou atendidas em nossa infância. Hoje, podemos ser incapazes de identificar ou cuidar de nossas necessidades como adultos porque ninguém nos ajudou a aprender como fazer isso quando éramos crianças. Podemos não confiar em nós mesmos ou nos outros, muitas vezes agindo de modo impulsivo, porque não temos a resistência emocional para lidar com emoções desconfortáveis, seja uma emoção específica, como estresse, tristeza ou raiva, sejam todas as nossas sensações desagradáveis em geral. Acabamos continuamente abandonando ou traindo a nós mesmos, entregando demais nosso tempo, nossa energia ou nossos recursos emocionais em uma tentativa de fazer que outra pessoa goste de nós, ou podemos nos fechar completamente em nós mesmos em relação ao apoio dos outros.

Seja qual for o caso, se nossas primeiras conexões foram seguras ou não, nossos padrões habituais de relacionamento foram marcados em nossa mente subconsciente, onde ainda permanecem. São esses padrões que, automática e instintivamente, continuam a nos empurrar na direção das mesmas dinâmicas de relacionamento por toda a vida adulta.

VOCÊ É IMPULSIONADO POR SUAS NECESSIDADES NÃO ATENDIDAS NA INFÂNCIA

Antes que possamos identificar nossos padrões de apego, é importante primeiro entender o que são as necessidades não atendidas na infância. Elas podem ser físicas ou emocionais – esse primeiro tipo é mais fácil de entender.

Fisiologicamente, nosso corpo funciona da mesma maneira. Os pulmões oxigenam o sangue com o ar ao nosso redor; as células nos ajudam a funcionar convertendo comida em nutrientes; e os músculos nos movem e nos ajudam a erguer e carregar coisas pesadas. Essas semelhanças estruturais são universais para todos os humanos, e, como resultado, nós compartilhamos as mesmas necessidades físicas básicas: água, oxigênio, nutrientes, equilíbrio entre descanso/sono regenerativo e movimento.

Se suas necessidades físicas não foram atendidas na infância, você pode não ter tido comida suficiente, roupas adequadas, espaço para se movimentar ou quietude para descansar. Ou você pode não ter se sentido fisicamente seguro em seu ambiente por várias razões, incluindo insegurança financeira e discriminação racial. Necessidades físicas não atendidas na infância podem incluir inadequações mais sutis, como não ter sido tocado fisicamente ou tranquilizado porque você era deixado sozinho com frequência, ter sido criado por outros que se sentiam desconfortáveis com o contato físico ou não dormir o suficiente porque o seu lar era barulhento e caótico. Muitos de nós continuam lutando com necessidades físicas não atendidas quando adultos porque não temos acesso aos recursos financeiros necessários para cuidar de forma consistente de nosso corpo ou por sermos incapazes de nos sentir seguros e protegidos na própria pele. Independentemente da causa, quando nossas necessidades físicas não são atendidas, nosso corpo ativa uma resposta do sistema nervoso que nos faz entrar no modo de sobrevivência, empurrando nossas necessidades emocionais para o fundo.

Mais comuns que as necessidades físicas não atendidas são as necessidades emocionais não atendidas. Quase todas as pessoas que conheço, mesmo aquelas que tiveram figuras parentais bem-intencionadas, cresceram com necessidades emocionais não atendidas. Isso já é esperado, considerando a quantidade de horas que muitas dessas figuras tiveram que trabalhar para nos prover financeiramente. Como pode alguém que trabalha demais, sem dormir, comer ou tolerar o próprio estresse, cuidar emocionalmente de outros? Simplesmente não pode.

Quase todas as pessoas que conheço, mesmo aquelas que tiveram figuras parentais bem-intencionadas, cresceram com necessidades emocionais não atendidas.

Apesar dessas desigualdades e realidades sociais, todos nós temos necessidades emocionais básicas que precisam de atenção. A mais profunda necessidade que temos em todos os nossos relacionamentos – seja na infância, seja na vida adulta – é a sensação de segurança e proteção suficiente para que possamos *ser* nós mesmos sem perder a conexão e o apoio dos outros. Essa sensação de segurança e proteção para honestamente expressar nossas perspectivas e experiências nos ajuda a criar intimidade emocional. Quando somos capazes de ser emocionalmente vulneráveis e honestos, independentemente daquilo que sentimos, permitimos que uma maior parcela de nós seja testemunhada e conhecida. Observe as questões a seguir e passe um tempo explorando o quão emocionalmente seguro e protegido você se sente em seus diferentes relacionamentos.

- Eu me sinto conectado a você, de modo seguro e protegido, física e emocionalmente?
- Sinto que sou, ou que nosso relacionamento é, importante para você?
- Sinto que sou amado e cuidado por você, mesmo em momentos de distância física ou emocional?

Quando nos sentimos emocionalmente seguros e protegidos, somos capazes de confiar que outra pessoa enxerga, aceita e valoriza aquilo que somos, que pode nos dar o espaço para mudar e evoluir, e que tem nosso melhor interesse em seu coração. Se tivermos essa segurança e proteção em nossos primeiros apegos, desenvolveremos a capacidade de confiar em nossa conexão física com nosso corpo e em sua capacidade de lidar com estresse e outras emoções ruins. Quando nos sentimos conectados com essa segurança e proteção a nosso mundo emocional, somos capazes de nos abrir de modo autêntico com aqueles ao nosso redor e de confiar em nossos relacionamentos, pois temos ciência de que podemos nos reconectar ou nos reconciliar depois de momentos de conflito e desconexão.

Para uma figura parental ajudar uma criança a se sentir segura, valorizada (ou vista, ouvida e apreciada) e amada de forma consistente, ela própria também precisa ser capaz de se sentir assim. Mas a maioria das nossas figuras parentais não se sentia dessa maneira porque não fora capaz de regular suas emoções por causa de seus próprios traumas de infância (e da consequente desregulação do sistema nervoso, algo que vamos explorar a seguir). Como resultado, a maioria de nós não cresceu sentindo a segurança e a proteção emocional que precisamos sentir para sermos capazes de autenticamente nos expressar, o que nos causou uma profunda sensação de que somos indignos e de que estamos emocionalmente sozinhos.

Se nossas figuras parentais não foram capazes de elas próprias se sentirem emocionalmente seguras e protegidas,

> **A maioria de nós não cresceu sentindo a segurança e a proteção emocional que precisamos sentir para sermos capazes de autenticamente nos expressar, o que nos causou uma profunda sensação de que somos indignos e de que estamos emocionalmente sozinhos.**

então não foram capazes de criar o ambiente de que precisávamos para explorar e expressar nosso eu mais autêntico. Como resultado, acabamos nos sentindo emocionalmente abandonados ou sobrecarregados por elas, deixados sozinhos para descobrir como navegar por nossas próprias emoções e experiências estressantes ou perturbadoras. As sensações associadas com a negligência emocional na infância (NEI) ou o abandono acabam acionando os mesmos caminhos em nosso cérebro que são ativados pela dor física, enviando nossa mente e nosso corpo a uma resposta contínua de estresse, o que causa o trauma.

A falta de segurança e proteção emocional na infância pode se manifestar em ser regularmente ignorado ou criticado aos gritos por expressar diferentes emoções, causando crenças profundamente enraizadas de que você "passa da conta" e uma contínua dificuldade de se expressar, ou em ser desencorajado ou impedido de perseguir uma paixão ou um interesse que agora o faz sentir-se inseguro sobre o que gosta na vida adulta.

Embora existam muitos outros, a seguir listamos alguns indicadores de que você pode ter tido necessidades emocionais não atendidas na infância.

- Suas figuras parentais não o enxergavam ou não conseguiam enxergá-lo como um indivíduo separado e único, muitas vezes tratando-o como uma extensão de si próprias que precisava seguir passos ou adotar as crenças, emoções, aparência ou mesmo a carreira delas. Na vida adulta, você pode nunca realmente se sentir seguro ou protegido para ser quem é ou pode não ter certeza daquilo em que acredita, como se sente ou quais são seus interesses.
- Suas figuras parentais não prestavam ou não podiam prestar atenção em você de forma consistente porque estavam distraídas com trabalho, relacionamentos, exigências financeiras ou traumas não resolvidos. Na vida adulta, você pode se isolar ou ser hiperindependente, erguendo muros ao seu redor contra qualquer tipo de conexão ou apoio de outras pessoas.
- Suas figuras parentais muitas vezes levavam as coisas para o lado pessoal e no mesmo instante se tornavam defensivas ou emocionalmente reativas, externalizando ou culpando os outros, incluindo você, por várias questões ou conflitos. Na vida adulta, você muitas vezes se preocupa por "estar em apuros", busca em outras pessoas

uma maneira de se sentir melhor e frequentemente se percebe agradando aos outros para evitar conflitos.

- Suas figuras parentais tinham duas personalidades: uma que exibiam em casa, onde eram críticas, acusatórias ou fechadas, e outra que exibiam em público, onde eram acolhedoras, afetuosas e aparentemente amorosas em relação a você. Na vida adulta, você muitas vezes se sente com os nervos à flor da pele, desconfiado ou confuso pelas intenções e ações daqueles ao seu redor.

- Suas figuras parentais geralmente destacavam ou se gabavam das suas conquistas para outras pessoas, mas o ignoravam, a menos que você conquistasse algo ou recebesse elogios por seu desempenho. Na vida adulta, na ausência de validação externa, você pode se sentir indigno de amor ou vazio.

- Suas figuras parentais regularmente desprezavam, invalidavam ou ignoravam a sua perspectiva ou seus sentimentos. Na vida adulta, você pode se encontrar preso entre pensamentos opostos ("certo" ou "errado", "bom" ou "mau"), muitas vezes tendo dificuldade de enxergar ou validar a perspectiva de outra pessoa, principalmente quando estiver irritado ou em conflito.

- Suas figuras parentais regularmente focavam as próprias necessidades ou emoções, muitas vezes destacando ou enfatizando o papel que desempenhavam em sua criação, repetindo ou lembrando tudo o que fizeram ou sacrificaram por você. Na vida adulta, você pode se sentir cronicamente em dívida com outras pessoas ou egoísta por ter as próprias necessidades.

MINHAS NECESSIDADES EMOCIONAIS NÃO ATENDIDAS

Embora eu não tenha percebido até começar a olhar para dentro de mim, o meu ambiente na infância não permitia que eu me sentisse consistentemente segura, valorizada e amada para apenas ser quem eu era. Desde muito pequena – assim como no decorrer da infância, da adolescência e da vida adulta –, minha mãe permaneceu emocionalmente distante, sua atenção consumida pela dor crônica que ela sentia em seu corpo físico. Constantemente distraída e presa no modo de sobrevivência, ela era incapaz de expressar qualquer emoção além de preocupação com o meu bem-estar ou validação das minhas conquistas. Como fui saber mais tarde, ela tratava a mim e minhas duas irmãs como se ela fosse uma "médica", alimentando-nos e cuidando de nós sem sintonizar ou se conectar emocionalmente conosco. Meu pai foi uma presença física ativa em minha vida, brincando comigo e entretendo minha natureza inquieta, mas também se mantinha emocionalmente distante, quase nunca compartilhando emoções além de seu estresse e de suas irritações diárias. Minha irmã, que é quinze anos mais velha que eu, igualmente teve um papel ativo na minha criação e passava tempo comigo, sobretudo quando minha mãe não estava disponível fisicamente, mas ela também era emocionalmente fechada, tendo desenvolvido o hábito em seu próprio relacionamento com nossos pais.

Todas as crianças possuem um mundo interno ativo, tanto mental quanto emocionalmente – e, quando criança, eu não era diferente. Mas sempre que tentava compartilhar experiências com minha mãe, era comum que ela expressasse preocupação, tentando rapidamente resolver ou dispensar a questão que estava causando sensações desconfortáveis em nós duas. Outras vezes, ela tentava controlar meu comportamento para aliviar a própria dor, raiva, tristeza ou decepção dizendo coisas como: "Ah, por favor, não diga ou faça [insira expressão/ação indesejada], senão vou ficar triste" ou "Ah, você não podia [insira pedido desejado] para mim para eu não ficar preocupada?".

Com medo de perder a conexão com minha família, eu regularmente escolhia honrar suas necessidades ou seus desejos acima dos meus. Ao descobrir essas dinâmicas de codependência e ao não sentir uma separação entre minhas emoções ou perspectivas e as emoções ou perspectivas dos outros, aprendi a me responsabilizar pelas experiências emocionais deles. Presa em um ciclo internalizado de autoculpa, desenvolvi o hábito de explicar o comportamento dos outros, como fiz mais tarde com Sofia e em muitos dos meus outros relacionamentos.

Minha casa não possuía limites emocionais, o que acrescentava mais estresse para um ambiente já sobrecarregado. Sempre que eu compartilhava alguma informação íntima com um membro da família, isso era rapidamente repassado para todos os outros sem minha permissão, pedido ou aviso, na crença de que fazer isso era sinal de apoio. Essas violações de confiança me tornaram ainda mais fechada, e passei a limitar sobremaneira os detalhes pessoais que eu compartilhava. Com o tempo, aprendi que era mais fácil ignorar e reprimir meus sentimentos como um todo. Por fim, eu me convenci de que não possuía sentimento algum, porque parecia mais seguro que reconhecer aqueles que eu não me sentia confortável expressando.

A ausência de limites na minha família ajudou a criar minha crença de que relacionamentos não eram emocio-

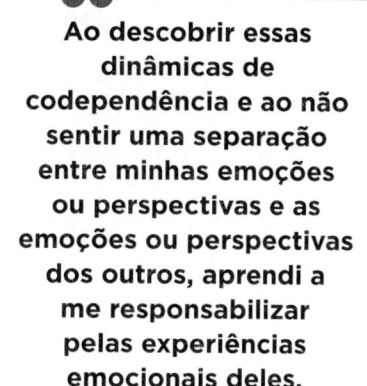

Ao descobrir essas dinâmicas de codependência e ao não sentir uma separação entre minhas emoções ou perspectivas e as emoções ou perspectivas dos outros, aprendi a me responsabilizar pelas experiências emocionais deles.

nalmente seguros. Por me sentir distante das pessoas que deveriam ser mais próximas de mim – minha família –, eu temia que houvesse algo errado comigo, um medo que minha mãe exacerbava ao repetidamente comentar sobre minha natureza "reservada". Mas eu não me sentia confortável compartilhando detalhes pessoais da minha vida com minha mãe, porque ela não era capaz de criar a segurança, a proteção ou a conexão emocional de que eu precisava para autenticamente me expressar com ela. Como resultado, ela acabou conhecendo muito pouco da minha vida, não porque eu fosse reservada por natureza, como ela dizia, mas porque eu nunca me sentia segura o bastante para compartilhar com ela aquilo que realmente acontecia comigo.

À medida que eu amadurecia, instintivamente comecei a buscar e manter a mesma distância emocional nos meus relacionamentos adultos, como fazia quando criança. Basicamente desconectada dos meus próprios desejos e necessidades, eu me concentrava cada vez mais em como me entregava aos outros, evitando questões e conflitos, sempre com medo de desconexão e abandono. Às vezes, eu até me sentia envergonhada de mim mesma por ter um desejo ou um sentimento que podia desapontar ou irritar outra pessoa. Carreguei todos esses hábitos disfuncionais até minha vida adulta, continuando a confiar nas mesmas estratégias de enfrentamento que eu adotava e usava quando era criança para me proteger das emoções que me sobrecarregavam e para as quais eu não encontrava apoio.

O IMPACTO NEUROFISIOLÓGICO DA SUA INFÂNCIA

Embora outros relacionamentos da infância possam criar traumas – incluindo aqueles com irmãos, avós, cuidadores, amigos e professores –, nada tem um impacto maior em nossos relacionamentos atuais que o primeiro apego com nossas figuras parentais. Por quê? A resposta para essa questão é crucial para que entendamos e destravemos o trabalho que podemos fazer para mudar nossos relacionamentos hoje – de um jeito eficaz e sustentável.

Nosso apego às figuras parentais não apenas condiciona nosso comportamento, mas também nos condiciona fisicamente, ao programar o nosso sistema nervoso, determinando como pensamos, sentimos e agimos. Isso acontece porque o sistema nervoso impulsiona pensamentos, sentimentos e reações, além de influenciar outras funções fisiológicas.

Nosso sistema nervoso é "profundamente social", de acordo com o dr. Daniel Siegel, neurocientista da Universidade da Califórnia, que ajudou a desbravar o campo da neurobiologia interpessoal, uma área emergente da ciência que explora a fascinante interação que existe entre nosso cérebro e nossos relacionamentos. Como Siegel nos mostrou, o cérebro precisa de outras pessoas para funcionar.[3] Desde a aurora da humanidade, nós dependemos da segurança de famílias e grupos. E, quando não somos capazes de nos sentir seguramente conectados com outras pessoas, os sentimentos resultantes do isolamento podem impactar de modo negativo tanto nosso bem-estar quanto nossa segurança física.[4]

Hoje, nosso corpo e nossa mente ainda são programados para necessitar de outras pessoas. Instintivamente, nós buscamos relacionamentos, tanto românticos quanto platônicos, a despeito de pensarmos que os desejamos ou não. Embora a cultura ocidental moderna possa promover um individualismo mais reforçado, oferecendo a ideia de

> Embora a cultura ocidental moderna possa promover um individualismo mais reforçado, oferecendo a ideia de "faça você mesmo", ninguém é ou pode ser uma ilha em si próprio — manter relacionamentos por toda a vida é necessário não apenas para sobrevivermos, mas também para prosperarmos.

"faça você mesmo", ninguém é ou pode ser uma ilha em si próprio – manter relacionamentos por toda a vida é necessário não apenas para sobrevivermos, mas também para prosperarmos. Todos existimos em um relacionamento com alguém *e* algo o tempo inteiro, incluindo com o ambiente ao nosso redor e a terra onde vivemos (mais sobre isso no capítulo 10).

Não é somente nosso cérebro que precisa de relacionamentos para sobreviver e funcionar fisicamente; nossos relacionamentos com os outros impactam como nosso sistema nervoso opera. Como Siegel explica: "Conexões humanas criam conexões neurais", ou seja, nossos relacionamentos com os outros determinam como nossos neurônios, ou células do cérebro, conectam-se ou comunicam-se uns com os outros.[5] Essas conexões ou comunicações neurais, quando repetidas pelo cérebro de novo e de novo, tornam-se a base de nosso mundo interno, impulsionando os pensamentos, sentimentos e reações que temos diariamente.

Ainda que qualquer relacionamento possa criar conexões neurais, são os primeiros apegos com nossas figuras parentais que formam a arquitetura básica de nosso cérebro. Crianças nascem com um sistema nervoso pouco desenvolvido – razão para sermos tão dependentes das figuras parentais nos primeiros anos de vida, em comparação aos dias, semanas ou meses de que outros mamíferos necessitam antes de serem capazes de sobreviver sozinhos. Durante nossos primeiros anos, nosso sistema nervoso cresce e se desenvolve rapidamente, ativando e formando milhões de novas conexões neurais a cada segundo.[6] Embora esses caminhos neurais passem, mais tarde, por uma limitação na infância, nós criamos a maior parte de nossa infraestrutura neural quando bebês e crianças pequenas.

São as pessoas com as quais nos conectamos primeiro – isto é, nossas figuras parentais – que fazem nosso sistema nevoso ser ativado e estruturado de determinadas maneiras. É o que elas fazem (ou deixam de fazer) quando interagem conosco e o modo como nós respondemos (especialistas em desenvolvimento infantil chamam isso de "saque e resposta" ou "dar e receber") o que se torna padronizado em nosso

> **São as pessoas com as quais nos conectamos primeiro – isto é, nossas figuras parentais – que fazem nosso sistema nevoso ser ativado e estruturado de determinadas maneiras.**

cérebro. Esses padrões impulsionam o nosso sistema operacional mental, ativando e controlando nossos pensamentos, sentimentos e reações automáticas e instintuais por toda a vida – ou até usarmos a neuroplasticidade do cérebro (seu poder de se transformar).

AS SUAS RESPOSTAS
AO ESTRESSE CONDICIONADAS

Nosso sistema nervoso desempenha um papel fundamental em nossa existência. Ele se conecta aos nossos órgãos biológicos e às suas funções fisiológicas, controlando-os, impulsiona tanto os nossos pensamentos e sentimentos automáticos como os nossos comportamentos habituais, e determina os nossos níveis de segurança física, mental e emocional, não apenas conosco, mas também com os outros, ao ativar uma resposta de estresse quando encontramos uma ameaça, aproximando-nos ou afastando-nos da conexão.

Você provavelmente já sabe alguma coisa sobre a resposta do corpo conhecida como "luta ou fuga", que é controlada pelo sistema nervoso. Ela ocorre quando o sistema nervoso inicia reações fisiológicas que incluem pupilas dilatadas e aumento na frequência cardíaca e na respiração em resposta a uma ameaça, dando-nos energia para enfrentar o perigo (*luta*) ou sair correndo (*fuga*). O sistema nervoso também pode ativar uma resposta do tipo "congelar" ou "desligar", que diminui ou desliga as funções fisiológicas de nosso corpo, geralmente quando a ameaça é excessiva ou consistente. E, embora não seja tão conhecida, nós até mesmo evoluímos para adaptar uma resposta ao estresse do tipo "bajulação", com o sistema nervoso permanecendo em estado de alerta enquanto analisamos o ambiente para identificar, eliminar ou diminuir possíveis ameaças à medida que se tornam aparentes.

Essas respostas do sistema nervoso acontecem automaticamente, na maioria das vezes de modo inconsciente. Elas são normais, naturais e até mesmo saudáveis – precisamos delas para confrontar uma ameaça (*luta*), sair correndo de uma (*fuga*), fingir-nos de mortos ou conservar nossos recursos físicos (*congelar* ou *desligar*), ou manter ligações em certas crises comunitárias (*bajulação*). Se o sistema nervoso nunca ativasse respostas ao estresse, nós não aprenderíamos a regular nossas emoções ou a desenvolver a resistência de que precisamos para lidar com o estresse e retornar rapidamente a um estado de calma e bem-estar fisiológico e emocional.

Mas o problema para muitos de nós é que o sistema nervoso não retorna a um estado de calma. Em vez disso, nosso corpo fica preso em uma resposta ao estresse, e não necessariamente porque ficamos estressados o dia todo. Apesar de muitas pessoas terem vidas estressantes e agitadas, se o sistema nervoso está regulado, é possível alternar entre uma resposta ao estresse e o funcionamento calmo, mas muitos de nós não conseguem alternar porque nosso corpo não desenvolveu a capacidade de fazer isso quando éramos crianças.

Se crescemos em um ambiente consistentemente estressante ou com figuras parentais que não conseguiam atender às nossas necessidades físicas e emocionais, nosso sistema nervoso pode ter continuado a sinalizar que havia fogo ao nosso redor mesmo depois que as brasas se apagaram. Já que nosso cérebro ainda estava em desenvolvimento, aquelas respostas ao estresse foram programadas no modo operacional padrão de nosso sistema nervoso.

Hoje, o sistema nervoso provavelmente ainda está programado como na infância, preso em uma resposta ao estresse mesmo quando não há qualquer ameaça ativa ao nosso redor. Essas respostas ao estresse condicionadas são familiares e confortáveis para nosso cérebro, assim como um velho cobertor da infância o é para uma criança crescida, tanto biológica quanto emocionalmente. De forma biológica, o sistema nervoso pode ter dificuldades para, de forma fisiológica, sair de uma resposta ao estresse, embora viver em um constante estado de estresse não seja ideal para nosso corpo. Emocionalmente, podemos nos sentir desconfortáveis, agitados, inquietos ou entediados quando não estamos passando por um ciclo de estresse familiar. Para alguns de nós, se tudo o que aprendemos quando criança foi estresse, caos ou abandono, podemos não ser capazes de experimentar sensações de paz e conexão, a menos que façamos a escolha consciente de reprogramar nossa neurobiologia.

Respostas contínuas ao estresse nos mantêm presos a traumas de conexão com os outros em um nível fisiológico, mesmo quando adultos. Quando o sistema nervoso é programado contra o estresse na infância, ele nos impulsiona a nos sentirmos instintivamente atraídos por certas pessoas apenas para depois nos prendermos a ciclos reativos com elas (vamos falar mais sobre isso adiante). Se desregulado, o sistema nervoso nos faz enxergar ou recriar

Quando o sistema nervoso é programado contra o estresse na infância, ele nos impulsiona a nos sentirmos instintivamente atraídos por certas pessoas apenas para depois nos prendermos a ciclos reativos com elas.

situações com os outros que disparam nossos estados previsíveis de estresse, dando-nos uma sensação fisiológica de segurança e controle quando, na verdade, nada disso existe. Seja ganhando uma sensação de falsa segurança quando brigamos com as pessoas (*luta*), quando nos distraímos (*fuga*) e erguemos muros de proteção (*congelar* ou *desligar*), seja quando colocamos as necessidades dos outros acima das nossas (*bajulação*), somos impelidos a repetir esses hábitos, mesmo se não forem úteis em nossos relacionamentos ou não estiverem alinhados com nossas intenções ou nossos desejos conscientes. Em outras palavras, não conseguimos evitar: nosso cérebro está programado para o estresse quando estamos sozinhos ou com outras pessoas. No capítulo 3 vamos falar mais sobre como identificar quando estamos em uma resposta ao estresse e o que podemos fazer para sair dela.

MUDANDO O SEU CÉREBRO PARA MUDAR SEUS RELACIONAMENTOS

Embora nossos hábitos de relacionamento sejam programados no cérebro, nós podemos mudá-los. Apesar de ainda existirem coisas que não sabemos sobre o corpo humano, a ciência descobriu, há não muito tempo, que o cérebro é maleável. Ele pode se modificar com o tempo, independentemente da idade ou da quantidade de estresse e traumas por que passamos.

O termo *neuroplasticidade* refere-se à capacidade do cérebro de formar novas conexões neurais por toda nossa vida. Sempre que formamos novas conexões neurais, damos ao nosso sistema nervoso a oportunidade de criar pensamentos, sentimentos e comportamentos instintivos ou automáticos – em suma, podemos mudar o modo de operação padrão do cérebro. Cada nova experiência que temos e cada nova pessoa que conhecemos têm o potencial de criar conexões neurais. Mas a novidade em si não é a resposta – se encararmos novas experiências e novas pessoas com os mesmos pensamentos, sentimentos e hábitos condicionados que temos desde a infância, nosso sistema nervoso vai ativar as mesmas conexões neurais que sempre ativa, produzindo os mesmos padrões e dinâmicas de relacionamento. Se realmente quisermos mudar nossos relacionamentos, temos que mudar nosso subconsciente, ou seja, mudar a maneira como instintivamente pensamos, sentimos ou agimos, não importa se estamos lidando com novas pessoas ou com as que já conhecemos.

Mudar nossos hábitos instintivos não é fácil – vai parecer pouco familiar e desconfortável a princípio –, mas é possível. O primeiro passo é aprender a se tornar consciente ou testemunhar os hábitos condicionados que moram na mente subconsciente, criando e mantendo ligações traumáticas com os outros. Quando passamos a testemunhar nossos padrões de ligações traumáticas, podemos começar a trabalhar para desenvolver maneiras mais adequadas e resistentes de lidar com o estresse e com a relação com outras pessoas que mais positivamente possam servir a nós mesmos e a nossos relacionamentos.

Espero que esteja começando a enxergar que você não é um observador passivo nos seus relacionamentos. Pedir aos outros que mudem quem eles são ou que mudem algo para que nos sintamos melhor geralmente não resolve nossos problemas de relacionamento. Ao usar os novos avanços da ciência, que vamos explorar juntos aqui, você terá o poder de mudar os seus relacionamentos, não importa o que outra pessoa fizer ou deixar de fazer. Você pode finalmente parar de esperar ou de contar com os outros. Você pode e vai mudar. E essa mudança pode começar agora.

> **Se realmente quisermos mudar nossos relacionamentos, temos que mudar nosso subconsciente, ou seja, mudar a maneira como instintivamente pensamos, sentimos ou agimos, não importa se estamos lidando com novas pessoas ou com as que já conhecemos.**

Para mudar como interagimos com os outros (e, por associação, como eles interagem conosco), precisaremos estender a consciência para além do cérebro e incluir todo o nosso *eu encarnado*. Nosso eu encarnado é a interconexão entre corpo, mente e alma, e é o que vamos explorar em detalhes no capítulo a seguir.

Sua checklist para segurança e proteção emocional

Tire um tempo para considerar os seus relacionamentos com suas figuras parentais ou seus primeiros cuidadores. Ao revisar as afirmações seguintes, marque aquelas que descrevem as suas experiências na infância de forma mais consistente.

☐ Recebi oferta de conforto e apoio por adultos emocionalmente presentes quando eu ficava chateado.

☐ Recebi modelos de limites e vi adultos que respeitosamente comunicavam seus limites sem usar disciplina abusiva ou ameaças amedrontadoras.

☐ Recebi espaço para explorar comportamentos adequados para meu nível de desenvolvimento e não fui transformado em "pai de adultos" (não me pediram para aconselhar suas emoções), nem fui colocado para cuidar de irmãos mais novos ou usado como peão para manipular ou controlar os outros.

☐ Recebi modelos para expressar meus sentimentos com segurança por parte de adultos que não controlavam o clima emocional do lar com os próprios sentimentos e que regularmente perguntavam como eu me sentia, validando minhas experiências emocionais compartilhadas.

☐ Recebi modelos de como expressar diretamente minhas necessidades emocionais por parte de adultos que pediam apoio sem usar técnicas de manipulação emocional, como dar a outros o tratamento do silêncio, ficar com raiva, criar sentimento de culpa ou fazer acusações.

☐ Testemunhei adultos que consistentemente aceitavam responsabilidade por suas ações e se desculpavam por seu papel em conflitos e disputas emocionais.

☐ Recebi espaço para desenvolver minha própria individualidade por parte de adultos que me permitiam explorar meus pensamentos e minhas ideias, e não me pressionavam a me adaptar a crenças de outras pessoas (ou grupos).

☐ Fui incentivado a explorar minhas curiosidades e paixões por adultos que faziam perguntas e expressavam um desejo de conhecer a mim e a meus interesses, e tinham tempo para brincar e fazer atividades espontâneas e não estruturadas.

Quanto mais frases você marcou, mais provável que tenha tido relacionamentos seguros e protegidos na infância. Por sua vez, se, assim como eu, não se identifica com muitas ou qualquer uma dessas experiências da infância, os seus primeiros relacionamentos provavelmente não lhe garantiram a segurança e a proteção necessárias para explorar sua própria expressão emocional. A boa notícia é que as ferramentas neste livro lhe darão uma oportunidade de criar segurança e proteção para si mesmo, independentemente de suas circunstâncias passadas.

EXPLORANDO SUAS EXPERIÊNCIAS E SUAS CRENÇAS SOBRE RELACIONAMENTOS

Tire um tempo para pensar nos muitos relacionamentos de sua vida, começando com suas figuras parentais ou seus cuidadores. Explore as seguintes questões e anote suas reflexões no espaço dado ou em um caderno à parte, se isso ajudar.

Na infância, quando e com qual frequência suas necessidades (físicas e/ou emocionais) eram atendidas?

_____

_____

Na infância, quando e com qual frequência você era deixado com necessidades não atendidas (físicas e/ou emocionais)?

_____

_____

Na infância, quando e com qual frequência era esperado que você monitorasse ou atendesse às necessidades (físicas e/ou emocionais) de outras pessoas, incluindo suas figuras parentais?

_____

_____

Na infância, quando e com qual frequência você se voltava a seus responsáveis ou outros cuidadores em busca de segurança e proteção para confortar-se, aprendendo, como resultado, a confiar em outras pessoas ou no mundo ao seu redor?

_____

_____

Na infância, quando e com qual frequência você sentia necessidade de fugir das suas figuras parentais para encontrar segurança, proteção ou conforto, aprendendo, como resultado, a sentir medo dos outros ou do mundo ao seu redor?

_____

_____

Na infância, quando e com qual frequência você experimentava sensações de prazer e alegria?

_____

_____

Na infância, quando e com qual frequência você experimentava sensações de divertimento e espontaneidade?

_____

_____

Na infância, quando e com qual frequência seus responsáveis ou cuidadores serviam como modelo de negociação e resolução coletiva de problemas?

_____

_____

Agora, tire um tempo para pensar em seus relacionamentos na vida adulta. Explore as seguintes afirmações e anote suas reflexões no espaço dado ou em um caderno à parte, se isso ajudar.

Quando penso sobre relacionamentos, eu penso...

_____

_____

Quando penso sobre o amor, eu penso...

_____

_____

Quando penso sobre relacionamentos, eu sinto...

_____

_____

Quando penso sobre o amor, eu sinto...

_____

_____

2

EXPLORANDO O SEU EU ENCARNADO

Se alguém tivesse me perguntado sobre minha conexão com minha alma dez anos atrás, eu teria dado risada. *Minha alma?* Naquela época, não sabia o que era ou onde minha alma se encontrava ou mesmo se existia, quanto mais como me conectar com ela. Depois de passar oito anos no doutorado em Psicologia Clínica, desenvolvi um olhar muito acadêmico e mecânico sobre o mundo. Acreditava que tudo podia e deveria ser explicado pelos frios fatos da ciência. E, se a ciência não podia explicar, então não era real ou legítimo.

Primeiro ouvi falar sobre "alma" quando eu era pequena. Criada no catolicismo, frequentei uma escola paroquial, e esperavam que eu fosse à missa todos os domingos, algo que geralmente me fazia protestar. Na igreja, aprendi a visão cristã da alma, que parecia sobrenatural ou transcendental para mim – um conceito que eu nunca conseguia entender objetivamente. Quanto mais interessada eu ficava na ciência e na psicologia, mais o conceito cristão da alma parecia ilusório, até mesmo supersticioso.

Minha perspectiva mudou depois de passar pela crise emocional que agora entendo como minha "noite sombria da alma". Começou, claro, quando alcancei o fim de uma longa lista de conquistas da minha vida, recebendo meu PhD, mantendo um relacionamento comprometido e ganhando um dinheiro estável ao abrir uma clínica particular bem-sucedida. Ainda me sentindo profundamente insatisfeita, apesar de tudo que eu já tinha conquistado, tornei-me mais consciente do quão desconectada e insegura estava comigo mesma, com quem eu era e com o que queria – algo que vinha sentindo por anos e até décadas, ainda que tivesse dificuldade de admitir. Imagino que alguns de vocês se sintam da mesma maneira, e, embora possa não parecer, essas sensações geralmente são o começo do despertar de um entendimento mais profundo de si próprio. Mesmo que eu ainda não pudesse enxergar na época, meu despertar começou depois de atingir o fundo do poço emocionalmente enquanto tirava férias com minha parceira, Lolly.

Aqueles que leram meu primeiro livro, *Como curar sua vida*, podem se lembrar da história: eu estava sentada em uma cadeira de balanço comendo mingau de aveia e lendo um livro sobre mães emocionalmente ausentes quando comecei a chorar de forma descontrolada. Embora na época eu não entendesse por completo o que estava acontecendo, tinha enfim começado a perceber, de maneira mais consciente, que não compartilhava uma conexão emocional com minha família, em especial com minha mãe. Com a ajuda daquele livro, passei a enxergar como eu havia compensado a falta de conexão, constantemente dispensando ou ignorando minhas necessidades e meus desejos para me "conectar" com ela ou com aqueles que eu mais amava. Por anos, parava tudo para ficar disponível a quase todos em minha vida, sem antes ter certeza de que eu também cuidava de mim. Se uma amiga me convidasse para ir ao cinema, jantar ou fazer uma caminhada, eu imediatamente aceitava, mesmo se não tivesse desejo ou recursos energéticos para aquele evento. Se um ente querido precisasse de apoio emocional, eu fazia qualquer coisa para tentar confortá-lo, mesmo se isso significasse prejudicar meu bem-estar físico ou emocional. Eu ficava sempre preocupada com a ideia de os outros me acharem egoísta ou de se desapontarem se eu cuidasse das minhas necessidades antes das deles.

A ironia, claro, é que priorizar as necessidades dos outros ao mesmo tempo que dispensava ou ignorava as minhas não fazia eu me sentir mais segura, valorizada ou amada em *qualquer* um dos meus relacionamentos. Em vez disso, esse hábito fazia eu me sentir vazia, solitária e insatisfeita por dentro – todas as sensações que me atingiram como um caminhão enquanto lia na cadeira de balanço nas férias. Com necessidades cronicamente não atendidas, meu corpo nunca se sentiria seguro o bastante para sair do modo de sobrevivência e me dar a oportunidade de explorar os interesses e os desejos mais profundos do meu eu autêntico.

Priorizar as necessidades dos outros ao mesmo tempo que dispensava ou ignorava as minhas não fazia eu me sentir mais segura, valorizada ou amada em *qualquer* um dos meus relacionamentos.

Naquele momento, comecei a abrir os olhos e enxergar como eu evitava lidar com aqueles sentimentos desconfortáveis, sobretudo ao desejar que outras pessoas os retirassem de mim e fizessem eu me sentir melhor. Quando os esforços da minha família, dos meus amigos ou das minhas parceiras românticas fracassavam em me animar, eu me sentia ainda mais vazia e triste. Finalmente, fui ficando cada vez mais frustrada e ressentida pelos outros não conseguirem "me salvar" ou preencher o buraco cada vez maior dentro do meu coração.

Ao contrário das mensagens que muitos de nós receberam em nossas famílias ou por meio da mídia (sim, estou falando de filmes tipo comédia romântica e afins), parceiros e relacionamentos perfeitos simplesmente não existem, e, mesmo se existissem, eles não poderiam retirar nossa dor. Não é dever de ninguém nos resgatar ou nos "completar", porque somos capazes e inteiros exatamente da maneira como somos. Somos todos seres humanos fazendo o melhor possível, e romantizar ideias sobre relacionamentos apenas nos leva à decepção. Ao mesmo tempo, precisamos aprender a tolerar a ideia de desapontar os outros. Muitos de nós cresceram com certas noções idealizadas de moralidade ou aquilo que faz de nós "boas pessoas", impulsionados por mensagens culturais, religiosas, sociais e da própria família que geralmente priorizam o conforto dos outros, ativando culpas internalizadas e hábitos de autonegligência.

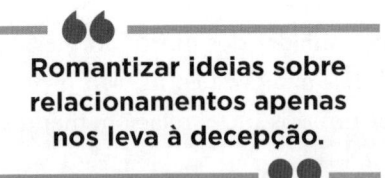

Romantizar ideias sobre relacionamentos apenas nos leva à decepção.

Uma das memórias mais claras da minha infância é da minha mãe ensaiando uma lista de desculpas comigo depois que contei a ela que eu não queria ir à festa de uma amiga. Em sua tentativa de me ajudar a recusar o convite, ela me treinou enquanto inventávamos uma desculpa sobre por que eu não poderia ir, e ficamos praticando juntas. Depois, com o medo correndo pelo meu corpo de dez anos, liguei para minha amiga e recitei a desculpa que criamos. Minha mãe, claro, tinha boas intenções: ela não queria que eu parecesse rude; ela fora condicionada da mesma maneira durante sua própria infância. Mas esse tipo de condicionamento é a base subconsciente para as crenças da "boa pessoa" que eu sei que ainda existem dentro de mim, sobretudo quando tenho dificuldade de recusar um convite, a menos que haja uma razão "aceitável", geralmente explicando e pedindo desculpas demais. Impelida a agradar aos outros para que gostassem de mim, eu me encontrava constantemente com medo de desapontar ou aborrecer as pessoas ao meu redor.

A realidade é que, quanto mais cedo pudermos nos livrar de qualquer ilusão de perfeição dentro de nós ou em nossos relacionamentos, mais cedo poderemos começar a abraçar a jornada vulnerável e caótica que chamamos de amor. Podemos parar de acreditar que os outros irão nos deixar se não pudermos fazer algo ou se dissermos não, pois isso não é verdade, ainda que nossa mente acredite nisso. Relacionamentos verdadeiros precisam se comprometer a aprender com esses momentos de diferença ou desacordo usando regulação emocional, comunicação ativa, resolução ou reparação de conflitos (algo que vamos discutir em outros capítulos) e comprometimento.

Essas percepções podem soar inquietantes – e certamente o foram para mim na época –, mas a consciência que ganhei durante minha noite sombria da alma foi o melhor presente que já recebi. Aquela clareza me levou para o início da minha jornada de autocura, quando comecei a aceitar a responsabilidade por mim mesma, empoderando-me para me tornar uma participante ativa na criação da mudança de que eu profundamente necessitava. Apliquei essa responsabilidade em meus relacionamentos com os outros: eu era a única que podia realisticamente assegurar que todas as minhas necessidades fossem conhecidas e atendidas. E seria apenas quando minhas necessidades fossem atendidas que eu me sentiria segura o bastante para compartilhar meus dons e talentos naturais de um jeito autêntico com aqueles ao meu redor.

Pela primeira vez em minha vida, comecei a enxergar meu relacionamento comigo mesma como o mais importante que tenho. Passei a perceber que, se eu não fosse capaz de ser honesta comigo sobre minhas necessidades e meus desejos mais profundos, nunca seria capaz de realmente me conectar de modo autêntico com outra pessoa. Ser honesta comigo mesma foi o primeiro passo para me abrir autenticamente com os outros. Para começar a quebrar alguns dos meus hábitos condicionados, sempre que eu me percebia pensando sobre o que eu "deveria" (ou "não deveria") fazer ou como eu "deveria" (ou "não deveria") responder, algo que acontecia frequentemente, criei o hábito de fazer uma pausa (usando o exercício empoderador da pausa, que

> **Comecei a enxergar meu relacionamento comigo mesma como o mais importante que tenho.**

você aprenderá na página 134) para examinar comigo mesma a situação. Esse tempo me dava a oportunidade de explorar se havia algo a mais de que eu necessitava ou que queria fazer para mim mesma.

Pelos vários anos seguintes, concentrei-me em explorar meus próprios desejos e necessidades. À medida que esclarecia aquilo que era verdadeiro para mim, eu me distanciava e até me removia de certos relacionamentos com os quais já não me alinhava. Isso criou o espaço de que eu precisava para focar a aceitação e os cuidados de todo o meu ser, e não apenas das partes de mim que eram validadas pelos outros. Identificar minhas necessidades autênticas não foi fácil – isso significava escavar vários anos de condicionamento na infância que me levaram a pensar, sentir e agir de maneiras que não serviam aos meus interesses. À medida que eu eliminava as camadas enraizadas mais profundas do condicionamento, mais claramente era capaz de me conectar com meu eu autêntico ou com quem eu era no meu âmago. E meu eu autêntico não era apenas parte de mim – era *tudo* de mim. Eu tinha um jeito único de ser no mundo, uma essência que fazia de mim *eu mesma*.

Finalmente, a ficha caiu: isso é minha alma. Minha alma é minha essência, aquilo que faz de mim especial por ser o indivíduo que sou. É uma energia única para mim, sempre se agitando e mudando com as pessoas e as coisas ao meu redor, criando uma expressão individualizada que mais ninguém no universo pode ter.

À medida que eu continuava meu despertar, lia mais sobre a conexão entre mente e corpo, incluindo pesquisas no campo da mecânica quântica, quando me deparei com evidências científicas de nossa "alma". A mecânica quântica é o estudo do nosso mundo em um nível subatômico – "a teoria da realidade mais precisa e poderosa da ciência", como a descreveu John Horgan na *Scientific American*.[7] O campo da mecânica quântica explica que tudo em nosso mundo, incluindo você e eu, é feito tanto de energia quanto de matéria. Embora a maioria de nós se identifique com a existência material do corpo físico, temos uma energia oculta que contribui e anima todas as experiências físicas. Isso cria uma energia vibracional única em nosso âmago – aquilo que podemos chamar de alma – que interage com o mundo ao nosso redor.

Chegar a esse entendimento do conceito da alma por meio da ciência foi crucial para mim. Na época, eu sentia que precisava de validação científica para reconhecer e aceitar a parte mais vital do meu ser, mas, assim que encontrei a prova, soube que precisava aprender a me conectar com essa parte mais profunda de mim se quisesse atender a todas as minhas necessidades e me curar por inteiro, incluindo minhas conexões com os outros.

Você pode não acreditar na ideia da alma, assim como eu não acreditava, ou pode acreditar que ela existe em algum lugar, mas não sabe onde encontrá-la. Independentemente do que pensa ou sente sobre a sua alma, este livro irá ajudá-lo a se conectar com quem você é em seu âmago – é o próximo passo na sua jornada e aquele que vai permitir a você *ser* o amor que busca.

Mas, antes que você possa se conectar com a sua alma, é importante aprender a se conectar com seu corpo físico e explorar sua mente subsconsciente. É assim que começamos a integrar nosso eu encarnado para finalmente curarmos todos os nossos relacionamentos encarnados com os outros.

ENTENDENDO O SEU EU ENCARNADO

Nós somos aquilo que pensamos. Ou é nisso que muitos de nós acreditam, graças, em parte, ao famoso filósofo francês René Descartes, mais conhecido pela frase: "Penso, logo existo". Mas somos muito mais complexos que os pensamentos que correm em nossa mente. Quando nos apresentamos em nossos relacionamentos, levamos tudo de nós: corpo, mente e alma. É por isso que, muitas vezes, não conseguimos aliviar nosso sofrimento ou mudar nossos relacionamentos apenas mudando os pensamentos em nossa mente consciente.

Para realmente nos curarmos, precisamos entender nosso eu encarnado, que é a expressão entrelaçada de corpo físico, mente (tanto consciente quanto inconsciente) e alma, ou eu autêntico. Nossa alma e o eu autêntico são entidades semelhantes – ambos representam nossa essência única ou quem somos em nosso âmago –, então você verá esses termos usados alternadamente neste livro.

Podemos começar a encarnar nosso eu autêntico quando nos certificamos de que estamos atendendo às nossas necessidades. Temos três tipos diferentes de necessidades:

- **Necessidades físicas:** Alimentação rica em nutrientes, água e oxigênio, descanso adequado/sono restaurador, movimento benéfico.

- **Necessidades emocionais:** Sensação de segurança para que nos expressemos autenticamente e nos conectemos com/sejamos apoiados por outras pessoas.
- **Necessidades espirituais:** Para que nos conectemos e expressemos paixões, propósito, criatividade e imaginação.

Ter a certeza de que todas essas necessidades são consistentemente atendidas nos faz sentir seguros e assertivos em nossas respostas ao mundo ao redor. Podemos nos sentir seguros e protegidos o suficiente para *sermos* nosso eu autêntico em nossos relacionamentos, o que nos permite formar conexões autênticas com os outros.

Hipoteticamente, todos nós teríamos aprendido sozinhos como atender a essas necessidades por meio das interações com nossos cuidadores na infância. Muitos de vocês que são mães e pais sabem muito bem que crianças são completamente dependentes de seus cuidadores para que tenham suas necessidades atendidas, o tempo todo. Considerando a realidade de que é uma enorme responsabilidade cuidar de outra pessoa, nunca é tão importante assegurar que suas necessidades também sejam atendidas. Como você continuará aprendendo com este livro, é apenas quando nosso corpo recebe aquilo de que necessita para funcionar que somos capazes de navegar pelos muitos momentos de estresse que encaramos enquanto cuidamos de outra pessoa. Muitos de vocês, mães e pais, sobretudo aqueles com crianças pequenas ou que têm muitos filhos, podem, compreensivelmente, encontrar-se sem tempo, energia ou recursos financeiros necessários para cuidar deles. A maioria dos responsáveis atualmente vive sem laços próximos com vizinhos ou comunidades locais, impedindo-os de acessar o apoio prático e emocional ainda disponível em algumas comunidades menores. Pais e mães hoje geralmente trabalham demais e recebem apoio de menos, mal conseguindo atender às suas próprias necessidades, e, como resultado, são fisiologicamente incapazes de atender às necessidades de outras pessoas.

Quero encorajar todos vocês que são pais e mães a regularmente estenderem a compaixão consigo mesmos, em especial se vocês notarem sentimentos de culpa ou outras emoções desconfortáveis enquanto continuam lendo sobre o impacto das necessidades não atendidas na infância. Na minha opinião, não existe papel com maior impacto na sociedade que o papel de mães e pais, e é necessário nos unirmos como seres humanos para honrar, apoiar e priorizar esse papel como o ato sagrado que é.

Encontrar regularmente pequenos momentos para práticas de autocuidado o ajudará a se manter mais calmo e focado diante das experiências tão estressantes da parentalidade. Praticar o autocuidado pode mudar a maneira como você se apresenta aos seus filhos enquanto também fornece a eles um modelo saudável de autopriorização e autocuidado.

Como adultos, podemos aprender a cuidar de nossas necessidades físicas sintonizando nosso corpo físico. Podemos começar a prestar mais atenção nas sensações físicas, a real origem de pensamentos e sentimentos (calma, logo vamos falar desse fato surpreendente). Podemos até nos tornar conscientes de nossa mente subconsciente e de pensamentos, sensações e hábitos condicionados que moram ali, impulsionando a maior parte de nossas ações e reações cotidianas. E, finalmente, podemos aprender a usar a intuição e confiar nos instintos para que possamos encarnar e expressar a essência única que nos constitui.

Então, o que significa encarnar algo? Quando encarnamos algo, entramos nisso por inteiro: corpo, mente e alma. Essas não são três entidades diferentes, mas um eu integrado. A integração ocorre quando partes individuais se juntam para formar um todo unificado. Pense na integração como uma salada de frutas em vez de um suco de frutas: cada pedaço mantém suas qualidades distintas enquanto tudo se junta para formar algo mais delicioso que as partes individuais.[8] (Obrigada, dr. Daniel Siegel, pela analogia.)

Quando integramos nosso eu encarnado ou alinhamos desejos, intenções e ações, somos capazes de nos apresentar seguros, protegidos e inteiros como indivíduos em um relacionamento. Ao nos sentirmos seguros, protegidos e inteiros, somos capazes de demonstrar curiosidade, empatia e receptividade com os outros. Apenas assim podemos criar a mesma segurança e proteção que outras pessoas necessitam para também serem seus eus autênticos.

Quando estamos conectados com nosso corpo e sintonizados com nossas emoções, podemos começar a nos conectar de modo seguro e protegido com outras pessoas de um jeito mais profundo e autêntico. Compartilhar uma autêntica conexão emocional com alguém nos permite estar sintonizados com essa pessoa ou sentir o que ela pode estar passando. Ficamos mais abertos e receptivos para mudanças de seu estado emocional e somos capazes de notar e responder às deixas emocionais de outras pessoas, incluindo aquelas não verbais. Isso não significa que precisamos estar perfeitamente sintonizados com os outros o tempo todo – o que não é possível, mesmo para aqueles mais bem-intencionados. Para todos os cuidadores lendo isto que julgaram negativamente alguns (ou todos) dos seus momentos de falta de sintonia no passado, espero que vocês possam começar a oferecer graça e compaixão a si mesmos por aqueles momentos de compreensível desconexão ou reatividade exacerbada. Todos nós podemos nos beneficiar ao começar a nos congratular sempre que escolhemos retornar para nossos entes queridos, depois de momentos de falta de sintonia, a fim de reconstruir a segurança e a proteção desses relacionamentos.

Ao compartilharmos esse tipo de conexão mais profunda e segura ao menos em parte do tempo, criamos a fundação para uma conexão emocional autêntica. Quando duas pessoas se sentem seguras para *serem* elas mesmas, podem existir em um relacionamento interdependente, expondo suas diferenças ao mesmo tempo que permanecem conectadas e trabalhando colaborativamente. Cada indivíduo é capaz de expressar sua energia e seus dons únicos enquanto permite que a outra pessoa faça o mesmo. Você pode pensar na interdependência como o oposto da codependência, em que as pessoas de um relacionamento são completamente dependentes uma da outra para atender às suas necessidades, muitas vezes em detrimento de suas próprias. Essa autotraição crônica leva indivíduos a se adaptarem ou se modificarem para acomodar o outro. Em um relacionamento interdependente, existe um atendimento mútuo das necessidades que permite a cada indivíduo encarnar e celebrar a verdadeira diversidade pensando, sentindo e agindo diferentemente daqueles ao redor.

Quando formamos essa dinâmica, criamos uma conexão que nos permite ser mais bem-sucedidos juntos do que seríamos sozinhos. Cada um de nós leva forças e talentos para a parceria, permitindo ao grupo que alcance conquistas maiores (vamos falar mais sobre esse fenômeno poderoso, conhecido como coerência social, no capítulo 10). É como participar de um time: cada jogador pode ser um atleta fenomenal sozinho, mas, quando nos juntamos e permitimos a cada pessoa que jogue em sua posição e contribua com seus talentos especiais, nós nos tornamos melhores do que jogadores individuais podem ser – nos tornamos um time vencedor.

Ao se explorar o processo de três passos para encarnar o seu eu autêntico, o primeiro passo é o mesmo para todas as pessoas: voltar a nos conectar com nosso corpo. Embora cada um de nós tenha vivido em circunstâncias únicas, seguirei compartilhando minha história de descobrimento e encarnação do meu eu autêntico na esperança de que seja útil para vocês em suas jornadas individuais.

> Quando nos juntamos e permitimos a cada pessoa que jogue em sua posição e contribua com seus talentos especiais, nós nos tornamos melhores.

COMEÇANDO A ATENDER ÀS NECESSIDADES DO MEU CORPO

Antes da minha noite sombria da alma, eu me sentia cada vez mais desconectada das pessoas ao meu redor e, como resultado, cada vez mais solitária. Para alguém de fora, a minha solidão podia parecer paradoxal. Por ter sido monogâmica por toda a vida adulta, eu havia passado apenas um punhado de meses sem uma parceira romântica. Tinha muitos amigos, um calendário social agitado e uma família que pedia, embora sem muitas expectativas, para me ver o máximo possível.

Apesar de ter todas essas pessoas em minha vida, eu me sentia a encarnação do clichê "sozinha em uma sala cheia de pessoas". No meu âmago, não me sentia conectada, apoiada ou mesmo conhecida por ninguém ao meu redor. Como resultado, eu frequentemente pensava que meus relacionamentos nunca eram suficientes. Ficava esperando formar uma conexão emocional mais profunda com as pessoas e, quando isso não acontecia, sentia-me desapontada, desiludida e, com o tempo, ressentida. Eu me animava com uma oportunidade de passar um fim de semana sozinha com minha parceira, esperando que fôssemos nos conectar mais significativamente, e, quando isso não acontecia, eu me sentia desapontada e culpava minha parceira. Ou ficava esperançosa com um jantar especial com amigos, mas, quando a noite chegava, o amor ou a conexão que eu desejava permaneciam fora de alcance, fazendo-me sentir magoada ou sem importância. Assim, eu me fechava emocionalmente ou me tornava distante. Meu ressentimento crescia com o tempo, até eu abandonar a amizade ou, no caso dos meus relacionamentos românticos, terminar o namoro.

Aos vinte anos, eu explicava minha constante infelicidade dizendo a mim mesma: "Você é jovem, você mora em Nova York. Sentir-se desiludida é normal!". Mas, depois que me mudei para outra cidade, onde eu não tinha tantos amigos e eventos sociais para me distrair, comecei a me sentir ainda mais insatisfeita. Passei a ver quantos colegas em meu programa de treinamento clínico modelavam um tipo de comportamento que eu não via muito nos outros: eles pareciam mais conectados com suas emoções e capazes de compartilhá-las mais fácil e abertamente do que eu.

Ao começar a explorar minhas emoções e como eu as havia reprimido por anos, comecei a enxergar lentamente o papel que eu desempenhava em meus relacionamentos. Ao me apresentar desconectada, eu criava o vazio, a solidão e a infelicidade que sentia – esses sentimentos não eram criados ou causados por outras pessoas. Eu estava longe de mim mesma, mas esperando que aqueles ao meu redor intuíssem ou aliviassem meu sofrimento emocional, ajudando-me a sentir de outra forma. Esperava que os outros me "conhecessem", mas eu mesma não me conhecia o bastante para até mesmo começar a me expressar. A realidade era que, se eu não estava conectada com o meu todo – corpo, mente e alma –, como poderia me sentir conectada com qualquer pessoa ao meu redor?

Minha jornada em busca da cura começou por instinto com meu corpo depois que me tornei mais ciente do meu estado físico cronicamente estressado e desregulado. Eu não atendia às necessidades do meu corpo de modo consistente, embora tivesse o suficiente para comer e um lugar para dormir. Regularmente consumia qualquer coisa disponível, incluindo comida ultraprocessada, cheia de açúcar, glúten e álcool, tudo inflamando meu corpo e meu cérebro, sem fazer eu me sentir bem. Meu sono era errático: às vezes ia dormir cedo, outras noites ficava acordada até tarde – e de manhã eu acordava cansada, mesmo se dormisse oito horas. Minha respiração refletia aquele estado crônico de estresse e era agitada e curta, não calma, profunda e restauradora. Por décadas, sofri com persistentes problemas gástricos e uma confusão mental tão grande que eu repentinamente entrava em períodos de vazio mental quando me dava um branco total, de forma inexplicável.

Ao começar a me reconectar com meu corpo e suas necessidades físicas, pude perceber que eu estava desnutrida, estressada e sempre esgotada e exausta. Com o tempo, pude enxergar como eu regularmente via meus cuidados físicos diários como apenas mais uma tarefa ou obrigação que se colocava entre mim e a necessidade do meu corpo de "relaxar", quando, por ironia, cuidar do meu corpo era exatamente aquilo que eu precisava começar a fazer para que por fim relaxasse. Na ausência de motivação ou validação externas, como alguém me incentivando ou mudanças visíveis na aparência física, eu simplesmente não me sentia motivada para cuidar de mim. A desregulação física que continuava como resultado da minha habitual autonegligência diária não prejudicava apenas a mim, mas também a maneira como eu me apresentava em meus relacionamentos, que estavam em um estado que refletia meu sofrimento físico. Uma palavra ou um olhar errados – ou a minha má compreensão deles – e eu já ficava com os nervos à flor da pele, achando que a outra pessoa não me amava mais ou que estava brava comigo.

Sabe como você se sente quando está com muita fome ou com febre e não tem a capacidade de lidar com nada além de suas necessidades físicas que consomem toda sua energia? A mesma coisa é verdade se não consumimos consistentemente alimentos ricos em nutrientes, se não dormimos o bastante ou se temos um sono errático, se não nos movemos o suficiente ou se nos movemos demais, ou se no cotidiano enfrentamos mais estresse físico ou emocional do que nosso corpo consegue aguentar. Essas necessidades físicas não atendidas podem não se manifestar como sintomas agudos, mas, com o tempo, o constante pingar das necessidades não atendidas pode se transformar em uma desregulação crônica. O corpo não se sente seguro, e, como resultado, o sistema nervoso não consegue se regular sozinho, fazendo-nos parecer raivosos, distraídos, distantes ou em alerta máximo para outras pessoas.

Hoje, continuo fazendo escolhas todos os dias para regular meu sistema nervoso ao consistentemente me comprometer a atender às necessidades do meu corpo. Embora as necessidades do seu corpo possam parecer diferentes das minhas, aqui vão alguns passos que tomei para começar a criar hábitos que atendessem melhor às minhas necessidades físicas, algo que vamos explorar mais detalhadamente no capítulo 5.

- Diminuí o consumo de glúten, álcool e alimentos/açúcar processados (sempre que possível), para evitar a sistêmica inflamação crônica que todas essas substâncias podem causar.

- Passei a dar prioridade a alimentos integrais (sempre que possível), para maximizar os nutrientes fornecidos às células do meu corpo.
- Comecei a ir para a cama no mesmo horário todas as noites (sempre que possível), para sincronizar meu ciclo do sono e limitar os picos de cortisol que um horário de dormir inconsistente pode causar.
- Priorizei tomar sol de manhã para ajudar a regular meu relógio circadiano, aumentando a probabilidade de ter ao menos oito ou nove horas de sono restaurador (quando possível), para permitir ao meu corpo descansar e ser reparado.
- Comecei a praticar respiração profunda diariamente, para nutrir meu corpo com oxigênio e ajudar meu sistema nervoso a regular suas respostas ao estresse.

Depois de vários meses ouvindo meu corpo e atendendo às minhas necessidades físicas, passei a me sentir mais descansada, com energia, em paz e, por fim, mais poderosamente conectada e no controle do meu corpo físico.

TESTEMUNHANDO MEU SUBCONSCIENTE

Quando comecei a sentir confiança de que eu estava ficando mais bem preparada para satisfazer às minhas necessidades físicas, voltei a atenção para minhas necessidades emocionais. Passei a explorar minha mente subconsciente – aquela parte profunda de nossa psique na qual são armazenados os condicionamentos de nossa infância, junto a todas as nossas memórias, crenças, interesses e paixões.

Pela maior parte da minha vida, achei que estivesse ciente daquilo que eu pensava ou da maneira como me sentia. Eu continuamente remoía meus pensamentos e chafurdava meus sentimentos. Escolhi ser psicóloga, afinal de contas! Com o tempo, entretanto, comecei a perceber que os pensamentos e os sentimentos de que eu tinha ciência representavam apenas uma pequena fração daquilo que eu realmente pensava e sentia. A maior parte do meu mundo mental permanecia sob a minha consciência ativa e era impelida pela minha mente subconsciente, que controla quase 95% de nossos pensamentos, emoções e reações habituais. Para identificar e entender minhas necessidades emocionais, eu precisaria aprender a ter mais consciência do meu subconsciente, o que, descobri, não é algo impossível.

Inspirada tanto pelo meu treinamento de psicanálise quanto por aquilo que aprendia sobre o poder da consciência, tive lampejos da minha mente subconsciente ao testemunhar os hábitos automáticos e condicionados que se originavam ali diariamente. Comecei a perceber que havia uma diferença entre desenvolver consciência, ou me tornar ciente dos meus pensamentos e sentimentos, e permanecer presa em um ciclo interminável de análise e preocupação exageradas, o que eu vinha fazendo havia décadas. Estar ciente simplesmente significa notar ou testemunhar, não pensar. Por meio de uma prática de autotestemunho consciente, ou ao me tornar observadora neutra da minha própria mente, passei a enxergar a mim mesma como separada dos pensamentos habituais que haviam me consumido por anos a fio, junto a todos os sentimentos e comportamentos que geralmente os acompanhavam. Muito rapidamente, descobri que a maneira como eu operava no mundo – minha maneira de ser muito particular – baseava-se sobremaneira em velhas feridas da infância e estratégias de enfrentamento aprendidas naquela época.

Depois de prestar mais atenção consciente ao modo como eu cuidava do meu ser físico, percebi que muitas vezes comia apenas nos momentos tradicionais de café da manhã, almoço e jantar ou quando outras pessoas ao meu redor comiam. Se estava faminta, mas ainda não era hora de comer ou ninguém por perto estava comendo, eu não comia, mesmo se isso significasse que eu me sentiria fora do eixo e agitada, às vezes até ressentida ou irritada com as pessoas por não ter comido nada. Em outras ocasiões, eu comia apressadamente, consumindo algo menos nutritivo. Aquilo não era uma decisão consciente nem era porque eu não podia cozinhar ou obter comida. Em vez disso, era um hábito condicionado que tinha desenvolvido na infância depois de ver e experimentar os hábitos alimentares da minha família, aprendendo que eu "deveria" comer apenas em certos horários ou quando outros estivessem comendo.

Com o passar do tempo, comecei a enxergar que as crenças rígidas que eu tinha em relação à minha ética pessoal de trabalho não estavam servindo aos interesses do meu corpo. Quando eu era criança, minha mãe prestava atenção em mim mais consistentemente quando eu me destacava – ao tirar nota dez na escola ou vencer um jogo de softball como a melhor arremessadora do time. Considerando a validação consistente que eu recebia por essas conquistas, aprendi a ser uma *overachiever* (uma pessoa que sempre se destaca e alcança conquistas acima do esperado), um dos sete arquétipos da nossa criança interior (vamos falar mais sobre isso no capítulo 4) com que você pode já estar familiarizado se leu meu livro *Como curar sua vida*. Um *overachiever* aprende a trabalhar para ganhar atenção, conexão e amor, acreditando que é valorizado ou amado pelos outros *apenas* quando está vencendo, conquistando algo ou, em geral, alcançando ou superando as expectativas.

Por ser uma *overachiever*, eu tinha dificuldades de me permitir tirar uma folga ou ter um tempo não estruturado para lazer, a menos que as pessoas ao meu redor também estivessem descansando. Não importava quanto tempo ou quão intensamente eu trabalhasse, o que havia conquistado, se tinha os recursos de atenção para continuar trabalhando ou o quão desesperadamente eu quisesse ou precisasse de uma folga. No trabalho, raramente me permitia cometer erros, riscando itens ou começando novas páginas em meu caderno ou diário para evitar ser lembrada de minhas imperfeições passadas. Agora, mesmo onde me encontro hoje, tendo escrito três livros, continuo instintivamente tentando alcançar a "perfeição" e me pego criticando e editando meu trabalho, de forma meticulosa, até o último momento possível.

Quanto mais testemunhava meus hábitos, mais percebia o quão regularmente eu buscava respostas fora de mim e nos outros, filtrando aquilo que pensava, sentia e fazia por meio da percepção daquilo que outras pessoas poderiam pensar ou queriam de mim. Isso não era minha intenção, tampouco era minha culpa – preocupar-me com o que os outros pensariam de mim e colocar as suas necessidades acima das minhas eram estratégias de enfrentamento aprendidas na infância para me proteger da sensação de ser ignorada, desconsiderada e magoada por aqueles mais próximos a mim. Comecei a claramente enxergar que meu condicionamento não estava servindo aos meus interesses ou ajudando meus relacionamentos. Ao basear a maioria das minhas escolhas naquilo que eu imaginava que fossem os desejos e as impressões dos outros sobre mim, não apenas ignorava minhas próprias necessidades, mas também não me apresentava em apoio aos outros, como por muito tempo acreditava que fazia. Na realidade, estava sempre tentando administrar as percepções dos outros sobre *mim*. Mas, se eu não me sentia digna o bastante para tomar espaço no mundo, como poderia continuar esperando que os outros apoiassem a mim ou minha autoexpressão?

À medida que eu aprendia a me tornar mais ciente do meu subconsciente, gradualmente fui mudando os hábitos condicionados que não serviam aos meus interesses. Embora criar hábitos não seja um processo fácil para ninguém, eu me beneficiei ao fazer uma pausa várias vezes durante o dia para, de forma consciente, autoexaminar-me e testemunhar os diferentes pensamentos, sentimentos e comportamentos que podia identificar naquele momento. Essas autochecagens não levavam mais que um minuto, mas me davam a oportunidade de decidir se eu queria continuar pensando, sentindo e agindo da mesma maneira – ou se queria usar aquele momento como uma oportunidade para criar um jeito de ser. E, se eu notasse que estava esperando pelos outros para me inspirar a mover meu corpo, podia fazer a escolha consciente de ouvir minhas próprias necessidades e fazer algo ativo para mim. Ou, se eu estava contando com os outros para decidir o que iríamos comer em uma refeição em particular, podia checar com meu corpo para determinar se havia algum alimento que eu sentia que seria mais nutritivo para mim.

RECONECTANDO-ME COM MINHA ALMA

Permanecer comprometida a cuidar das minhas necessidades físicas e emocionais todos os dias abriu um novo mundo para mim. Em vez de buscar resposta em outras pessoas, percebi que eu podia olhar para dentro e confiar em mim mesma mais que em qualquer fonte externa. Descobri um lugar de intuição profundo em meu interior – uma bússola interna em que eu podia confiar para determinar aquilo que servia mais aos meus interesses e aos interesses dos meus relacionamentos.

Acessar esse guia interno me ajudou a identificar aquilo de que *eu* realmente necessitava, o que eu realmente queria e no que eu realmente acreditava, e isso permitiu que eu me reconectasse com meu eu autêntico, ou alma, minha parte que não apenas vivia aqui dentro, mas criava uma energia vibracional externa que interagia com o mundo ao meu redor.

Assim como temos necessidades físicas e emocionais, nossa alma também possui necessidades espirituais, as quais incluem:

- Abraçar nossa identidade e nossa importância únicas no mundo. Somos capazes de celebrar aquilo em que somos bons sem nos sentirmos mal sobre as coisas que não acontecem naturalmente.

- Sentir-nos realmente conectados. Somos capazes de ser vulneráveis com os outros para que eles possam sentir nosso eu autêntico da mesma forma que podemos sentir o deles.
- Escolher aquilo que serve melhor aos nossos interesses sem pressão, força ou coerção. Somos capazes de honrar respeitosamente nossas necessidades e nossos desejos ao mesmo tempo que damos espaço aos outros para fazerem o mesmo.
- Aprender, enxergar e experimentar coisas novas. Somos capazes de cultivar curiosidades únicas, interesses e desejos inerentes para ajudar a expandir nossa personalidade e a dos outros ao redor.
- Plenamente expressar a nós mesmos e confiar na segurança de nossas conexões e nossos relacionamentos. Somos capazes de nos sentir unidos e conectados com outras pessoas e, nesse sentido, com toda a criação (fique atento para mais informações sobre nossa poderosa conexão com o planeta em si).

Para melhor atender às minhas necessidades espirituais, passei cada vez mais tempo olhando para o meu interior, criando momentos para me autoexaminar e me reconectar comigo mesma. Comecei a separar momentos durante o dia para me desligar das redes sociais e trabalhar o desconforto de aprender a aceitar um tempo livre e não estruturado para relaxar e *ficar* comigo mesma sem distrações. Com o tempo, comecei a passar períodos mais longos de tempo em minha companhia, saindo sozinha para pequenos passeios e explorando diferentes atividades que eu gostava de fazer apenas por mim, como descobrir alimentos diferentes, explorar novos destinos e ficar em meio à natureza.

UM MAPA PARA SE RECONECTAR COM O SEU EU AUTÊNTICO

A sua jornada de volta para seu eu autêntico vai parecer diferente da minha. Você experimentou seu condicionamento único na infância e desenvolveu estratégias de enfrentamento específicas como resultado, as quais foram moldadas por eventos e relacionamentos que teve desde criança. Você possui sua própria energia vibracional que interage com o mundo ao redor, criando uma essência – a sua alma – que é única a você.

Embora sua jornada de cura seja única, as paradas que você terá serão as mesmas que as minhas e as de todos que leem este livro, porque somos humanos e temos as mesmas necessidades básicas universais. E todos precisamos atender a essas necessidades na mesma ordem, abordando cada uma sequencialmente.

1. Podemos aprender a ouvir nosso corpo e atender às nossas necessidades físicas.
2. Podemos aprender a ter consciência de nossos pensamentos, emoções e reações condicionadas ou habituais para que tomemos novas decisões que sirvam mais adequadamente ao nosso eu autêntico.
3. Finalmente, podemos localizar e aprender a confiar em nossa intuição, reconectar-nos com nossa alma e manifestar nossa essência ou energia únicas no mundo.

SATISFAZENDO SUAS NECESSIDADES AUTÊNTICAS

Por que a sequência da nossa jornada de cura importa tanto? Porque não podemos realmente curar nossos relacionamentos e evoluir como seres individuais até que nosso corpo se sinta física e emocionalmente seguro. Se você vive cronicamente desidratado, sem dormir direito e desnutrido, ou tem outras necessidades físicas não atendidas, não terá energia ou capacidade para trabalhar em si mesmo ou em seus relacionamentos. Se não se sente seguro e protegido o bastante para expressar suas emoções, você não será capaz de autenticamente se conectar com outras pessoas. Se não consegue se conectar com os outros de forma autêntica, não será capaz de ser você mesmo de modo fácil, experimentar uma vida livre, usar sua criatividade inerente, encontrar propósito ou se sentir satisfeito de fato.

Estou me referindo à nossa hierarquia de necessidades, um conceito introduzido pela primeira vez em 1943 pelo psicólogo Abraham Maslow, que nos ajuda a entender a motivação humana. Embora a hierarquia de Maslow inclua cinco níveis de necessidades – fisiologia (física), segurança (pessoal, saúde, emprego), amor e relacionamento (amigos, família, intimidade), estima (autorrespeito, status) e aquilo que ele chamava de *realização pessoal* (alcançando nosso potencial pleno) –, eu a simplifiquei em três camadas fundamentais naquilo que chamo de *pirâmide das necessidades autênticas*, que você pode se lembrar de ter lido em meu livro *How to Meet Your Self.*

Sua lista das necessidades autênticas

A maioria de nós é desconectada de nossas necessidades físicas, emocionais e espirituais como resultado de nosso condicionamento na infância, então é importante, primeiro, notar quais necessidades não estamos satisfazendo atualmente. Tire um tempo para explorar a lista a seguir, sendo o mais honesto e objetivo possível consigo mesmo enquanto pensa nas perguntas, marcando as respostas que mais precisamente refletem a sua experiência atual.

ALIMENTO MEU CORPO COM OS NUTRIENTES DE QUE ELE NECESSITA?

- ☐ Ouço meu corpo, comendo quando ele está com fome e parando quando está satisfeito.
- ☐ Escolho alimentos que me fazem sentir satisfeito e com energia (sempre que disponíveis).
- ☐ Estou ciente dos alimentos que me fazem sentir letárgico, inquieto ou com um mal-estar generalizado e os evito (sempre que possível).
- ☐ É comum eu me sentir mentalmente alerta e focado.

MOVO O MEU CORPO?

- ☐ Encontro maneiras de mover um pouco meu corpo diariamente.
- ☐ Sei quando meu corpo precisa descansar ou fazer uma pausa e me permito esse descanso.
- ☐ Sinto os meus músculos contraindo e expandindo.
- ☐ Noto mudanças em meu corpo e em sua energia quando me movo em oposição a quando fico parado.

DOU DESCANSO SUFICIENTE AO MEU CORPO?

- ☐ Durmo rapidamente depois de me deitar na cama.
- ☐ Sou capaz de dormir a noite toda sem acordar (ou, quando acordo, posso facilmente voltar a dormir).
- ☐ Acordo me sentindo descansado e rejuvenescido.
- ☐ Noto quando a falta de sono afeta meu humor e meu comportamento.

CONSIGO LIDAR COM O ESTRESSE?

- ☐ Estou ciente de como as pessoas em minha vida impactam meu nível de estresse.
- ☐ Estou ciente de como o conteúdo que consumo (redes sociais, notícias, entretenimento) impactam meu nível de estresse.
- ☐ Sei quando estou estressado e encontro momentos para me acalmar sempre que possível.
- ☐ Tenho momentos diários de afastamento, calmaria, quietude ou na natureza.

SINTO-ME EMOCIONALMENTE SEGURO E PROTEGIDO?

- ☐ Sinto-me seguro e livre para expressar autenticamente meus sentimentos nos meus relacionamentos.
- ☐ Estou ciente das coisas que me interessam e das minhas paixões.
- ☐ Estou aberto a novas experiências e separo um tempo para explorar minha criatividade.
- ☐ Encontro espaço para um tempo espontâneo de lazer não estruturado no decorrer do dia.

Se você ainda não é capaz de marcar muitas dessas respostas, seja gentil e tenha autocompaixão. Nos próximos capítulos, vamos explorar maneiras de você começar a atender a essas necessidades fundamentais e curar seu relacionamento com o próprio corpo.

CURANDO O SEU CORPO

É fácil presumir que você está constantemente atendendo às suas necessidades físicas se você tem comida suficiente, um lugar seguro para dormir e acesso a água limpa, roupas adequadas e cuidados de saúde. Mesmo com esses privilégios, a realidade é que a maioria das pessoas não atende às necessidades fisiológicas fundamentais porque consome alimentos que inflamam o corpo, tem uma vida exigente que estressa o sistema nervoso ou não consegue o descanso de que o corpo precisa para regular o humor e as emoções. Muitos de nós – 75% de todos os estadunidenses[9] – são cronicamente desidratados, e poucos de nós, devido ao estilo de vida moderno, tiram um tempo para se cuidar, incluindo o tempo de descanso de que todos necessitamos. Não sendo atendidas, essas necessidades aparentemente pequenas podem se acumular e se tornar grandes problemas, sabotando nossos relacionamentos, quando nos apresentamos cansados, estressados, letárgicos ou malnutridos, independentemente de quanta terapia fazemos, de quão bem comunicamos nossos sentimentos ou do que nossos parceiros fazem ou deixam de fazer.

Sendo a segurança física fundamental, vamos começar nossa jornada para encarnar nosso eu autêntico priorizando nossas necessidades físicas. Para fazer isso, criei uma prática chamada *consciência do corpo*, que vai ajudá-lo a se tornar consciente das suas necessidades físicas e de suas sensações físicas diárias, como frequência cardíaca, padrões de respiração e tensão muscular. Esses são indicadores cruciais para saber se estamos ou não atendendo às nossas necessidades físicas e podem nos ajudar a interpretar os diferentes sinais do nosso corpo – uma dor no estômago pode significar que estamos com fome, tensão nos músculos pode significar que nossa energia está restrita e fadiga pode ser um sinal de que estamos abusando do corpo de alguma forma. No fim, as sensações do nosso organismo representam um papel surpreendente na criação de pensamentos e sensações. Deixe-me explicar.

Embora a maioria das pessoas presuma que aquilo que pensamos e sentimos se origina no cérebro pensante, as sensações físicas ajudam a criar pensamentos e sentimentos. O subconsciente usa as sensações do corpo para interpretar como nos sentimos ao lembrar-nos das experiências emocionais que acompanharam sensações físicas semelhantes no passado. Essa premissa é conhecida como *teoria das emoções construídas*, desenvolvida pela neurocientista Lisa Feldman Barrett, professora de Psicologia na Northeastern University.[10] Aprofundaremos esse conceito no capítulo 5, mas, resumindo, podemos ficar presos nas experiências de nosso passado, a menos que comecemos a praticar a identificação e a mudança das sensações físicas que causam essas sensações e esses pensamentos repetitivos. Ao praticar a *consciência do corpo*, podemos aprender a sintonizar nossas sensações físicas e administrá-las até certo ponto, ajudando a modificar pensamentos e sentimentos. Tornar-se ciente das sensações do corpo permite mudar como pensar e sentir, o que, por sua vez, muda como se apresentar em relacionamentos.

CHECANDO A CONSCIÊNCIA DO CORPO

Para praticar a consciência do corpo, você pode começar fazendo pausas durante o dia. Fazer pausas regulares para a consciência do corpo ajudará a tirar sua atenção da mente hiperativa para que possa praticar a sintonia ou mudar seu foco para a experiência do seu corpo no momento presente. Examinar o seu corpo antes de tomar alguma decisão referente aos cuidados físicos (como se alimentar, descansar ou se mover) vai aumentar a sua conexão com ele e suas diferentes necessidades físicas. Você pode achar útil programar um alarme para tocar três vezes ao dia e lembrar-se de fazer uma pausa para checar seu corpo físico. Nesse momento de pausa, volte totalmente sua atenção para a experiência de existir em seu corpo enquanto explora as diferentes sensações físicas.

Nas linhas a seguir, anote suas experiências quando começar. Você pode achar útil repetir a lista em um caderno ou um diário à parte (ou qualquer outro lugar que possa acessar durante o dia) como um lembrete para fazer uma pausa e se conectar com a experiência física do seu corpo.

Checagem diária da consciência

Pausa para o corpo: [tempo]
Sensações físicas presentes:

_____

_____

_____

EMPODERANDO A SUA MENTE

Depois de desenvolver uma prática consistente da consciência do corpo, você pode começar a trabalhar na *consciência da mente*, que é a prática de se tornar consciente de pensamentos, sentimentos e reações que você tem ou faz automática e repetidamente. Tudo isso reflete o subconsciente trabalhando – trata-se de nossas maneiras instintivas e condicionadas, programadas em nosso cérebro durante a infância porque contávamos com elas muitas vezes para nos sentirmos seguros, valorizados e amados por nossas figuras parentais. Agora que somos adultos, poucos desses hábitos repetidos permitem que nos sintamos bem sobre nós mesmos. Eles não nos permitem ser nosso eu autêntico, muitas vezes sabotando como interagimos com os outros. Esses jeitos condicionados de ser podem até nos fazer sentir física e emocionalmente inseguros e desregulados.

Ao continuarmos explorando, podemos aprender a identificar os hábitos automáticos e repetitivos que não servem aos nossos interesses ou aos interesses dos nossos relacionamentos. Podemos encontrar e escolher novas maneiras de nos acalmar quando ficamos irritados sem voltar para velhos ciclos condicionados. Ao nos tornarmos conscientes de nossos *eus condicionados* ou dos papéis que desempenhamos em nossos relacionamentos na vida adulta que nos mantêm presos em padrões disfuncionais com outras pessoas (vamos falar mais sobre isso no capítulo 4), podemos intencionalmente começar a honrar com mais frequência nossas próprias necessidades, para que, então, possamos criar a segurança de que necessitamos para sermos nosso eu autêntico com os outros.

CHECANDO NOSSA CONSCIÊNCIA

Como imagino que você esteja começando a enxergar, a consciência desempenha um papel fundamentalmente poderoso em nossa jornada para encarnar nosso eu autêntico. Para desenvolver minha própria consciência da mente ou a capacidade de testemunhar meus hábitos subconscientes, desenvolvi uma prática chamada *checagem diária da consciência*, que o ajudará a se tornar mais consciente do piloto automático da sua vida. Seja paciente consigo mesmo quando iniciar essa prática – em razão de nosso cérebro preferir fisiologicamente operar no piloto automático para conservar energia, pode parecer fisicamente cansativo quando começamos a mudá-lo para um estado consciente de atenção.

Os passos necessários para a checagem da consciência são parecidos com aqueles que você toma quando faz a pausa para a consciência do corpo. Você pode começar com três pausas ao dia para testemunhar ou notar duas coisas: o que está fazendo no momento e onde a sua atenção está nessa hora.

Aqui vão duas maneiras úteis de criar o seu novo hábito diário de checagem. Você pode usar qualquer uma dessas abordagens ao começar a ajustar e manter essas intenções diárias, até as checagens se tornarem um novo hábito ou até você se lembrar sozinho de fazer uma pausa para acessar momentos de consciência durante o dia.

- Defina uma intenção de checagem em três horários diferentes durante o dia; por exemplo, às 11h, às 16h e às 21h. Você pode colocar um alarme no seu celular para ajudá-lo.
- Defina uma intenção de checagem durante três atividades que você faz todos os dias, como tomar o seu café da manhã, preparar sua refeição depois do trabalho e se preparar para dormir.

Para realizar as checagens, faça estas duas perguntas para si mesmo:

1. O que estou fazendo agora (lavando a louça, assistindo à televisão, conversando com um ente querido)?
2. No que estou prestando atenção? Estou completamente imerso naquilo que estou fazendo ou com quem estou conversando? Ou estou perdido em pensamentos sobre outras coisas? Se sim, sobre o que estou pensando

(por exemplo, uma conversa que tive mais cedo, uma conta do cartão de crédito, um evento que se aproxima, uma situação estressante no trabalho)?

O seu objetivo ao fazer isso é simplesmente estar presente no momento, observando os seus pensamentos da mesma maneira que observa nuvens flutuando no céu. Será útil transferir as linhas a seguir para um caderno à parte e escrever as respostas para cada pergunta sempre que completar uma checagem. Mantenha-o em um lugar onde ninguém possa ler as respostas, para que você tenha a liberdade de escrever sem julgamentos ou sem analisar demais. Com o tempo, você pode até começar a notar padrões naquilo em que está prestando atenção.

Checagem diária da consciência

_____

_____

_____

Revisite esta ferramenta sempre que necessário. Continue a usá-la diariamente.

RECONECTANDO-SE COM A SUA ALMA

De uma perspectiva biológica, a sua alma, ou eu autêntico, vive em seu coração físico – e não apenas porque o coração humano é o centro espiritual ou emocional do corpo, de acordo com quase todas as culturas no mundo. Conhecido como o "pequeno cérebro" do corpo e contendo mais de 40 mil neurônios, o coração envia mais mensagens para o sistema nervoso do que o contrário, impactando a saúde e a segurança da mente enquanto ativa reações emocionais nos outros.[11] É no coração que moram a intuição e o conhecimento interno, de acordo com pesquisas científicas do HeartMath Institute, organização sem fins lucrativos que vamos conhecer melhor em outros capítulos.[12]

Quando nos conectamos com nosso coração, ficamos mais propensos a tomar decisões que se baseiam em nossas necessidades e nossos desejos autênticos. Estarmos conectados com nosso próprio coração ajuda a nos sentirmos mais abertos e receptivos para nos conectarmos com o coração de outras pessoas. Pode até nos ajudar a começar a "sentir" coisas antes de acontecerem: pessoas que se tornam física e emocionalmente conectadas com seu coração conseguem sentir mudanças no próprio peito antes que um incidente ocorra, o que as ajuda a discernir se algo está "certo" ou "errado" em seu mundo, de acordo com recentes pesquisas sobre a intuição.[13] Vamos continuar falando mais sobre como o coração se conecta com a alma e como impacta os relacionamentos no capítulo 7.

Checagem do coração

Muitos de nós sabem o que querem ou não querem, mas ignoram suas necessidades e seus desejos por causa de um medo de perder a conexão segura com outras pessoas e com o mundo ao redor. Para começar a se expressar autenticamente, será útil começar a notar as diferentes preocupações ou medos que talvez o estejam atrapalhando.

Tire um momento para se lembrar de uma experiência recente com alguém durante a qual você queria se expressar, mas não se permitiu verbalizar seus pensamentos, sentimentos ou perspectivas verdadeiras. Agora, considere suas respostas para as seguintes perguntas:

O que eu realmente penso, sinto ou quero fazer?

_____

_____

O que eu penso ou com qual consequência eu me preocupo se compartilhar pensamentos, perspectivas ou sentimentos verdadeiros ou autênticos neste momento?

_____

_____

Como eu me sentiria se compartilhasse aquilo que realmente estou pensando e sentindo?

_____

_____

Usando essas perguntas exploratórias, passe as próximas semanas testemunhando a si mesmo durante o dia e em seus vários relacionamentos, notando qualquer padrão que possa descobrir nos momentos em que tende a refrear seus pensamentos, suas perspectivas ou seus sentimentos honestos.

Ao iniciar essa prática, é normal sentir dificuldade, a princípio, de se conectar com seu coração e com aquilo que de fato pensa, sente ou deseja, provavelmente porque você está distraído pelos pensamentos em sua mente. Continue praticando a compaixão consigo mesmo, sobretudo se você nunca se perguntou esse tipo de coisa antes. Praticar diariamente as pausas para consciência do corpo e a checagem dessa consciência facilitarão a mudança de atenção da sua mente pensante para o seu corpo físico, em que você pode ouvir melhor as mensagens do seu coração. É útil checar com o seu coração regularmente durante o dia e, em especial, antes de tomar grandes decisões, à medida que você continua reconstruindo sua conexão com o seu eu autêntico, ou alma.

À medida que ganha mais clareza sobre aquilo que o seu coração pode querer ou necessitar, seja paciente consigo mesmo quando começar a expressar esses desejos autênticos com outras pessoas. Você pode começar a praticar notando os momentos em que diz "sim" ou concorda com coisas que não são verdadeiras ou não lhe interessam. Na próxima vez que receber um convite para um evento, e você sabe que não quer ir, no lugar de imediatamente concordar, faça uma pausa antes de responder, dando a si mesmo um momento para, de modo consciente, escolher a resposta alinhada com seus desejos autênticos. E lembre-se de que, quando tomar esse tempo para se autoconhecer, descobrir aquilo que não é verdade ou que não quer, você finalmente se colocará na direção daquilo que é verdade e realmente quer para si.

* * *

Entender o conceito do eu encarnado e a interconexão entre corpo, mente e alma pode nos ajudar a compreender melhor nossa jornada. É uma jornada excitante, e, embora essa excitação possa fazê-lo querer pular certos capítulos, é importante continuar sequencialmente, já que a cura verdadeira e duradoura ocorre em estágios e se desenvolve como um processo vivo. Aguarda-o ao longo do caminho um ser mais completo, inteiro e centrado.

Um "você" que é mais *você*. Ao agir de modo a se alinhar ao máximo com seus verdadeiros desejos e necessidades, você poderá encarnar o seu eu por inteiro – corpo, mente e alma – e começar a criar os relacionamentos amorosos e gratificantes que procura. E, para começar nossa jornada em busca de relacionamentos mais autênticos, vamos precisar, primeiro, entender a neurobiologia de nossos vínculos traumáticos.

3

ENTENDENDO A NEUROBIOLOGIA
DOS VÍNCULOS TRAUMÁTICOS

Eu sempre ouvia a mesma coisa no meu consultório. Meus clientes diziam que estavam sempre entrando nos relacionamentos errados ou ficavam presos nos mesmos conflitos de novo e de novo. Muitos descreviam ciclos de vergonha, acusação, crítica e distanciamento ou reação exagerada ao parceiro. Outros descreviam algo como uma disputa de cabo de guerra em seus relacionamentos, em que sempre se buscava puxar a pessoa amada para perto, apenas para depois se sentir empurrado para longe, provocando um doloroso ciclo de aproximação-afastamento que parecia nunca acabar.

Na época, eu trabalhava com casais que vinham me ver porque estavam infelizes em seu relacionamento. Meus clientes que eram casados ou moravam juntos me diziam que, por meses ou anos, eles se sentiam presos em um relacionamento sem amor e insatisfatório que nenhuma terapia ou tentativa de melhorar a comunicação conseguiram ajudar. Aqueles que eram solteiros frequentemente admitiam que, embora quisessem uma parceria duradoura, nunca haviam sido capazes de encontrar ou sustentar uma, ou o relacionamento muitas vezes terminava da mesma maneira, independentemente do que tivessem feito, do quanto tivessem se esforçado ou quem tivessem escolhido. Isso soava familiar para mim.

O que aqueles clientes tinham em comum era um ciclo repetitivo de padrões ou hábitos comportamentais que não conseguiam desfazer. Estavam convencidos de que algo estava errado com eles – que "não mereciam amor", "ninguém se interessava por eles" ou que "estavam quebrados por dentro" – ou que eram vítimas de parceiros descompromissados, sem emoções ou sem amor. Alguns deles até começaram a imaginar que todos os seus relacionamentos românticos estivessem fadados ao fracasso.

Se isso lhe soa familiar, posso assegurar que não existe nada errado com você ou com as pessoas que ama e que relacionamentos amorosos e autênticos *são* possíveis. Os problemas de relacionamento em que tantos de vocês se encontram presos não são necessariamente culpa sua nem do seu parceiro. Os relacionamentos que buscamos e criamos na vida adulta, sobretudo com nossos parceiros românticos, geralmente nem são resultado de decisões que tomamos ativamente com nossa mente consciente. Em vez disso, nosso sistema nervoso é programado para buscar e recriar padrões que espelham nossos primeiros relacionamentos com nossas figuras parentais. Essas dinâmicas repetitivas não servem aos nossos interesses hoje e, muitas vezes, não são conexões autênticas, mas vínculos traumáticos.

Nos primeiros dois capítulos, você leu sobre o trabalho do dr. Daniel Siegel, neurobiologista interpessoal, cujo trabalho ilustra como nossos primeiros relacionamentos moldam fisicamente nosso sistema nervoso e ditam como pensamos, sentimos e agimos com outras pessoas pelo restante de nossas vidas. Neste capítulo, vamos explorar a ciência por trás da razão e a maneira como isso ocorre para que possamos entender melhor os passos que podemos tomar – física, emocional e espiritualmente – para desfazer os hábitos dos vínculos traumáticos que desenvolvemos com nossos amigos, famílias, colegas ou parceiros românticos.

OS VÍNCULOS TRAUMÁTICOS QUE NOS MANTÊM PRESOS: A HISTÓRIA DE DOMINIK E MONIQUE

Quando trabalhei com casais, ainda não entendia a natureza dos vínculos traumáticos. Olhando agora, se eu tivesse sido capaz de integrar aquilo que agora sei sobre como o sistema nervoso instintivamente nos impulsiona a agir de certas maneiras, poderia ter feito mais para ajudar os meus clientes a mudarem seus relacionamentos. Mas acabei assistindo impotente à terapia convencional e às outras ferramentas de autoajuda não causarem impacto nos padrões de relacionamentos da maioria das pessoas: elas continuavam repetindo os mesmos ciclos, como se fossem fisicamente impelidas ou como se estivessem viciadas nos hábitos que causavam seu sofrimento contínuo.

Hoje consigo enxergar como os vínculos traumáticos atuaram em quase todos os relacionamentos de cada cliente que se sentou comigo no escritório, incluindo Dominik e Monique, que vieram me ver quando seu casamento havia se tornado fonte de desconexão e ressentimento.

Haviam se conhecido em um show oito anos antes, e imediatamente se sentiram "apaixonados" um pelo outro. Eles tinham as mesmas preferências musicais, e ficar juntos parecia "fácil" e "natural". Depois de alguns anos de casamento, começaram a experimentar problemas significativos. Dominik, um empreiteiro autônomo, estava encontrando cada vez menos trabalho e ganhando menos dinheiro, e Monique, uma pesquisadora de sucesso, sentia que ele não se empenhava o bastante para conquistar novos clientes. Com o tempo, Monique descobriu que Dominik estava perdendo o pouco dinheiro que ganhava com jogos de azar, o que aumentou as dificuldades financeiras do casal. Monique, que já ficava de olho nas atividades de Dominik (ou, como ele dizia, "ela está constantemente me investigando"), começou a monitorar e controlar suas ações ainda mais. Em resposta, Dominik se tornou ainda mais reservado sobre seu trabalho (ou a falta dele) e suas habituais apostas.

Durante as sessões de terapia de casal, nós exploramos a infância de Dominik e Monique e como cada infância podia estar contribuindo para suas dificuldades de relacionamento. O que não discutimos foi como suas infâncias poderiam ter impactado seus corpos físicos, especificamente o sistema nervoso, e como o cérebro estava instintivamente impulsionando os dois a permanecerem presos em uma dinâmica de relacionamento pouco saudável um com o outro.

Dominik foi adotado quando pequeno por uma família com uma mãe hipervigilante. Pais hipervigilantes são semelhantes aos "pais-helicópteros", dos quais você já deve ter ouvido falar ou mesmo conhece por experiência própria: eles constantemente monitoram, administram e tentam controlar seus filhos, impelidos por uma ansiedade interna vinda de seu próprio sistema nervoso desregulado. Embora bem-intencionados e muitas vezes acreditando que sua vigilância visa ao bem da criança, muitos pais e mães nessa condição não conseguem entender ou respeitar os limites dos filhos. Eles supervisionam e analisam exageradamente seus pensamentos, humores e comportamentos, às vezes até forçando que busquem certas atividades ou interesses. Tudo isso aconteceu com a mãe de Dominik.

O pai de Dominik, por sua vez, era distante da família, regularmente socializando com colegas depois de longas horas de trabalho e mantendo apenas um contato mínimo com a família. Sua frequente ausência no lar deixava Dominik sozinho para se proteger da intromissão de sua mãe e seus comportamentos, que induziam vergonha e sentimento de culpa.

Quando Dominik era jovem, ele muitas vezes se sentia sobrecarregado pela constante vigilância da mãe. Ela sempre gritava para ele ter cuidado, mesmo quando não havia ameaça, e dizia a ele o que comer, como se sentir e o que fazer. Regularmente se inseria em seus relacionamentos com seus colegas, aconselhando-o quanto a como reagir às experiências que ele compartilhava com ela. Embora pudesse ser bem-intencionada, sua vigilância fez Dominik se sentir indigno e envergonhado em seu âmago, algo comum entre crianças com figuras parentais hipervigilantes: quando alguém busca controlá-lo ou modificá-lo, isso envia a mensagem oculta de que o seu jeito natural de ser – o seu eu autêntico – não é bom o bastante.

À medida que sua mãe continuava gerenciando e diretamente ordenando seu comportamento, Dominik formou a crença subconsciente de que o "amor" era equivalente a ser supervisionado e gerenciado para seu "próprio bem". Suas primeiras interações com a mãe o condicionaram a acreditar que o amor e o afeto vinham junto com a hipervigilância, ainda que ele, assim como a maioria das pessoas, não gostasse de ser controlado.

A constante supervisão de sua mãe não dava espaço para Dominik compartilhar livremente pensamentos, sentimentos ou perspectivas. Como seus limites eram sempre violados, ele não se sentia realmente seguro para ser quem era, muito menos para se permitir sentir-se amado pelos outros por ser ele mesmo. Para enfrentar a persistente falta de segurança e proteção emocional, o sistema nervoso de Dominik permanecia consistentemente estressado, atento para a próxima e inevitável ameaça ou o próximo problema.

Quando nosso sistema nervoso inicia uma resposta ao estresse ou ao estado de hiperativação, nosso corpo entra no modo de luta ou fuga, e isso nos fornece o foco e a energia necessários para enfrentar a ameaça ou fugir dela. No exemplo de Dominik, a ameaça eram as ações controladoras e intrusivas de sua mãe, que inadvertidamente lhe causavam uma sobrecarga emocional quase constante. Embora

> **Quando nosso sistema nervoso inicia uma resposta ao estresse ou ao estado de hiperativação, nosso corpo entra no modo de luta ou fuga.**

ele não pudesse fisicamente fugir da mãe, porque dependia dela para sua sobrevivência, ele fugia voltando-se para dentro, como muitas crianças fazem, recuando para seu mundo interno e distraindo a si mesmo com seus pensamentos. Por ele quase nunca se sentir seguro ou protegido, seu sistema nervoso permanecia preso em uma resposta ao estresse, repetindo padrões de ativação nos circuitos neurais de seu cérebro em desenvolvimento. Assim como todas as crianças pequenas, esses primeiros caminhos neurais por fim se tornaram parte da arquitetura do cérebro.

À medida que crescia, Dominik continuou fugindo de seus desconfortos e voltando-se para dentro, distraindo a si mesmo com seus pensamentos e, mais tarde, apostando em jogos de azar. Muitos comportamentos compulsivos ou o vício em apostas, sexo, trabalho excessivo ou substâncias são, na verdade, um meio de escapar da dor enraizada ou de outras emoções exacerbadas. Pelo fato de o circuito neural ter sido programado em seu cérebro desde a infância, parecia seguro e familiar para ele e se tornou a base dos padrões dos vínculos traumáticos que ele repetia na vida adulta. Sua resposta habitual de fuga o colocava em modo Distração, um dos quatro estilos reacionários que eu identifiquei com base nas quatro respostas ao estresse do corpo: luta, fuga, congelar ou desligar, e bajulação. Os quatro modos estão listados a seguir, bem como a maneira de determinar qual tipo você e as pessoas ao seu redor encarnam mais frequentemente.

Muitos comportamentos compulsivos ou o vício em apostas, sexo, trabalho excessivo ou substâncias são, na verdade, um meio de escapar da dor enraizada ou de outras emoções exacerbadas.

Quando Dominik conheceu Monique, tudo sobre ela pareceu familiar e seguro. Ela era diferente da mãe dele de muitas maneiras, mas exibia os mesmos comportamentos básicos que ele instintivamente entendia como "amor": ela o monitorava, gerenciava e controlava. A princípio, esses comportamentos eram sutis. Inicialmente, ela sugeria o que Dominik deveria vestir quando saíam para jantar ou o que fazer para melhorar seus negócios. Mas, com o tempo, suas diretivas se tornaram mais óbvias, quando começou a ditar suas preferências para muitas das escolhas diárias do parceiro. Embora ele não gostasse conscientemente da supervisão e reclamasse disso às vezes, o comportamento de Monique parecia o "amor" que ele conhecia.

Para criar espaço e segurança para si, Dominik tentava fugir de Monique, recuando emocionalmente de seu relacionamento, distraindo-se ou distanciando-se de seus pensamentos e ações, da mesma maneira que fazia na infância. Aqueles comportamentos condicionados, embora instintivos para Dominik, apenas aumentavam a necessidade de Monique de controlar o que acontecia. Sentindo-se ameaçada sempre que ele se voltava para si ou se distanciava dela, Monique começou a monitorá-lo de perto, consistentemente perguntando o que estava errado e tentando, com mais afinco, comunicar-se com ele ou "despertá-lo" de volta para o presente. Quanto menos ele trabalhava e quanto mais dinheiro perdia no jogo, mais de perto ela o monitorava, continuando o ciclo reacionário entre eles.

Monique não tentava gerenciar Dominik intencionalmente. Assim como ele, ela tinha seu próprio histórico de trauma, que resultou em padrões condicionados de enfrentamento. A mãe de Monique sofria de depressão, o que a impedia, com frequência, de sintonizar-se emocionalmente com sua filha e até mesmo, às vezes, de cuidar dela fisicamente. Não raro, o pai de Monique era consumido por seus dois empregos para sustentar a família e pouco ficava em casa. Quando podia passar um tempo com sua família e não estava distraído por sua interminável lista de afazeres e tarefas domésticas, ele era muito atento e carinhoso, mas sua atenção não era consistente ou previsível o suficiente para ajudar Monique a se sentir segura ou protegida.

Muitas vezes sentindo-se emocionalmente abandonada e sozinha quando criança, Monique desenvolveu a crença subconsciente de que não era digna de ter um pai ou uma mãe presentes de forma constante para apoiar e cuidar dela emocionalmente. Pelo fato de seus pais estarem disponíveis emocionalmente apenas às vezes para ajudá-la com seus sentimentos, ela precisou aprender a fazer isso sozinha, algo que sobrecarrega qualquer criança. Embora tenha sempre se sentido fisicamente segura, era raro ela se sentir emocionalmente segura com seu pai ou sua mãe. Para tentar aliviar esses sentimentos complexos, Monique começou, por instinto, a tentar controlar o máximo que pudesse do seu ambiente. Ela monitorava sua mãe para tentar impedir que qualquer coisa pudesse irritá-la ou causar um episódio depressivo. Antes de seu pai voltar para casa, ela fazia uma lista mental de tudo o que podia fazer ou dizer para impedi-lo de submergir de volta em seu trabalho.

Por causa de sua falta de segurança e proteção emocional, o sistema nervoso de Monique consistentemente ativava uma resposta do tipo *bajulação*. Quando estamos em uma resposta desse tipo, muitas vezes lidamos com ameaças percebidas monitorando outras pessoas, seja externa, seja internamente. Podemos gerenciar os outros ou nosso ambiente para antecipar e evitar a ameaça seguinte. Presa na resposta tipo bajulação, Monique muitas vezes gritava com seu irmão, se ele fizesse algo para irritar sua mãe, ou se enfurecia em silêncio quando seu pai deixava a mesa de jantar e voltava ao trabalho. À medida que o corpo de Monique repetia a mesma resposta de novo e de novo em sua melhor tentativa de criar segurança, sua neurobiologia se tornava mais programada para a hipervigilância. Quando cresceu, ela podia se sentir fisicamente desconfortável quando não tentava controlar suas circunstâncias de maneira obsessiva. Sempre entrando no modo Agradar e agindo de maneira dominadora por fora, ela acabava fazendo as pessoas ao seu redor se sentirem tão inseguras quanto ela se sentia por dentro.

Monique sentiu-se instintivamente atraída por Dominik porque ele era semelhante a seus pais de um jeito importante: era imprevisível. Ela nunca sabia quando ele estaria presente com ela ou perdido em pensamentos, que era a maneira de ser de seu pai. Às vezes, ele estava feliz; às vezes, triste, assim como a sua mãe. Até mesmo a natureza de seu trabalho como empreiteiro autônomo era imprevisível: ele ficava ocupado por meses, depois passava semanas sem trabalho. Embora sua imprevisibilidade dificultasse a segurança tanto emocional quanto financeira, ela parecia familiar e segura para Monique – lidar com a imprevisibilidade era como ela tinha aprendido a sentir "amor" e afeto.

As necessidades emocionais não atendidas na infância de Monique e Dominik e as adaptações neurobiológicas relacionadas ajudaram a criar a sensação inicial de "paixão" para cada um, assim como os ciclos reativos que no fim das contas ameaçaram seu relacionamento. O relacionamento entre eles era um vínculo traumático em que ambos, de modo inconsciente, reconstituíam as diferentes maneiras que haviam aprendido para atender às suas próprias necessidades emocionais na infância. Assim como muitos de nós, eles também permaneceriam presos nas mesmas respostas ao estresse um com o outro até um deles aprender a quebrar o ciclo, regulando seu sistema nervoso, ou um deles decidir terminar o relacionamento.

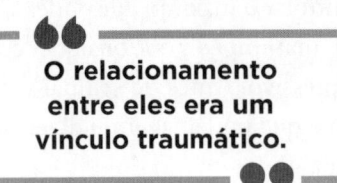

> **O relacionamento entre eles era um vínculo traumático.**

INDUZIDO A RECRIAR A SUA INFÂNCIA

Monique e Dominik não escolheram conscientemente recriar as condições em seus relacionamentos que faziam com que eles reproduzissem as mesmas experiências estressantes e as resultantes estratégias de enfrentamento a que se acostumaram na infância. Um vínculo traumático não é algo sobre o qual temos controle, ao menos não até ficarmos conscientes dele. Nossas maneiras condicionadas de nos relacionar com os outros se tornaram instintos habituais, criados pelas redes neurais que desenvolvemos quando somos crianças para lidar com as emoções complexas na infância.

Como aprendemos no capítulo 1, os traumas de infância incluem mais que abuso, negligência, incesto, estupro e todos os outros eventos tipicamente associados ao termo. Para muitos de nós, eles tiveram uma forma mais sutil. O trauma de infância pode ser qualquer estresse que consistentemente sobrecarregou nossa capacidade de lidar com ele. Se nossos cuidadores foram física ou emocionalmente ausentes, acabamos incapazes de aliviar nossa sobrecarga emocional. Se não nos sentimos emocionalmente seguros ou se era comum não termos apoio diante de experiências perturbadoras, independentemente do quanto nossas figuras parentais possam ter sido bem-intencionadas, nós guardamos os traumas da infância no corpo e na mente.

Não importa o tipo de trauma que experimentamos na infância, o estresse excessivo impacta o desenvolvimento de nosso sistema nervoso. Por nascermos com um sistema nervoso não totalmente desenvolvido, nosso cérebro cresce de modo rápido, alcançando 90% de seu volume adulto antes dos seis anos, e também continua aprimorando suas funções até os vinte anos.[14]

O sistema nervoso humano é feito para depender de outras pessoas, começando no momento da concepção, e são nossos primeiros relacionamentos que criam as conexões neurais que podem durar a vida toda. A maneira como nossas figuras parentais interagiram conosco, lidaram com o estresse e enfrentaram as experiências perturbadoras influenciou os caminhos formados em nosso cérebro. Por meio de um processo conhecido como *corregulação*, a segurança do sistema nervoso de nossas figuras paternas afeta a segurança do nosso sistema nervoso, mesmo se estivermos separados por pele e espaço.

Isso significa que, se crescemos com uma figura parental regularmente desregulada em suas próprias respostas ao estresse e incapaz de aliviar ou corregular conosco, nós sentimos o seu estresse. Incapaz de sentir alívio, nosso sistema nervoso ativou sua própria resposta ao estresse, fazendo-nos continuar sentindo insegurança. A repetição das mesmas respostas do sistema nervoso durante o período crucial de desenvolvimento fortaleceu esses caminhos neurais, transformando alguns deles em verdadeiras rodovias que são quase instintivas para nosso cérebro seguir. Vamos falar muito mais sobre esse processo de corregulação nos próximos capítulos e explorar como podemos intencionalmente usar os poderes construtivos e restauradores dessa prática para criar segurança em nossos relacionamentos.

O BÁSICO DO SISTEMA NERVOSO

Para entender por que nossos primeiros relacionamentos nos impactam tanto, vamos mergulhar na ciência por trás do sistema nervoso autônomo (SNA) do nosso corpo. O SNA é responsável por regular funções físicas involuntárias, como frequência cardíaca, respiração, pressão sanguínea e digestão. Seu principal papel é armazenar, conservar e liberar energia, o que ajuda a gerenciar como reagimos ao estresse percebido. Ele faz isso aumentando ou diminuindo as funções fisiológicas que acontecem fora de nossa consciência, impactando a respiração, mudando a energia e até dilatando a pupila dos olhos.

Se a maioria das suas necessidades foram atendidas na infância, o seu sistema nervoso provavelmente tende a um estado de regulação consistente. Isso significa que até mesmo quando o SNA ativa uma resposta ao estresse ele é capaz de rapidamente retornar para a *homeostasia*. A homeostasia é o estado preferido do seu corpo – um equilíbrio no funcionamento interno que nos faz sentir seguros, permitindo nossa navegação calma e assertiva do mundo ao redor. Quando nosso sistema nervoso está regulado, podemos nos adaptar rápida e precisamente para perceber ameaças enquanto continuamos reagindo às nossas emoções e permanecemos assertivos em nossas ações, mesmo quando experimentamos sensações ou situações perturbadoras. Resumindo, somos capazes de permanecer no controle de como respondemos à vida ao nosso redor e decidir conscientemente o que fazer em seguida.

A maioria de nós não possui um sistema nervoso regulado; em vez disso, muitos sofremos com a desregulação do sistema nervoso. Nosso corpo não consegue desligar a resposta ao estresse, mantendo-nos presos no modo de sobrevivência ou em um estado de alerta exacerbado, e não de homeostasia. Como resultado, não podemos determinar com precisão o que é uma ameaça e o que não é, o que nos faz sentir inseguros, facilmente ativados e incapazes de aliviar nossas emoções exacerbadas. Estressados demais e incapazes de retornar nosso corpo a um equilíbrio pacífico, podemos nos sentir irritáveis e com tolerância limitada à frustração, resultando em acessos de raiva ou em uma reação exagerada a eventos. Pelo fato de nosso corpo sempre priorizar nossa sobrevivência física quando desregulado, nossos pensamentos podem facilmente se tornar autocentrados, o que transforma em um grande esforço considerarmos os interesses de qualquer pessoa além dos nossos. Quando estamos presos no modo de sobrevivência ou em um relacionamento com outra pessoa nessa situação, *sentimo-nos* sozinhos porque *emocionalmente estamos sozinhos*. Enxergando a maioria das pessoas como uma possível ameaça, não nos sentimos seguros para nos abrir para receber conexão e apoio de outra pessoa.

Esses padrões de desregulação do sistema nervoso geralmente começam no início da infância, quando o cérebro ainda está se desenvolvendo. Quando crianças, aprendemos a nos autorregular, ou lidar com o estresse e outras emoções desconfortáveis, por meio de nossas experiências e momentos de

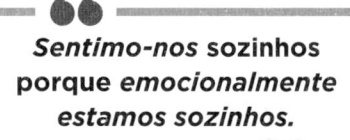

Sentimo-nos sozinhos porque emocionalmente estamos sozinhos.

corregulação com os outros. Se nosso SNA não teve a chance de desenvolver os circuitos neurais necessários para facilmente alternar entre um estado estressado e a homeostasia, ele pode ficar preso em uma resposta ao estresse. Como resultado, fisiologicamente, nós não temos a capacidade de nos acalmarmos de forma rápida ou fácil.

Você provavelmente já viu bebês ou crianças pequenas presos em uma resposta ao estresse. Incapazes de se acalmar, alguns chutam, gritam ou choram, comportamentos tipicamente infantis em uma resposta de fuga. Outras podem dissociar e olhar para o vazio, características de uma resposta do tipo congelar ou desligar. Algumas se tornam hipervigilantes de seus ambientes e exibem sintomas de ansiedade crônica, sobretudo quando estão na presença de outras pessoas, o que é comum da resposta do tipo bajulação.

Não importa a qual resposta ao estresse nosso corpo se habitue quando criança, nós retornamos às mesmas respostas quando adultos porque nosso sistema nervoso se tornou programado para fazê-lo. Se chutávamos e gritávamos quando crianças, provavelmente vamos chutar e gritar quando adultos. Se olhávamos para o vazio quando éramos jovens, provavelmente fazemos o mesmo hoje, desconectando-nos ou distanciando-nos dos outros. Se nossa segurança ou conexão dependesse de cuidar dos outros ao nosso redor, nós provavelmente faremos o mesmo hoje, permanecendo ansiosos e mais sintonizados a outras pessoas que a nós mesmos.

A desregulação do sistema nervoso pode levar até mesmo a pessoa mais cuidadosa a agir de maneira a sabotar o "melhor" dos relacionamentos. Quando nosso sistema nervoso é desregulado, não temos o mesmo controle sobre como as emoções estressantes nos impactam, então ficamos facilmente irritados ou reativos às pessoas ao nosso redor. Nosso SNA se torna biologicamente programado para ter uma reação exagerada ao estresse, e é, em geral, apenas questão de tempo até encontrarmos ou recriarmos o estresse, mesmo quando não houver nada estressante ou ameaçador ao nosso redor.

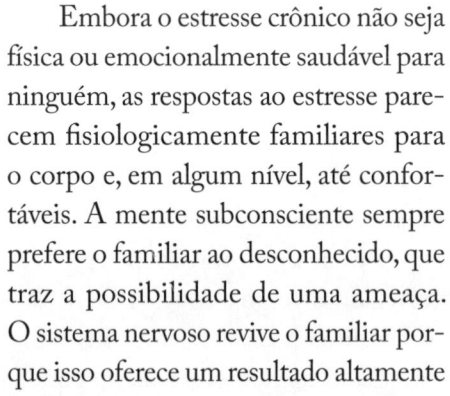

A desregulação do sistema nervoso pode levar até mesmo a pessoa mais cuidadosa a agir de maneira a sabotar o "melhor" dos relacionamentos.

Embora o estresse crônico não seja física ou emocionalmente saudável para ninguém, as respostas ao estresse parecem fisiologicamente familiares para o corpo e, em algum nível, até confortáveis. A mente subconsciente sempre prefere o familiar ao desconhecido, que traz a possibilidade de uma ameaça. O sistema nervoso revive o familiar porque isso oferece um resultado altamente previsível, algo que o cérebro deseja no jogo da sobrevivência.

Quando o corpo está em uma resposta ao estresse, o eixo hipotálamo-pituitária-adrenal do cérebro (HPA) é ativado. Conhecido como o "circuito do estresse" do corpo, o eixo HPA inunda o fluxo sanguíneo com elementos químicos, como cortisol, dopamina, endorfina e adrenalina. Embora esse aumento de hormônios do estresse possa ser muito intenso, é possível que fiquemos "viciados" ou habituados com essa sensação e acabemos nos sentindo fisicamente desconfortáveis, entediados ou agitados quando não estamos experimentando nosso familiar coquetel de química do estresse.

Se nosso corpo cresce acostumado a uma resposta ao estresse, isso pode induzir nosso subconsciente a encontrar ou recriar situações que ativem a mesma onda bioquímica para que possamos voltar a nos sentir como "nós mesmos". As pessoas que cresceram em lares caóticos, imprevisíveis ou com muitos relacionamentos inseguros podem facilmente acabar presas em um ciclo vicioso emocional, fisiologicamente ansiando pelo mesmo caos, imprevisibilidade e falta de segurança com outras pessoas na vida adulta.

À medida que o corpo continua enviando sinais de ameaça para a mente, ela começa a gerar pensamentos perturbadores para criar o mesmo cenário bioquímico ao qual estamos acostumados. Esse ciclo viciante faz muitos de nós sentirem-se inexplicavelmente atraídos por fofocas, drama, dinâmicas de relacionamento imprevisíveis ou situações com outras pessoas que nos causam disparos de adrenalina. Embora o drama ou o estresse possam

> **As pessoas que cresceram em lares caóticos, imprevisíveis ou com muitos relacionamentos inseguros podem facilmente acabar presas em um ciclo vicioso emocional.**

não ser uma sensação boa, ao menos permitem que sintamos *algo* – o que, para muitas pessoas, pode ser o único momento em que sentem qualquer coisa. Se esse estresse nos faz agir de modo passivo-agressivo, emocionalmente distante dos outros, ou nos faz violar seus limites, podemos, mais tarde, sentir remorso pela maneira como agimos quando estávamos desregulados. Neurobiologicamente programados para preferir aquilo que é familiar, acabamos presos em ciclos e buscando o mesmo tipo de pessoa ou situação de novo e de novo, apenas para acabarmos nos sentindo frequentemente envergonhados de nós mesmos e nossas ações.

BUSCANDO A SEGURANÇA USANDO SENSAÇÕES

O SNA é formado por duas divisões: o sistema nervoso simpático e o sistema nervoso parassimpático. O sistema nervoso simpático ativa as respostas de luta ou fuga do corpo, aumentando frequência cardíaca, pressão sanguínea, respiração e tensão muscular, o que nos fornece a energia para enfrentarmos a ameaça percebida ou fugir dela. Depois de superar ou fugir da ameaça, o corpo se acalma novamente, ativando o sistema nervoso parassimpático, também conhecido como um estado do tipo "descanso e digestão" ou "seguro e social", diminuindo a frequência cardíaca, acalmando a respiração e nos ajudando a sentir-nos emocionalmente seguros de novo. O sistema nervoso parassimpático controla a capacidade do corpo de relaxar.

Embora seja ideal passar a maior parte do tempo em um estado parassimpático, podemos acabar presos em uma resposta parassimpática, conhecida como um estado do tipo congelar ou desligar. O congelamento acontece quando a luta ou a fuga não são uma opção porque a ameaça que enfrentamos é iminente, excessiva ou constante demais. O sistema nervoso simpático ainda fica ativo à medida que o corpo começa a se preparar contra a ameaça. Quando entramos em uma resposta do tipo desligamento, o sistema nervoso parassimpático diminui a frequência cardíaca e a respiração a um ponto em que estamos fisicamente presentes, mas não mental ou emocionalmente presentes, em geral com músculos flácidos e enfraquecidos. De uma perspectiva evolucionária, essa resposta ajudou nossos ancestrais a permanecerem parados ou "se fingindo de mortos" quando não poderiam realisticamente escapar de uma ameaça. Hoje, muitos de nós se encontram presos nesse estado crônico de dissociação, desconexão ou letargia da realidade para lidar com ameaças percebidas consistentes no ambiente.

A resposta mais recentemente evoluída do corpo, a da *bajulação*, ocorre quando tentamos evitar ou diminuir uma ameaça atendendo às necessidades ou cuidando das emoções das pessoas ao nosso redor. Aprendemos que, se pudermos manter alguém calmo, evitamos o estresse que sua perturbação nos causaria. Uma resposta do tipo bajulação é conhecida como um *estado social* porque se torna possível apenas quando estamos próximos de outras pessoas – ela é muitas vezes chamada de "agradar e satisfazer" ou, mais comumente, como "contentadora de pessoas".

Aprender como alternar intencionalmente entre estados simpáticos e parassimpáticos pode ajudar a regular o sistema nervoso. Com o tempo, essa flexibilização aumentará o tempo que passamos em um estado "seguro e social" quando somos mais capazes de navegar pelas nossas emoções e pelo mundo ao redor de um jeito calmo e responsivo. Acessar esse estado em nossos relacionamentos nos permite dar e receber apoio emocional, criando um amor profundo e duradouro.

O SEU SISTEMA DE PERCEPÇÃO FALHO

Embora a segurança seja o estado ideal do nosso corpo, poucos de nós conseguem, regularmente, sentir-se em paz, focados ou conectados em si mesmos, com os outros ou com suas experiências de fato. Para entender a razão, é importante saber um pouco sobre a *teoria polivagal*. Essa teoria explica como sentimos e interpretamos os sinais de segurança e perigo em nosso ambiente, e como reagimos a eles. Mais importante, ajuda a explicar por que muitas vezes interpretamos mal o comportamento de outras pessoas e não nos sentimos seguros o bastante socialmente para nos conectarmos de verdade, mesmo que assim o desejemos.

A teoria, apresentada em 1994 pelo dr. Stephen Porges, aborda o nervo vago, que é uma das principais vias de comunicação do sistema nervoso entre o cérebro e o corpo. O nervo vago é o principal nervo do sistema nervoso parassimpático e o nervo cranial mais longo, conectando o cérebro ao coração e ao restante do corpo. Ele tem duas divisões, a ventral e a dorsal. A primeira controla nossas funções corporais acima do diafragma, incluindo frequência cardíaca, respiração, tom de voz, audição e expressões faciais; a segunda controla as funções corporais abaixo do diafragma, incluindo a digestão.

A divisão vagal ventral ajuda a nos sentir seguros e sociais, além de fazer parte daquilo que o dr. Porges chama de *sistema de engajamento social*. No momento em que o sistema de engajamento social é ativado, a frequência cardíaca se torna regular, a respiração se aprofunda, nós falamos com os outros em tons calmos, interpretamos as deixas verbais e não verbais com mais precisão e nosso rosto fica relaxado e expressivo. Quando estamos nesse estado vagal ventral, somos capazes de ser nós mesmos ao mesmo tempo que oferecemos igual oportunidade para os outros. Como resultado, somos capazes de nos sentir engajados e explorar o mundo ao nosso redor, acessando sensações de curiosidade, prazer, bom humor e divertimento.

A maioria de nós não passa muito tempo em um estado vagal ventral. Em vez disso, o estresse exacerbado ativa a resposta vagal dorsal, causando um estado de congelamento ou desligamento. Essa resposta desliga nossa digestão (podemos ficar constipados), diminui ou corta nossa atividade muscular (fazendo-nos sentir fracos ou constantemente fatigados), diminui ou enfraquece nossa voz e afeta outras funções fisiológicas, muitas vezes nos fazendo sentir imóveis ou distantes da realidade (acontece um apagão em nossa mente e nos sentimos mentalmente distantes ou em outro lugar).

Enquanto estamos em um estado vagal dorsal, nossa divisão vagal ventral pode continuar um pouco "on-line", o que nos permite permanecer ativos e engajados o suficiente para sintonizar as necessidades dos outros. Ao mesmo tempo, nossa resposta dorsal vagal nos mantém "off-line", ou desconectados de nossas próprias necessidades. Isso acontece quando estamos em um estado do tipo bajulação, tentando nos manter seguros ao priorizar as necessidades ou os desejos dos outros. Podemos nos sentir hiperexcitados ou hipervigilantes, sempre alertas para as necessidades das pessoas ao nosso redor, ou hipersensíveis, sempre pensando ou nos preocupando com outras pessoas (o que pode nos levar a achar que estamos sendo "empáticos" com os outros). Ao ficarmos atentos e receptivos às mudanças no estado emocional dos outros, tentamos antecipar e evitar experiências estressantes, perturbadoras ou ameaçadoras de um modo geral. Observe a imagem a seguir para uma perspectiva visual dos estados do sistema nervoso.

TEORIA POLIVAGAL: A ESCADA AUTONÔMICA
Entendendo o sistema nervoso

MODO CONECTOR (SEGURO E SOCIAL)
Eu me sinto seguro (física e emocionalmente).
Estou conectado com os outros/o mundo ao meu redor.

MODO ERUPÇÃO OU DISTRAÇÃO (LUTA OU FUGA)
Eu me sinto inseguro (física e emocionalmente).
Preciso lutar ou fugir.

MODO AGRADAR (BAJULAÇÃO)
Eu me sinto inseguro (física e emocionalmente).
Sou hipervigilante com os outros/o mundo ao meu redor.

MODO DISSOCIAÇÃO (CONGELAMENTO)
Eu me sinto inseguro (física e emocionalmente).
Não consigo lidar e fico imobilizado ou me desligo.

*Adaptado de Deb Dana

O estado geral de nosso sistema nervoso depende de vários sinais que constantemente percebemos no ambiente ao nosso redor e que dele recebemos. O subconsciente está sempre vasculhando os arredores em busca de sinais de que estamos seguros ou em perigo – isso é conhecido como *neurocepção*. Considerando nosso sucesso evolucionário como seres humanos em grupos sociais, nosso subconsciente é programado para buscar sinais em outras pessoas, incluindo expressões faciais, gestos e tons de voz. Se o comportamento delas parece indicar que estão se sentindo seguras, então nós nos sentimos seguros também. Mas, se não há ninguém por perto ou os sinais que recebemos parecem ameaçadores, não nos sentiremos seguros e nosso sistema nervoso entrará em um dos seguintes tipos de resposta: luta, fuga, congelar ou desligar, ou bajulação.

Se você já passou por uma turbulência em um avião, pode entender como a neurocepção funciona. Quando o avião começa a sacudir e tremer, a primeira coisa que fazemos é olhar para os outros passageiros para ver se eles parecem com medo. Se as pessoas ao nosso redor parecem calmas – sua postura está aberta e relaxada, a expressão facial está calma e bondosa, a respiração é regular –, nós provavelmente também ficaremos calmos. Mas, se elas exibirem sinais de que estão nervosas e visivelmente reagindo à mesma ameaça, poderemos não nos sentir seguros e entraremos em uma resposta do tipo luta ou fuga. Se algo estiver realmente errado – a turbulência persiste ou piora –, nosso SNA pode ativar a resposta do tipo congelar ou desligar, diminuindo nossas funções físicas e nos dissociando ou distanciando daquilo que está acontecendo.

Embora de um ponto de vista evolucionário o processo de neurocepção tenha se desenvolvido para nos manter seguros de ameaças em nosso ambiente, o subconsciente nem sempre percebe ameaças ou interpreta o comportamento dos outros de modo preciso. Em vez disso, nosso condicionamento passado e nossos traumas de infância influenciam como nosso subconsciente recebe sinais de segurança e perigo das pessoas ao redor. Muitas vezes, enxergamos e sentimos aquilo que o subconsciente "quer" enxergar ou sentir, não necessariamente aquilo que está de fato acontecendo em nosso ambiente.

No exemplo da turbulência no avião, se tivermos medo de voar, se ouvirmos histórias sobre desastres de avião ou se passamos por turbulências traumáticas no passado, será mais provável que nosso subconsciente interprete os sinais de perigo ao redor, ainda que não haja perigo. Quando isso ocorre, sentimo-nos inseguros e nosso corpo ativa a resposta ao estresse. Se, por sua vez, nós viajamos com mais frequência e nos sentimos mais confortáveis ou familiarizados com a turbulência, seremos capazes de manter a calma e talvez até ajudar a acalmar os medos dos passageiros ao nosso redor.

Talvez sem surpresa alguma, nossos primeiros relacionamentos e ambientes causaram um impacto maior sobre a precisão de nosso subconsciente para interpresar comportamentos sociais. Se sofremos bullying na infância por causa de nossa aparência ou pelo modo como nossos pais nos vestiam, podemos filtrar olhares em nossa direção como indicadores do mesmo desdém ou presumir que os outros estão sempre falando sobre nossa aparência pelas costas. Se nossas figuras parentais continuamente exigiam perfeição ou alto desempenho de nós, podemos filtrar nossas ações ou as ações dos outros por meio de nossas próprias expectativas inalcançáveis ou sentir como se nunca conseguíssemos estar à altura.

Se você, assim como eu, foi abandonado (emocional ou fisicamente) na infância, pode interpretar qualquer momento de distância ou desconexão com um parceiro ou amigo como indicação de um abandono semelhante. As pessoas com essa ferida de abandono facilmente percebem momentos de distância como um sinal de conflito ou perturbação em seus relacionamentos. Eu entrava em pânico quando uma parceira não respondia às minhas mensagens no tempo que eu achava adequado, dava uma resposta curta ou permanecia em silêncio quando passávamos algum tempo juntas. Naqueles momentos, eu muitas vezes perguntava de forma obsessiva se havia algo errado, convencida de que estavam bravas comigo. Tudo isso vinha da minha própria infância, quando minha mãe ficava sem falar comigo ou ignorava minha existência, às vezes por várias semanas, ao ficar profundamente magoada ou desaprovar minhas ações ou escolhas. Com medo de perturbar minha mãe, meu pai permitia esse tratamento, por vezes até servindo de mensageiro entre nós, resultando em uma sensação de abandono pelas duas pessoas das quais eu mais dependia.

Cedo em meu relacionamento com Lolly, eu regularmente me encontrava chateada com os seus repetidos pedidos para ficar sozinha, os quais me magoavam e ativavam feridas profundas. Lolly, entretanto, não estava me abandonando. Ela foi criada por pais que modelaram uma hiperindependência e aprendeu a contar consigo mesma. Embora sua distância não fosse uma ameaça real para nosso relacionamento, eu imprecisamente a enxergava como tal, ainda que não houvesse qualquer ameaça presente.

As pesquisas mostram que todos os traumas de infância, incluindo sofrer bullying dos colegas, podem causar mudanças estruturais na amígdala,[15] a parte do cérebro que detecta ameaças no ambiente, assim como no córtex pré-frontal,[16] a região responsável pelas "funções executivas", como a capacidade de planejamento, de tomar decisões e de gerenciar o comportamento social. Essas mudanças estruturais como resultado de traumas da infância criam um estado de hipervigilância sempre que o sistema nervoso está em alerta. Quando esse estado se torna crônico ou consistente com o tempo, ele pode se manifestar como ansiedade social ou transtorno de estresse pós-traumático complexo (TEPT-C), causando dificuldades para gerenciar as emoções, exercer a inibição e, por fim, ter relacionamentos.[17] Quando nosso sistema nervoso se mantém em alerta máximo, nós constantemente analisamos o ambiente, vislumbramos os piores cenários e, muitas vezes, ficamos sobrecarregados com pensamentos acelerados enquanto ansiosamente esperamos que algo ruim aconteça. Em nossos relacionamentos, as mudanças estruturais de nosso cérebro podem nos fazer, erroneamente, perceber uma agressividade em expressões faciais neutras e tons de voz calmos.[18] Quando a amígdala está em alerta máximo, é mais provável enxergar indicadores de comportamento agressivo quando nenhum realmente existe. A realidade é que, quando passamos por um estresse excessivo ou sofremos com traumas passados, isso continua impactando nossos pensamentos e crenças, assim como a maneira como percebemos a nós mesmos, nossos relacionamentos e o mundo ao nosso redor.

Se nossa neurocepção é programada para, de forma equivocada, interpretar sinais e perceber tudo como um possível perigo, podemos facilmente ficar presos em um ciclo vicioso de conflito com outras pessoas, criado por nós mesmos. Nossa neurocepção falha não nos permite sentir segurança para que nos abramos e nos conectemos com os outros em um nível mais profundo e vulnerável. Prevendo uma constante rejeição, nós nos sentimos expostos demais sendo vulneráveis e nos permitindo ser vistos como realmente somos. Embora possamos olhar para os outros e até esperar que nos ajudem a nos "sentir bem" ou mais conectados, não estaremos abertos a receber o conforto ou a conexão deles porque não nos sentimos seguros o bastante para isso. Em vez de sermos confortados pela presença física,

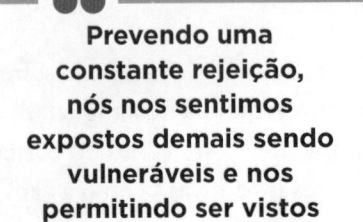

> **Prevendo uma constante rejeição, nós nos sentimos expostos demais sendo vulneráveis e nos permitindo ser vistos como realmente somos.**

a proximidade ou o toque de alguém que está calmo e focado, alguns de nós podem até recuar de medo.

A neurocepção é um processo subconsciente sobre o qual não temos controle consciente, embora seja possível aprender a mudar como instintivamente interpretamos e respondemos aos sinais sociais das outras pessoas. O primeiro passo é tomar ciência dessas situações quando, subconscientemente, atribuímos velhos significados àquilo que acreditamos que está acontecendo ao nosso redor. Se alguém que amamos nos envia sinais ou nos diz que quer ficar sozinho, podemos quebrar nosso hábito de imediatamente presumir que estamos sendo abandonados, reafirmando nosso maior medo de não sermos dignos de amor. Em vez disso, podemos aceitar e respeitar a necessidade da pessoa de ter espaço e quietude como algo de que todos nós precisamos de vez em quando.

De modo semelhante, podemos nos tornar cientes de nossa tendência de sermos consumidos por preocupações sobre nossa aparência para começarmos a aceitar diferentes versões da beleza. Ou podemos notar nossa eterna busca por perfeição e nossa tendência de ficarmos consumidos por pensamentos críticos ou autodepreciativos e, então, escolher honrar nossas forças e qualidades individuais, não importa como se "comparam" aos outros. Eu continuo praticando esses hábitos como meio de me ajudar a me sentir segura para simplesmente *ser* eu mesma enquanto permaneço aberta e receptiva para outras pessoas e o mundo ao meu redor.

Quanto mais cientes pudermos ser de nossas percepções e crenças subconscientes, mais capazes seremos de remover os filtros condicionados que nos impedem de interpretar com precisão os comportamentos dos outros ao nosso redor. No capítulo 6, vamos falar mais sobre como expandir essa prática da consciência da mente e desenvolver um novo hábito de autotestemunho consciente para nos tornarmos cientes de nossas crenças, sentimentos e reações condicionadas que não servem ao nosso eu autêntico.

O SEU SISTEMA NERVOSO DESREGULADO

Cada uma das nossas respostas ao estresse é associada a comportamentos, independentemente de quem somos ou de onde ou como fomos criados. Tornar-se familiar com esses indicadores comuns pode ajudar a identificar quando você ou uma pessoa amada se encontra em um estado de estresse, permitindo determinar melhor quando você ou a pessoa pode precisar de um tempo ou de apoio para se regular ou se acalmar.

Modo Erupção (resposta do tipo luta)

Aqueles que se encontram no modo Erupção se sentem mais confortáveis quando estão em uma luta ou, se possível, buscando e criando conflitos. Seu sistema nervoso foi programado para ser hiperativo, mantendo a pessoa sempre em busca de algo – qualquer coisa! – que possa ser uma afronta. Quando encontram algo ofensivo ou a situação se complica de verdade, eles chutam, gritam, fazem um escarcéu ou explodem contra os outros. Geralmente são defensivos, não conseguem enxergar o próprio papel na circunstância atual e não se acalmam facilmente, muitas vezes guardando rancor e vislumbrando vingança. Frequentemente criticam os mínimos detalhes, depois fazem uma cena e mais tarde voltam a esperar e observar o próximo problema. Sua neurocepção foi condicionada a interpretar a maioria dos comportamentos sociais como insulto, desprezo, afronta ou provocação.

Sofia, minha ex-namorada do capítulo 1, frequentemente se encontrava no modo Erupção. Sempre sentia que estava sendo passada para trás ou que as pessoas queriam prejudicá-la. Regularmente entrava em conflitos, fosse com o caixa do mercado que não notou que ela era a próxima na fila, fosse com um amigo que demorou demais para responder. Era frequente que explodisse com os outros: murmurava para si mesma, olhava feio ou simplesmente gritava e discutia quando algo não acontecia do jeito que queria.

Ela não é uma pessoa ruim e não tem culpa por suas tendências de Erupção. Sofia cresceu em um lar emocionalmente explosivo, no qual a gritaria era uma ocorrência diária. Desde criança, seu sistema nervoso lidava com estresse e outras emoções difíceis, entrando no modo de luta. Aquela desregulamentação a fazia analisar e perceber ou encontrar ameaças instintivamente, mesmo se não existisse nenhuma, o que mantinha seu corpo na sensação de "segurança" de sua familiar resposta do sistema nervoso. Por mais ilógico que pareça, quando ela não brigava, sentia-se física e emocionalmente insegura e desconfortável, talvez porque isso sinalizava que estivesse em um estado mais vulnerável de abertura.

Modo Distração (resposta do tipo fuga)

Quando aqueles que estão no modo Distração se sentem ameaçados ou inseguros, fogem de seus problemas; fazem isso emocionalmente, afastando as pessoas, ou fisicamente, sendo consumidos pelo trabalho ou por outras obrigações. Eles podem se manter ocupados ou mergulhar de tal maneira no trabalho, em obrigações familiares, listas de afazeres, hobbies ou outras tarefas que ficam sem tempo ou espaço para ficarem sozinhos com seus sentimentos. Algumas pessoas no modo Distração se entorpecem com drogas, sexo, álcool, comida ou outras substâncias ou atividades. Em geral, fazem qualquer coisa para evitar o confronto, fugindo dos outros ou mudando de assunto caso surja uma conversa estressante ou desconfortável que possivelmente levasse a um conflito ou problema. Muitas vezes, eu me encontrava no modo Distração, evitando emoções desconfortáveis e tarefas difíceis. Afastava-me delas ao procrastinar com projetos desnecessários, como pesquisar um assunto nas redes sociais, rearranjar minha prateleira de livros ou arrumar a casa.

Aisha passa muito de seu tempo no modo Distração. Uma médica de sucesso com dois filhos e um marido advogado reconhecido, ela acorda às cinco da manhã todos os dias para correr, faz trabalho voluntário depois do expediente, atendendo gratuitamente a pacientes de baixa renda, e se oferece para organizar todas as festas, férias da família, eventos da comunidade e celebrações do trabalho. Ao continuar atuando como supermédica, supermãe, superfilha e superanfitriã, Aisha nunca tem tempo para se sentar consigo mesma – está constantemente em fuga, correndo de possíveis conflitos, confrontos e outras emoções desconfortáveis. Permanecer sempre ocupada lhe permite evitar potenciais sensações estressantes ou momentos em que precisaria olhar para dentro, mesmo regularmente abusando dos limites físicos de seu corpo.

Aisha não é culpada por viver no modo Distração. Embora sua mãe tenha sido uma pessoa amável, ela não conseguia sintonizar propriamente sua filha porque estava distraída cuidando do pai de Aisha, um famoso artista que frequentemente se encontrava no modo Erupção. Sob a sombra de seu pai famoso, Aisha cresceu em uma família que enfatizava as conquistas e a produtividade, imprimindo em seu subconsciente a crença de que ela deve sempre estar fazendo e conquistando algo para ser valorizada e amada. Embora suas conquistas no emprego, no trabalho voluntário e na forma física façam Aisha se sentir valorizada em algum nível, assim como acontece com muitos de nós, suas constantes atividades a impedem de atender à necessidade de descanso do seu corpo. Programada para a fuga, seu sistema nervoso apenas se sente confortável quando ela está fugindo das experiências estressantes, seja saindo para uma corrida, seja ficando constantemente ocupada, seja distraindo sua atenção para longe de seu desconforto emocional mais profundo.

Modo Dissociação (resposta do tipo congelar ou desligar)

As pessoas no modo Dissociação enfrentam as ameaças congelando ou se desligando completamente. Elas lidam com seus sentimentos dissociando ou separando, subindo naquilo que eu chamo de "espaçonave" – o corpo pode estar no momento, mas a mente está voando para longe do presente e de seus atuais problemas e dor. A Dissociação é diferente da Distração – aqueles no modo Distração frequentemente experimentam pensamentos hiperfocados ou autoanalíticos, enquanto as pessoas no modo Dissociação geralmente experimentam um tipo de "branco" mental. Em termos gerais, elas param de engajar de qualquer maneira significativa com os pensamentos em sua mente, as emoções ou sensações em seu corpo ou o ambiente ao seu redor. Como eu experimentei, o modo Dissociação pode, muitas vezes, progredir para o modo Distração ou se alternar com ele quando eventos estressantes ocorrem por muito tempo ou nossas tentativas de autorregulação por meio de distração ou entorpecimento não funcionam mais.

Com frequência, minha mãe entrava no modo Dissociação. Ela estava sempre fisicamente presente, realizando de maneira automática as tarefas de fazer comida ou arrumar a casa, mas emocionalmente estava longe, sem se dar conta de que estava desligada. Entrava e saía de conversas e, não raro, orbitava em sua própria "espaçonave".

O hábito da minha mãe de viver no modo Dissociação começou, eu imagino, durante a própria infância. Sua mãe (minha avó) era uma pessoa fria e distante que, por causa de seu trauma geracional, era incapaz de expressar amor ou outras emoções. Manter-se emocionalmente isolada de todos, até mesmo dos filhos, era sua única maneira de se manter emocionalmente segura. Em virtude de um trauma intergeracional semelhante, o pai da minha mãe (meu avô) acreditava na velha e nociva máxima de que as crianças devem ser vistas, não ouvidas, e voltava para casa muitas noites depois do trabalho apenas para ignorar completamente sua família em favor de ler o jornal. Pelo fato de minha mãe ter crescido com pouco ou nenhum apoio emocional, ela aprendeu a se dissociar da realidade para lidar com as experiências estressantes e perturbadoras de sua vida. Assim como a própria mãe, ela se desconectava de suas emoções para se manter segura, resultando na desconexão com seus filhos e consequente repasse da mesma ferida intergeracional de abandono para meus irmãos e para mim.

A profundidade da minha ferida de abandono se tornou clara para mim quando eu me via inexplicavelmente irritada quando minha esposa Vivienne cantarolava. Um dia, quando senti meu corpo tensionar em resposta à sua cantoria alegre, eu me lembrei da minha mãe sempre cantarolando para si mesma, perdida em seu próprio mundo, distante de todos nós. Quando Vivienne fazia isso, minha neurocepção interpretava aquele sinal não como o ato alegre que era, mas como uma dissociação, já que esse sempre foi o caso em minha infância. Não era a cantoria de Vivienne que causava minha reação, mas o meu próprio sistema nervoso, que associou o som com a inerente ameaça da ausência da minha mãe.

Modo Agradar (resposta do tipo bajulação)

Quando aqueles no modo Agradar percebem uma possível ameaça, eles a antecipam ou neutralizam dizendo sim, mantendo a paz ou fazendo qualquer coisa para diminuir ou evitar o conflito, geralmente sacrificando as próprias necessidades no processo. Assim como ocorre com as pessoas no modo Erupção, o sistema nervoso daquelas no modo Agradar é hipervigilante, o que as faz interpretar os sinais de segurança como sinais de perigo. Mas aquelas no modo Agradar reagem bajulando ou cedendo em vez de lutar quando percebem um problema.

Minha irmã, que é quinze anos mais velha que eu, passou muito tempo no modo Agradar. Durante sua infância e adolescência, ela constantemente monitorava seu ambiente e seus relacionamentos, sobretudo com nossa mãe. Ela, muitas vezes, desempenhava o papel de cuidadora, tanto em relação a mim quanto à nossa mãe, sempre olhando por nós e verificando a condição física geral de nossa mãe. Continuamente, ela nos perguntava se estava tudo bem ou se precisávamos de algum tipo de cuidado ou ajuda. Até se tornar ciente desse padrão, continuava fazendo isso com seu filho e com a maioria das pessoas em sua vida, sempre disponível para qualquer um que precisasse dela, independentemente de estar física ou emocionalmente capaz de atender às necessidades dessas pessoas. Sem conseguir criar uma separação de limites entre as próprias emoções e as emoções dos outros, ela sempre se responsabilizava pela maneira como os outros se sentiam e entrava no modo Agradar em uma tentativa de aliviar o desconforto associado.

Provavelmente, minha irmã começou a entrar no modo Agradar ainda na infância, quando regularmente era hospitalizada. Receosa de que sua doença causasse estresse e medo extremos em casa e sem qualquer apoio emocional de nossos pais durante aquele período assustador, ela desenvolveu medos profundamente enraizados de abandono e se tornou consumida por uma preocupação constante. Encontrando-se dependente de nossos pais, mas sem um relacionamento emocionalmente seguro e protegido com eles, ela não teve escolha a não ser administrar sua sobrecarga interna controlando ou monitorando o ambiente ao redor, adotando um padrão de hipervigilância que duraria até a vida adulta. Por muitos anos, até começar a regular seu sistema nervoso, ela continuava inconscientemente analisando nossa casa em busca da próxima ameaça, parando tudo para neutralizá-la antes que causasse mais estresse.

Assim como minha irmã, eu com frequência entrava no modo Agradar, preocupando-me com o que os outros pensariam ou necessitariam de mim para tentar me prevenir de conflitos e questões imaginárias. Durante momentos de muito estresse, eu disse coisas que não queria dizer ou segurei coisas que queria dizer para evitar ou impedir um possível conflito. Eu, muitas vezes, disse sim para planos com os amigos nos quais eu sabia que não estava interessada ou para os quais não tinha tempo, energia ou recursos financeiros para me comprometer. Para apoiar meus colegas da escola e do trabalho, aceitava trabalho extra quando eu já estava sobrecarregada com meus próprios projetos. Durante décadas, eu mal dei minha opinião em decisões da família, deixando a maioria decidir o que achava necessário no momento. Quando saía com alguém, tinha dificuldade de ser honesta sobre meus sentimentos e até desaparecia da vida de algumas pessoas em vez de expressar minha falta de interesse em um relacionamento com elas de maneira direta.

Modo Conector (seguro e social)

As pessoas no modo Conector têm um sistema nervoso bem regulado e seu corpo pode responder quando há uma ameaça presente e depois retornar fácil e rapidamente a um estado de relaxamento e calma. Sua neurocepção é precisa na maioria das vezes, permitindo que realisticamente percebam ameaças e o comportamento social dos outros sem confundi-los com sinais de perigo. Aqueles no modo Conector podem se abrir e são receptivos aos outros e àquilo que acontece ao redor, permitindo que lidem com conflitos, situações estressantes e emoções perturbadoras de um jeito mais calmo e eficiente. Eles são curiosos e conseguem abrir espaço para diferentes perspectivas, sendo capazes de negociar e resolver problemas de modo colaborativo. Podem determinar limites, dar e aceitar apoio social, construir relacionamentos autênticos e ter escolhas responsivas considerando tanto as próprias necessidades como as necessidades maiores do coletivo.

Esse estado receptivo à conexão com outras pessoas é possível apenas quando seu corpo se sente seguro. Essa sensação de segurança pode ocorrer apenas quando temos acesso aos recursos físicos e emocionais necessários para consistentemente atender às nossas necessidades físicas e emocionais. Ao longo deste livro, vamos continuar explorando maneiras de apoiar a nós mesmos e reabastecer nossos recursos para que possamos construir uma base para essa segurança.

COMO CRIAR CONSCIÊNCIA DO SISTEMA NERVOSO

Os estados de estresse do sistema nervoso são automáticos e involuntários, e não podemos realmente controlá-los. Mas, quando ocorrem, podemos notar e usar a prática da consciência do corpo – que vamos discutir com mais detalhes no capítulo 5 – para acalmar a desregulação emocional que causam. Quanto mais cientes estivermos dos sinais físicos que nosso corpo envia ao cérebro quando nosso sistema nervoso é ativado, mais adequadamente identificaremos um eventual estado de estresse.

Embora cada pessoa seja única, a checagem a seguir pode ajudá-lo a entender como as várias respostas ao estresse podem aparecer e ser sentidas no cotidiano. Leia os indicadores e observe quais deles você nota em si mesmo agora. Depois, passe as próximas semanas percebendo qualquer mudança que ocorra nas sensações físicas e na perspectiva mental do seu corpo que possam indicar quando você está em uma resposta ao estresse. Para notar quando o seu sistema nervoso está ativado, estabeleça a prática da checagem da consciência do corpo (ver na página 69) com mais frequência ao longo do dia.

Checklist do sistema nervoso

MODO ERUPÇÃO
(RESPOSTA DO TIPO LUTA)

Noto quando levo as coisas para o lado pessoal, quando fico defensivo demais, dominando a conversa, discutindo com os outros, sentindo raiva ou irritação, cultivando ressentimento, guardando rancores ou planejando vinganças. Posso praticar bullying, criticar, menosprezar ou julgar as pessoas ou a mim mesmo.

CORPO:

☐ Eu me sinto incapaz de relaxar e posso me sentir desconfortável, inquieto, agitado ou ansioso.

☐ Meu coração está acelerado.

☐ Meu corpo está suando ou tremendo; meus ombros podem estar tensos e meu peito, estufado.

☐ Estou respirando rápida e superficialmente com o peito (em vez de profundamente com a barriga).

☐ Meus músculos (mandíbula, pescoço, costas) estão tensos, e minhas mãos e meus punhos estão cerrados.

☐ Estou falando alto, talvez até gritando ou berrando.

☐ Meus olhos estão hiperfocados ou fixos em algo ou alguém no meu ambiente imediato (com perda de visão periférica).

MENTE:

☐ Meus pensamentos (sobre mim ou os outros) são altamente críticos.

☐ Meus pensamentos são altamente emocionais e podem até estar presos em um ciclo do tipo "tudo ou nada" (como pensar repetidamente "sou um fracasso total" ou "eles estão completamente errados" em resposta a um evento estressante ou perturbador).

MODO DISTRAÇÃO
(RESPOSTA DO TIPO FUGA)

Noto quando me isolo em meus pensamentos ou tento escapar por meio de trabalho, lista de afazeres, comida, bebida e uso de substâncias. Mudo de assunto, retiro-me de conversas desconfortáveis ou me escondo, evito ou "desapareço" quando fico com medo de algum conflito ou disputa.

CORPO:

☐ Eu me sinto incapaz de relaxar e posso me sentir desconfortável, inquieto, agitado ou ansioso.

☐ Meu coração está acelerado.

☐ Meu corpo está suado e tremendo, minhas costas podem estar arqueadas (para que eu pareça menor), ou eu sinto como se quisesse desaparecer no cenário de fundo.

☐ Estou respirando rápida e superficialmente com o peito (em vez de profundamente com a barriga).

☐ Meus músculos (mandíbula, pescoço, costas) estão geralmente tensos e podem estar tremendo ou sacudindo.

☐ Posso não estar falando muito, em voz baixa, ou talvez esteja falando demais, tentando mudar o assunto da conversa.

☐ Meus olhos estão distraídos ou estou evitando contato visual com meu ambiente imediato olhando fixamente para outro lugar (por exemplo, celular ou televisão).

MENTE:

☐ Meus pensamentos estão acelerados e posso ter dificuldade de me concentrar em tarefas ou pensar clara e criticamente.

☐ Meus pensamentos estão hiperfixados em determinado objeto, assunto ou questão.

MODO DISSOCIAÇÃO
(RESPOSTA DO TIPO CONGELAR OU DESLIGAR)

Noto quando desligo, afasto-me ou desconecto-me inteiramente. Eu me sinto entorpecido e vazio. Minha mente muitas vezes parece vazia e tenho dificuldades para me conectar com meus pensamentos ou sentimentos, ou verbalizá-los para os outros.

CORPO:

☐ Eu me sinto geralmente isolado e apático, e posso até me sentir deprimido, sem esperança, desesperado ou desmotivado.

☐ Minha frequência cardíaca diminui ou fica quase imperceptível.

☐ Meu corpo pode estar frio e entorpecido, geralmente ficando encolhido, e minha cabeça tende a ficar baixa.

☐ Respiro com o peito comprimido e posso até estar prendendo a respiração ou sentir uma rigidez geral no tórax.

☐ Meus músculos geralmente são fracos e parecem fatigados e pesados.

☐ Eu me sinto fisicamente exausto, energeticamente exaurido ou entorpecido e incapaz de sentir qualquer emoção ou sensação física.

☐ Posso ser silencioso ou minha fala pode sair monótona ou forçada (assinto ou respondo com monossílabos).

☐ Meus olhos estão sempre mirando o vazio.

MENTE:

☐ Eu me sinto distante e sem saber o que é real ou imaginário.

☐ Minha mente parece vazia e posso ter dificuldades para me concentrar em tarefas ou pensar clara ou criticamente.

MODO AGRADAR
(RESPOSTA DO TIPO BAJULAÇÃO)

Sou obcecado com os estados físicos e emocionais das outras pessoas e posso até me responsabilizar por antecipar suas necessidades, seus sentimentos ou suas ações. Eu regularmente noto quando explico demais ou defendo meus pensamentos, meus sentimentos ou minhas escolhas para os outros.

CORPO:

☐ Sou desconectado do meu corpo e geralmente tenho dificuldade para notar como me sinto.

☐ Minha atenção é hiperfocada nos outros ou no ambiente ao meu redor.

☐ Minha respiração pode espelhar a respiração das pessoas com quem estou.

☐ Minha energia pode refletir a energia dos outros ao meu redor ou do meu ambiente.

☐ Meus olhos estão constantemente avaliando alguém ou algo em meu ambiente externo.

MENTE:

☐ Minha atenção sempre está voltada para a iminência do problema seguinte ("esperando a casa cair").

☐ Sou distraído por pensamentos ou preocupações de que os outros estão bravos ou irritados comigo, ou distraído por preocupações relativas a circunstâncias externas em geral.

MODO CONECTOR
(RESPOSTA DO TIPO SEGURO E SOCIAL)

Noto quando me sinto calmo, seguro e aberto a engajar ou me conectar com alguém ou algo ao meu redor. Sou curioso e capaz de enxergar as coisas de uma perspectiva diferente, abrir espaço para complexidade e contradição, e permaneço focado e responsivo sobre qualquer coisa que apareça.

CORPO:
☐ Eu me sinto fisicamente desperto, relaxado e alerta.
☐ A postura do meu corpo é aberta e relaxada, com os braços soltos do lado do corpo.
☐ Respiro lenta e profundamente com a barriga.
☐ Meu coração bate calmamente.
☐ Eu me sinto em paz e relaxado em meu corpo.
☐ Consigo manter contato visual com aqueles ao meu redor.

MENTE:
☐ Consigo pensar claramente e planejar o futuro.
☐ Sou receptivo e curioso sobre outras pessoas e o mundo ao meu redor.
☐ Estou fluindo com meus interesses ou minhas paixões e sou capaz de acessar minha criatividade única.

Quando o sistema nervoso é ativado, muitas vezes agimos como um animal acuado. Por nos sentirmos ameaçados, fazemos qualquer coisa para preservar nossa sobrevivência sem preocupação com os outros. Reconhecer essa tendência e aceitá-la como um comportamento humano inato nos ajuda a nos livrar da vergonha que podemos sentir sobre nossas ações ou palavras quando estamos no meio de uma resposta ao estresse. Ao tomarmos ciência dos sinais da desregulação do sistema nervoso para que identifiquemos quando estamos desregulados, podemos começar a entender por que fazemos ou dizemos coisas em nossos relacionamentos que criam ou aumentam o estresse interpessoal.

Assim que aprendemos a reconhecer quando estamos reagindo em um estado de estresse, podemos tomar uma decisão consciente de agir ou responder de um jeito diferente. É possível decidir recuar ou tirar um tempo, pedindo licença de uma situação ou não interagindo com outra pessoa até nos sentirmos calmos ou dispostos a nos abrir para nos reconectarmos socialmente. Ming, mãe de uma criança pequena, recentemente comentou em nosso portal apenas para assinantes que notou o quão mais calma ela se sentia quando lidava com as birras de seu filho desregulado *depois* que fazia uma pausa para se acalmar. Considerando que ela "se sentia uma mãe ruim" por se concentrar em si mesma antes de se concentrar no filho, ficou aliviada por ouvir que seu instinto era respaldado pela ciência.

Assim como Ming, todos nós podemos começar a usar algumas das práticas do corpo e da mente que vamos continuar discutindo neste livro para trazer nosso corpo de volta à segurança. Essas práticas serão particularmente úteis se não pudermos nos retirar de uma interação ou sair de um ambiente estressante.

Quase todos nós temos padrões de vínculos traumáticos que repetimos em nossos relacionamentos com amigos, parentes, colegas ou parceiros românticos. Recriamos as mesmas dinâmicas com outras pessoas porque somos impelidos neurobiologicamente: o sistema nervoso e a mente subconsciente são programados para reconstituir em nossos relacionamentos atuais as ações que aprendemos na infância para que nos sintamos seguros, valorizados ou amados. Até que sejamos capazes de regular nosso sistema nervoso, vamos continuar criando ou reforçando vínculos traumáticos com outras pessoas, independentemente de termos ou não ciência de fazê-lo. Felizmente, podemos regular nosso sistema nervoso, um processo que vamos continuar discutindo nos capítulos seguintes.

4

TESTEMUNHANDO OS SEUS EUS CONDICIONADOS

Mona não conseguia parar de olhar seu celular. *Por que ele não está respondendo?*, ela se perguntava. *Já faz duas horas! Eu devo ter feito algo errado. Talvez ele esteja com outra mulher.* E o pensamento por trás de todos os outros: *Eu não sou boa o suficiente para ele.*

Ela e Juan namoravam havia mais de dois anos, e até a segurança desse relacionamento relativamente longo não a impedia de entrar em pânico sempre que ele não respondia rapidamente (ou rápido o bastante, na opinião dela) às suas mensagens de texto ou parecia distante, distraído ou desinteressado. Quando ele ficava até tarde no trabalho, ela suspeitava que ele estivesse tendo um caso; quando queria passar um tempo sozinho ou com os amigos, Mona presumia que ele estava infeliz com ela; se estivesse quieto, mal-humorado ou com a energia baixa, ela pensava que ele tinha finalmente se cansado do relacionamento. Mona parecia estar sempre buscando evidências que indicassem se o relacionamento iria funcionar ou não.

Quando duas horas se tornaram três, Mona começou a entrar em pânico. *Está finalmente acontecendo*, ela pensou. *Ele vai terminar comigo!* Ela enviou outra mensagem: "O que está acontecendo? Está tudo bem?". Quanto mais tempo passava, mais nervosa ela ficava. Ela tinha muitos projetos para terminar naquele dia – trabalhava em casa como designer gráfica –, mas não conseguia se concentrar. Já tinha pulado sua aula de ioga on-line, mesmo já estando paga, e remarcou várias ligações do trabalho porque se sentia ansiosa demais para fazer qualquer coisa que não fosse olhar para a tela do celular. Ela nem estava ouvindo sua playlist favorita, algo que geralmente achava reconfortante, já que estava preocupada demais em não perder a notificação de uma nova mensagem.

Quando outra hora se passou, Mona enviou outro texto para Juan: "Você pode, por favor, me escrever de volta? Ou simplesmente me ligar? Estou começando a ficar preocupada". Sua ansiedade agora a consumia por inteiro. Será que ela deveria dirigir até o trabalho dele e procurar seu carro? Decidiu tentar ligar para seu telefone... direto na caixa postal! *Ele me bloqueou!*, ela pensou. E começou a chorar enquanto procurava na bolsa a chave do carro. Embora Juan geralmente já tivesse saído do escritório naquele horário, ela iria até de lá de qualquer maneira e, se encontrasse o carro dele no estacionamento, entraria e o confrontaria sobre o que estava acontecendo.

Quando Mona se preparava para tirar o carro da garagem, seu celular começou a tocar. Era Juan – ele tinha esquecido o carregador do celular naquela manhã e a bateria tinha acabado pouco depois da primeira mensagem. Ele tinha acabado de ligar o celular e visto todas as outras mensagens. "Está tudo bem?", ele perguntou.

Mona queria gritar de alívio: "Ele não está me deixando!". Ao mesmo tempo, queria gritar de raiva: "Por que você não carregou o celular no trabalho? Podia ter pedido um carregador emprestado! Foi porque você não queria falar comigo?". Mas ela não gritou e começou a chorar, enquanto Juan tentava entender por que tinha irritado sua namorada de novo.

DE FERIDAS ENRAIZADAS PARA EUS CONDICIONADOS

Mona não era uma pessoa inerentemente insegura ou paranoica, mas sofria daquilo que muitos de nós sofrem: uma ferida enraizada de abandono. Desenvolvemos essa ferida se fomos fisicamente deixados por uma figura parental que morreu, que acabou presa, que nos deu para adoção ou simplesmente não voltou para casa um dia, que se separou da outra figura parental ou que sofreu uma crise de saúde ou um acidente. Também desenvolvemos essa ferida se fomos de modo consciente deixados sem o apoio emocional enquanto passávamos pelas experiências emocionalmente complexas da infância.

No caso de Mona, embora sua mãe e seu pai gostassem muito dela e estivessem fisicamente presentes em sua vida, eles se casaram muito jovens, quando ainda não sabiam como apoiar um ao outro emocionalmente, muito menos como se conectar com sua filha pequena. As brigas entre eles eram constantes, e, quando Mona tinha três anos, seu pai, de forma abrupta, saiu de casa após uma discussão explosiva, finalmente pedindo o divórcio. Alguns anos depois, ele se casou com outra mulher e começou uma nova família. Embora ela se encontrasse com seu pai e seus meios-irmãos regularmente, nunca se sentiu parte daquela família ou mesmo filha de seu pai.

Ainda que Mona não se lembre das brigas de seus pais ou dos detalhes da noite em que ele as deixou, seu corpo e seu cérebro se lembram. Isso ocorre porque todas as experiências que temos na infância, mesmo quando somos jovens demais para conscientemente nos lembrar delas, são gravadas como nossas memórias implícitas, aquelas que existem dentro de nós como pensamentos e sentimentos instintivos. Como o hipocampo, uma área do cérebro responsável pelas lembranças conscientes, não se desenvolve totalmente até os três anos, a maioria de nós não consegue se lembrar do que aconteceu conosco antes dessa idade, embora o sistema nervoso armazene essas experiências. Antes de o cérebro desenvolver a capacidade de aprender um idioma, os eventos difíceis que experimentamos ficam impressos em regiões implícitas ou pré-verbais da mente, de acordo com o trabalho pioneiro do dr. Bessel van der Kolk, autor de *O corpo guarda as marcas: cérebro, mente e corpo na cura do trauma*. Em resumo, mesmo se não conseguirmos ativamente nos lembrar das experiências que nos impressionaram na infância, o impacto sobre o nosso condicionamento ainda está lá, impulsionando pensamentos, sensações e reações na vida adulta.

> **Todas as experiências que temos na infância, mesmo quando somos jovens demais para conscientemente nos lembrar delas, são gravadas como nossas memórias implícitas.**

Para complicar as coisas, se enfrentamos ambientes cronicamente estressantes dentro e fora do lar da infância, o corpo produziu mais cortisol, que também impacta o funcionamento do hipocampo, ajudando a explicar as dificuldades pelo restante da vida de se lembrar do passado que muitos de nós possuem, incluindo eu mesma.

Quando passamos por um trauma na infância, não temos a maturidade emocional para entender contextualmente as nuanças subjetivas de nossas circunstâncias individuais. Isso nos causa pensamentos imaturos e autocentrados (ou egocêntricos) enquanto tentamos digerir aquilo que está acontecendo ou que aconteceu conosco. Muitas vezes pensamos: *Eu sou aquilo que faz minha mãe sempre voltar para casa de mau humor*, *Meu pai bebe porque sou mau*, ou *Se eu fosse mais amável, minha mãe não ficaria deprimida*. A despeito de quais pensamentos tínhamos na infância, se os temos com frequência, eles por fim se tornaram parte de nosso padrão neural e de crenças bastante enraizadas.

Se um dos adultos responsáveis pela família a abandona, como o pai de Mona fez, sobretudo quando a criança é pequena, ela não consegue entender que o conflito ou a separação nada tem a ver com ela. Em vez disso, pode sentir como se o pai ou a mãe tenha ido embora *por causa* dela, que ela não era digna de amor ou tinha defeitos demais para que seus pais quisessem ficar. Isso causa um sentimento de culpa profundamente enraizado que a criança internaliza e carrega até a vida adulta.

Pelo fato de minha mãe estar sempre em dissociação, distraída ou perdida em seu próprio mundo, ela não conseguia se conectar emocionalmente comigo. Sem a maturidade para identificar o motivo real de sua distância, eu presumia que era por minha causa e de meu complexo mundo emocional. Sentindo culpa por causar nossa desconexão – ou acreditando nisso –, eu parei de compartilhar meus sentimentos com as pessoas, acreditando que era a maneira mais segura de manter meus relacionamentos.

As duas formas de abandono, física ou emocional, resultam em adultos que ainda acreditam que não são dignos ou bons o bastante para serem amados e apoiados em um relacionamento. Por causa do abandono do pai ou da mãe, nós subconscientemente presumimos que os outros também vão nos deixar assim que descobrirem que temos defeitos, que somos indignos ou imperfeitos por dentro, como passamos a acreditar que somos. Embora sejamos particularmente propensos a nos sentir dessa maneira em nossos relacionamentos românticos, nos quais somos mais vulneráveis física e emocionalmente, podemos ter preocupações semelhantes sobre abandono em amizades ou nos sentir impostores em nossos relacionamentos profissionais.

> **As duas formas de abandono, física ou emocional, resultam em adultos que ainda acreditam que não são dignos ou bons o bastante para serem amados e apoiados em um relacionamento.**

Acreditando que não somos dignos, alguns de nós se tornam "perseguidores" na vida adulta, constantemente perseguindo ou insistindo com outras pessoas para tentar verificar, validar ou provar que ainda nos amam ou querem ficar conosco. Como perseguidores, podemos buscar novos interesses românticos ou mesmo encontros sexuais casuais, na esperança de nos sentirmos bons o bastante. Podemos nos encontrar constantemente estressados com a estabilidade no trabalho quando nosso chefe ou colega não elogia nosso mais recente projeto. Se estamos em um relacionamento romântico comprometido, podemos ter dificuldade para dar ao nosso parceiro o espaço de que ele necessita ou interpretar momentos de distância ou desinteresse como confirmação geral da nossa falta de valor. Sempre que percebemos a menor possibilidade de que estamos sendo abandonados por outra pessoa, facilmente nos tornamos reativos como Mona, enviando mensagens, ligando ou perseguindo a pessoa amada, às vezes de maneiras não razoáveis ou irracionais. Podemos desmoronar emocionalmente, chorando copiosamente, consumidos por sentimentos excessivos, ou podemos nos desligar por completo. Porque, quando crianças, acreditávamos que *quem* nós éramos causara a partida da mãe e do pai, acabamos por mudar *como* somos no mundo. Como resultado, nunca nos permitimos realmente *ser quem somos* ou ser nosso eu autêntico, continuando a encarnar apenas as partes de nós que eram aceitas quando éramos crianças.

Embora o abandono na infância não seja o caso para muitos de nós, acabamos magoados de outras maneiras por termos sido humilhados, criticados, ignorados ou sobrecarregados de alguma forma por nossas figuras parentais. Sempre que ouvíamos "Pare de ser tão dramático" ou que éramos menosprezados quando chorávamos, nós nos sentíamos magoados por aqueles de quem mais precisávamos no momento. Sempre que nossos limites eram ignorados ou desrespeitados quando nos diziam como deveríamos pensar, sentir ou acreditar, nossa intuição emocional era invalidada. Sempre que uma parte de nossa autoexpressão externa, como nossa aparência ou nosso desempenho, era mais elogiada, mais valorizada ou mais reconhecida que nossos interesses ou prazeres mais profundos, nosso eu autêntico desaparecia. Sempre que éramos vistos como uma extensão de nossos pais, pressionados a causar orgulho à família, ou recebíamos ordens para buscar uma atividade, uma carreira ou um caminho que outros não foram capazes de alcançar, nossas inclinações ou nossos talentos naturais eram dispensados.

Independentemente de nossas mágoas individuais da infância, essas primeiras feridas nos fizeram modificar a nós mesmos para nos sentirmos seguros e permanecermos conectados em nossos primeiros relacionamentos e ambientes. Aquelas adaptações se tornaram nossas estratégias de enfrentamento ou maneiras de nos encaixarmos. É claro, essas estratégias não desaparecem quando crescemos – o condicionamento passado fica armazenado no sistema nervoso, de onde continua impulsionando as reações instintivas na vida adulta. Por causa de hábitos aprendidos, a maioria de nós continua desempenhando os mesmos papéis em relacionamentos adultos, embora nossas partes condicionadas sejam imaturas, reativas e se baseiem em trauma.

> **Sempre que uma parte de nossa autoexpressão externa, como nossa aparência ou nosso desempenho, era mais elogiada, valorizada ou reconhecida que nossos interesses ou prazeres mais profundos, nosso eu autêntico desaparecia.**

Essas adaptações são aquilo que eu chamo de nossos *eus condicionados*, os papéis consistentes que aprendemos a desempenhar em nossos relacionamentos que se baseiam nas maneiras que descobrimos para nos sentirmos mais seguros e amados na infância. Com base em anos de pesquisa e ideologias relacionadas, o conceito dos eus condicionados vem de um método de terapia pautado em evidências conhecido como modelo de Sistemas Familiares Internos (SFI). Desenvolvido na década de 1980 pelo psicólogo dr. Richard Schwartz, esse modelo afirma que nossa mente é feita de diferentes "partes" que se desenvolveram em resposta às nossas primeiras necessidades não atendidas e que continuam vivendo como construtos mentais em nosso interior, direcionando como agimos e reagimos aos outros.

Os eus condicionados são as partes neurobiologicamente programadas da mente subconsciente. Pelo fato de pensamentos, sentimentos e reações que tivemos na infância terem sido padronizados no sistema nervoso, no qual continuam a existir, os eus condicionados são uma parte física e emocionalmente encarnada de cada um. A menos que tomemos a decisão de nos tornarmos cientes ou de testemunhar como essas partes nos fazem pensar, sentir ou nos comportar com os outros, elas continuarão nos prendendo nos mesmos padrões neurofisiológicos reativos e nas rotinas habituais.

Neste capítulo, vamos conhecer nossos eus condicionados. Para começar, abordaremos a seguir sete arquétipos e os pensamentos, sentimentos e hábitos mais comumente associados a cada um. A maioria das pessoas que encontrei ou com quem trabalhei se identifica com um ou vários desses sete eus condicionados, testemunhando sua presença na maioria ou mesmo em todos os seus relacionamentos. Você provavelmente vai se reconhecer em ao menos uma das sete descrições a seguir.

Mas, antes que possamos explorar nosso condicionamento de forma aprofundada, precisamos encontrar a nossa criança interior – mais especificamente, nossa criança interior magoada, ou seja, o pequeno ser dentro de nós que foi abandonado, humilhado, criticado, ignorado ou magoado quando suas necessidades não foram consistentemente atendidas por suas figuras parentais. Quando nos reconectamos com nossa criança interior magoada, conseguimos enxergar melhor as feridas em nosso âmago e as estratégias de enfrentamento da infância que desenvolvemos como resultado. Entender e testemunhar essa parte dolorosa e reativa de nós mesmos nos dá a oportunidade de cultivar a compaixão por nós e pelos outros à medida que continuamos repetindo os mesmos hábitos disfuncionais, apesar de desejarmos ou precisarmos de mudanças. Reconectar-nos com nossa criança interior magoada nos ajudará a identificar quais eus condicionados encarnamos mais comumente em nossos relacionamentos adultos, e isso nos dará a oportunidade de deixar de desempenhar esses papéis que se baseiam em trauma.

A CRIANÇA INTERIOR (MAGOADA) DENTRO DE TODOS NÓS

Todos nós temos uma criança interior – é a parte de nós que nasceu livre, completa e conectada com nossa essência interior, ou eu autêntico. Nossa criança interior adora brincar, fala livremente aquilo que pensa e é expressiva, espontânea, criativa, honesta e inocente. Imagine como seria se você se sentisse realmente livre para *ser totalmente você mesmo*. Esse seria o seu eu verdadeiro antes de ser exposto a todas as experiências da vida que mudaram o seu modo natural de ser – isto é, antes de todos os ensinamentos, críticas, humilhações, regras e outras formas de condicionamento que sofremos, de um jeito funcional ou não.

Nossa criança interior geralmente não permanece livre, inteira e alegre por muito tempo. Na infância, todos nós experimentamos momentos ou situações que nos fizeram sentir inseguros, com medo ou magoados. Se esses momentos ou situações ocorreram com frequência ou foram excessivos, cedo ou tarde aprendemos a reprimir nossos instintos naturais e nosso lado brincalhão, expressivo e espontâneo para nos mantermos seguros. Quanto mais reprimimos nossos instintos naturais, mais magoada nossa criança interior se tornou.

Embora as emoções sejam uma parte normal da nossa infância e das experiências, poucos de nós tiveram modelos saudáveis de expressão emocional de nossas figuras parentais. Se crescemos em um lar no qual certas emoções não eram toleradas – se nos mandavam parar de chorar ou éramos ignorados sempre que ficávamos tristes –, podemos ter aprendido que apenas certos sentimentos podem ser expressados. Se regularmente testemunhávamos explosões emocionais, podemos acreditar que essa é uma maneira adequada para nos expressar quando ficamos irritados. Ou, se nossas figuras parentais reprimiam ou escondiam suas próprias emoções, dissociando-se emocionalmente ou desconectando-se de nós, podemos desenvolver hábitos semelhantes.

Aqui vão alguns modelos de comunicação e expressão emocional disfuncional que podemos ter testemunhado na infância.

Estilos de comunicação disfuncionais comuns

Invalidação emocional. Uma tentativa de fazer alguém acreditar que suas emoções são o problema em vez do problema ou do conflito em si. Isso pode envolver dizer "Você é dramático demais", "Você é muito sensível" ou "Você só precisa parar de reclamar e seguir em frente" sempre que emoções são expressas.

Projeção. Um mecanismo de defesa que atribui aos outros traços ou comportamentos não desejados em si mesmo. Isso pode envolver acusações como "Provavelmente é você quem está mentindo" em resposta à afirmação de uma preocupação.

Contagem de pontos. Uma dinâmica de controle na qual duas pessoas evitam reconhecer um conflito ou emoções ocultas mencionando erros passados para rebater alguma acusação. Isso pode envolver mencionar uma questão do passado em resposta a uma preocupação atual.

Humilhação/xingamentos. O uso de insultos para controlar ou modificar o comportamento de outras pessoas. Isso pode envolver o uso de linguagem depreciativa, ataques pessoais, comentários maldosos ou "piadas".

Gelo. O ato de se fechar em si, distanciando-se ou fingindo que uma pessoa não está presente para evitar questões ou exibir desaprovação. Isso pode envolver ignorar completamente os outros, deixando de falar com eles ou de responder quando alguém pergunta algo ("o tratamento do silêncio").

Evitar. O ato de negar, ignorar ou varrer questões para debaixo do tapete. Isso pode envolver se recusar a aceitar responsabilidade por seu comportamento, geralmente se recusando a admitir ou mentindo sobre suas ações, omitindo certos detalhes, recusando-se a conversar sobre problemas ou questões, ou ignorando totalmente a realidade dos problemas ou das questões.

Desvio. O hábito de sempre mudar de assunto para redirecionar a culpa para outra pessoa (externalização) e evitar responsabilidade pessoal. Isso pode envolver culpar os outros por serem a causa de seu abuso verbal, emocional ou físico, dizendo coisas como "se você não tivesse feito x, eu não teria feito y".

Muitos desses estilos de comunicação ocorreram em minha família. Nenhum de nós mostrava suas emoções, a não ser preocupação com a vida diária e com questões de saúde. Devido à ansiedade, havia pouca oportunidade de qualquer um na família se sentir tranquilo, alegre ou brincalhão, nem que fosse por algum tempo. Esse estresse constante criou uma tensão oculta que se baseava no medo, que muitas vezes se manifestava em comportamentos controladores. Meu pai, preso no modo de sobrevivência desde a infância, ficava regularmente estressado por ser o único provedor da segurança financeira da nossa família. Ele manifestava esse estresse microgerenciando nosso lar, obsessivamente organizando e monitorando os armários e a despensa, e sempre guardando velhos itens e comida, incluindo coisas usadas, como papel de embrulho e fitas de Natal. Se algo era tirado do lugar e não estava mais onde ele havia colocado, meu pai entrava no modo Erupção, gritando, berrando e liberando sua raiva acumulada causada por anos de desregulação e necessidades não atendidas, ao mesmo tempo que magoava os outros ao seu redor, até mesmo aqueles que ele amava.

Da minha família, eu recebia uma mensagem consistente de que conversar sobre emoções ou expressá-las seria ignorado ou apenas aumentaria o estresse de um ambiente já carregado. Em meus primeiros relacionamentos, por ninguém ter servido de modelo para uma expressão emocional saudável, eu não sabia com que os sentimentos realmente se pareciam. Sem apoio emocional, comecei a reprimir meu mundo interno e meu verdadeiro jeito de ser, externamente parecendo fria e indiferente, como se não precisasse, de forma alguma, do apoio de outras pessoas. Embora essa característica não fosse uma parte inerente da minha personalidade, era uma maneira de me manter emocionalmente segura em meus relacionamentos na infância.

Nem cheguei a contar para alguém quando vi minha melhor amiga apanhar de um grupo de colegas mais velhas quando eu era adolescente – algo que não consigo imaginar guardando para mim hoje. Embora eu tivesse ficado apavorada e até me machucado quando tentei fugir das agressoras, mantive todo aquele incidente em segredo, com mais medo de como minha mãe e minha família reagiriam se descobrissem. Deitei-me sozinha na cama naquela noite, tremendo e chorando até dormir sem qualquer proteção ou apoio emocional quando eu mais precisava. Aquela experiência apenas continuou a fortalecer minha crença de que provavelmente existia algo em mim que me impedia de receber apoio emocional.

Assim como eu evitava mostrar sentimentos desagradáveis ou difíceis, também reprimia emoções agradáveis. Foi apenas depois dos meus vinte anos e com minha mãe prestes a passar por uma cirurgia de alto risco que verbalmente disse a ela que a amava. Por esse sentimento ser raramente expressado de forma direta em meu lar, ainda consigo me lembrar de como me senti vulnerável quando comecei a dizer aquilo em voz alta.

Se você cresceu em uma família emocionalmente expressiva, a sua criança interior pode ter se sentido magoada se você foi criticado por ter certos interesses ou hobbies; humilhada por sua aparência ou seu comportamento; física ou emocionalmente abandonada como Mona e eu fomos; inconsistentemente apoiada como Monique; microgerenciada ou controlada como Dominik; ou esperado que colocasse as necessidades das suas figuras parentais ou da sua família antes das suas, como é o caso de Diego.

Diego foi criado por uma mãe solo estrangeira que não falava inglês. Por ela ter dificuldades para se comunicar, contava com o filho para ajudá-la com a nova vida da família em um país desconhecido. Ouvindo regularmente o quanto era maduro para sua idade por agir como o homem da casa, Diego muitas vezes era deixado para tomar conta de seus dois irmãos mais novos enquanto a mãe trabalhava. Desde muito cedo, ele se tornou responsável por cuidar da família e prover apoio emocional para sua compreensivelmente estressada mãe – a obvia necessidade de apoio de sua mãe o fazia sentir-se culpado por apenas pensar em buscar relacionamentos fora de sua família.

Embora a mãe de Diego estivesse fazendo o melhor que podia para administrar as circunstâncias estressantes da família, seu comportamento transferiu o papel de figura parental a ele, revertendo os tradicionais papéis de mãe e filho. Responsabilizado por cuidar de sua mãe e seus irmãos pequenos, Diego nunca foi capaz de ser uma criança e brincar quando queria, ficar bravo quando se sentia irritado ou triste, buscar as coisas que o interessavam ou receber atenção e espaço para aprender a priorizar e atender às próprias necessidades. Em vez disso, regularmente aprendia que sua família se beneficiava quando ele ignorava suas necessidades. Ao crescer, ele continuou de modo subconsciente atraído por indivíduos que pareciam precisar de algum apoio ou ajuda, mesmo se sentindo cada vez mais ressentido pela carência dessas pessoas.

Hoje, Diego continua desempenhando o papel da Pessoa Que Só Diz Sim, um dos sete eus condicionados que vamos explorar mais adiante neste capítulo. Orgulhando-se de sua identidade como uma "pessoa boa, responsável e de família", ele sempre se esforça para manter os outros felizes, ignorando as próprias necessidades no processo.

Testemunhar sua criança interior magoada ajudou Diego a se tornar mais ciente das diferentes maneiras como ele ainda desempenha esse papel em seus relacionamentos, assim como o crescente descontentamento e a insatisfação dentro dele. Esses sentimentos naturalmente surgem sempre que reprimimos nossas verdadeiras necessidades e desejos. E, ao continuar reprimindo partes de nós mesmos, nunca nos damos a oportunidade de sermos aceitos e amados completa e autenticamente.

Por Diego não ter tido a segurança ou a proteção para buscar aquilo de que de fato precisava, queria ou estava interessado quando criança, ele permaneceu profundamente desconectado desses aspectos de si mesmo na vida adulta. Depois de passar anos direcionando toda sua energia para apoiar, ajudar e amar aos outros, ele compreensivelmente se sentia esgotado. Ao mesmo tempo, porém, não sabia como parar de desempenhar aquele papel e muitas vezes se sentia orgulhoso demais para pedir ajuda ou apoio de outras pessoas. Na maioria das vezes, ele estava distanciado demais de si e das próprias emoções, até mesmo para saber que poderia se beneficiar de algumas.

Não importa como fomos magoados na infância, muitos de nós aprenderam que é preciso reprimir nossas necessidades, negligenciar nossos verdadeiros interesses e curiosidades, e modificar nossa expressão autêntica para nos encaixarmos com as pessoas ao redor. Na vida adulta, nossa criança interior magoada ainda mora em nossa mente subconsciente, onde nos impulsiona a pensar, sentir ou reagir da mesma maneira que fazíamos na infância. Quando encontramos alguém ou algo que parece semelhante a qualquer coisa que nos sobrecarregava no passado, nós instintivamente retornamos para os caminhos neurais enraizados de nossas respostas ao estresse e estratégias de enfrentamento que aprendemos na infância. Por causa dessa preferência subconsciente à nossa neurobiologia familiar, o sistema ativador reticular (SAR) do cérebro, uma rede de células cerebrais que ajuda a moderar o comportamento, começa a filtrar qualquer evidência de que a experiência seja diferente, trancando-nos em um ciclo de segurança que se autoconfirma e que nos mantém presos em velhos padrões disfuncionais.

> **Na vida adulta, nossa criança interior magoada ainda mora em nossa mente subconsciente, onde nos impulsiona a pensar, sentir ou reagir da mesma maneira que fazíamos na infância.**

Nossa criança interior magoada mora em nosso corpo tanto quanto em nossa mente subconsciente. Quando nossas mágoas centrais são ativadas e nos sentimos inseguros, amedrontados ou magoados da mesma maneira que nos sentíamos na infância, nossa frequência cardíaca aumenta, nossa respiração acelera e os músculos tensionam. Essa é a resposta de luta ou fuga de nosso sistema nervoso, tentando nos ajudar a lidar com o estresse percebido de maneiras familiares.

A questão é que essas reações impulsionadas pelos instintos de sobrevivência nos impedem de pensar de um jeito calmo ou racional. Acreditando que nossa segurança está em risco, o cérebro faz qualquer coisa para nos proteger, incluindo nos impulsionar a agir de modo egoísta, irracional ou maldoso e, em última instância, impedindo-nos de *ser* o amor que buscamos.

Depois que Diego descobriu sua criança interior magoada e testemunhou sua tendência habitual de desempenhar o papel da Pessoa Que Só Diz Sim, ele começou sua jornada para se reconectar com seu eu autêntico. Hoje, está redescobrindo suas verdadeiras paixões e seus propósitos ao mesmo tempo que se conecta com os outros de maneiras que permitem a ele se abrir para a possibilidade do amor autêntico.

ENCONTRANDO A SUA CRIANÇA INTERIOR (MAGOADA)

Mesmo se não conseguir se lembrar conscientemente de suas mágoas específicas da infância, você ainda pode testemunhar e curar a sua criança interior magoada e, como resultado, os seus relacionamentos.

Embora possa parecer bobo e desconfortável a princípio, precisamos reconhecer e aceitar que todos nós temos uma criança interior magoada que impulsiona nossas reações diárias. Fazer isso cria o espaço para desenvolver um entendimento mais piedoso dos nossos hábitos disfuncionais ou de outros aspectos desconfortáveis de nosso condicionamento. Não existe nada realmente errado sobre nós – não somos defeituosos, quebrados ou indignos de amor, como muitos acreditam. Em vez disso, nós nos adaptamos às maneiras de que precisávamos para nos manter seguros em nossas experiências. Nossa criança interior magoada não está tentando sabotar nossa vida, mas ela existe para nos proteger de nossas dolorosas circunstâncias passadas.

Ainda que os hábitos disfuncionais de relacionamento que desenvolvemos como resultado de nossos traumas da infância não sejam nossa culpa, eles são nossa responsabilidade como adultos. Podemos nos empoderar para nos conscientizar da profunda dor interior que nos faz magoar a nós mesmos e aos outros começando a tomar novas decisões sobre como queremos agir no atual momento.

Todos nós podemos começar a nos reconectar com nossa criança interior quando nos damos pausa e espaço para explorar ou notar, sem julgamento, as diferentes maneiras a partir das quais tentamos atender às nossas necessidades emocionais em relacionamentos adultos. Em um nível universal, todos almejamos sentir segurança e proteção suficientes para *sermos* nós mesmos, livremente compartilhando pensamentos e perspectivas, buscando nossas verdadeiras paixões e interesses, e usando nossas ideias e criatividade. É apenas quando podemos nos expressar totalmente que somos capazes de compartilhar uma presença "real" com os outros, e isso nos permite, como indivíduos, sentirmo-nos apoiados e capazes de lidar com os altos e baixos emocionais da vida. Experimentar nossas emoções na presença de outra pessoa nos permite comunicar com tudo de nós – corpo, mente e alma – e criar as conexões emocionais "encarnadas" necessárias para relacionamentos profundos e autênticos.

Passando pela minha noite sombria da alma, percebi que nunca tinha realmente compartilhado meu mundo emocional em meus relacionamentos, apesar de reclamar de não estar emocionalmente conectada com ninguém. Assim como em meu lar da infância, criei padrões de comunicação e dinâmicas que se baseavam em estresse ou reclamação em meus relacionamentos, nos quais eu expressava apenas sentimentos de ansiedade ou preocupação quanto às minhas mais recentes crises para meus amigos e parceiros. Em uma repetição dos meus primeiros relacionamentos, eu não conseguia criar uma conexão profunda e autêntica com outra pessoa – embora, na vida adulta, continuasse apontando a outra pessoa como única responsável. Continuava encarnando meu eu Perfeccionista em detrimento de minhas necessidades e meus desejos

Ainda que os hábitos disfuncionais de relacionamento que desenvolvemos como resultado de nossos traumas da infância não sejam nossa culpa, eles são nossa responsabilidade como adultos.

autênticos, não porque os outros não me deixavam ser eu mesma, mas porque *eu* tinha dificuldades para permitir que *eu* fosse *eu mesma*. Eu era muito fechada e temerosa para ficar completamente vulnerável com os outros ou mesmo admitir que tinha sentimentos.

À medida que me reconectava com minha criança interior, comecei a enxergar dentro de mim uma dor que nunca consegui colocar em palavras. Enquanto eu começava a aceitar a ausência emocional da minha mãe por toda minha vida, também me dei o tempo e o espaço para começar a lamentar o relacionamento que não tive com ela, o que me ajudou a ser mais honesta sobre aquele que eu tive. Reconheci a pouca conexão emocional que tivemos e dei permissão a mim mesma para não mais me responsabilizar por aquilo que nunca aconteceu. Tomar um espaço real para me distanciar da minha mãe e do restante da família me permitiu ver que, na vida adulta, eu agora estava segura o bastante para existir na distância emocional que sempre esteve lá, uma distância que já havia sido uma ameaça para minha sobrevivência. Permitir finalmente que eu me tornasse vulnerável à minha própria dor me levou a desenvolver uma verdadeira capacidade de empatia e de estar de fato presente para a dor carregada pelos outros.

Continuei estendendo a mim mesma graça e compaixão, enquanto passava a enxergar todas as maneiras pelas quais o meu sofrimento havia crescido, por causa de uma expectativa e um desejo desesperados para ser vista e amada por um *eu* que eu me recusava a deixar que os outros vissem. Era uma dor profunda – e um ressentimento crescente que às vezes explodia quando eu era subconscientemente impelida a me perceber negligenciada, desconsiderada e não cuidada.

À medida que eu desenvolvia mais empatia por minha própria experiência, fui me tornando cada vez mais capaz de mostrar à minha criança interior magoada a compaixão, o cuidado e a consideração que ela sempre mereceu. A princípio, a prática de me oferecer empatia pareceu algo surpreendentemente vulnerável e desconfortável, e isso pode também acontecer com você se, assim como eu, não experimentou momentos de verdadeira compreensão ou sintonia na infância. Com o tempo e a prática, minha criança interior foi capaz de relaxar e ter um sentimento mais profundo de merecimento por ser exatamente quem ela é. Embora eu saiba que ninguém pode retirar a dor que acontece quando você não desenvolve uma conexão com a sua mãe, agora estou aprendendo a me dar a maternidade de que sempre precisei.

Conforme você se reconecta com sua criança interior, pode se deparar com sentimentos profundamente enraizados de tristeza ou perda que estão na base das suas necessidades não atendidas e dos relacionamentos que nunca existiram.

> **Ninguém pode retirar a dor que acontece quando você não desenvolve uma conexão com a sua mãe.**

Para reconhecer e cuidar das nossas necessidades emocionais em nossos relacionamentos, precisamos aceitar, primeiro, que temos emoções. Isso pode parecer óbvio, mas muitos de nós estão tão desconectados do corpo que não percebem que experimentam as emoções que experimentam. As emoções contêm mensagens evolutivas (vamos conversar mais sobre essa ideia no próximo capítulo), e se reconectar com esses sinais sensoriais é fundamental tanto para nossa sobrevivência quanto para nosso bem-estar como seres humanos. Estamos constantemente coletando informações que se baseiam em sensações para sinalizar ao cérebro e ao sistema nervoso se estamos seguros ou não. E, quando estamos seguros, podemos relaxar e nos expressar de forma autêntica, independentemente do que estejamos sentindo.

Tire um momento agora para pensar sobre sua semana e as várias experiências emocionais que teve. Houve momentos em que se sentiu triste, irritado, com medo, surpreso ou alegre? Quando passou por isso perto de outra pessoa, você se sentiu seguro e protegido o bastante para diretamente comunicar a ela como estava se sentindo? Ou se sentiu seguro e protegido o bastante para expressar suas emoções de outra maneira diante da presença dessa pessoa (gritando de modo não agressivo, chorando ou rindo)?

Explorar as diferentes maneiras com as quais você expressa os seus sentimentos com os outros pode ajudar a entender melhor os seus hábitos emocionais no seu relacionamento atual. Pergunte a si mesmo:

- Consigo me manter calmo e expressar meus sentimentos de um jeito seguro para mim e para as pessoas ao meu redor?
- Eu me torno ativo e explodo, persigo, distancio-me, dissocio ou ajo contra outras pessoas?

- Eu me machuco de alguma forma, usando substâncias, ignorando meu trabalho ou meus hobbies, ou sacrificando sono, alimentação ou outras necessidades de autocuidado?
- Prejudico outras pessoas de alguma forma, agindo física ou emocionalmente de modo explosivo, abusivo ou violento com palavras ou comportamentos?

Quando lidamos com nossas emoções de maneira imatura, irracional ou pouco razoável, temos um sinal de que uma parte magoada de nós está atacando. Comece a prestar atenção: se você puder testemunhar mais objetivamente os momentos em que se torna reativo, isso o ajudará a se reconectar com suas mágoas emocionais mais profundas. Nesses momentos, tire um tempo para considerar a razão de estar se sentindo inseguro, com medo ou magoado perguntando a si mesmo:

- Eu me sinto preocupado com a eventualidade de ser magoado, abandonado ou deixado por outra pessoa?
- Eu me sinto ignorado, negligenciado ou invisível para outra pessoa?
- Eu me sinto desvalorizado ou criticado por minhas contribuições para o relacionamento?
- Eu me sinto supervalorizado ou destacado por apenas certos aspectos de mim mesmo?
- Eu me sinto pressionado ou controlado por outra pessoa?

Explorar as razões para você se sentir ativado pode ajudar a se reconectar com sua criança interior magoada e testemunhar como as suas velhas mágoas da infância podem impactar os seus relacionamentos na vida adulta.

Alguns de nós já estão cientes das maneiras como agimos de modo imaturo, não razoável ou irracional em relacionamentos. Se Mona fosse honesta consigo mesma, ela saberia que seus pensamentos, sentimentos e reações instintivas com Juan eram irracionais, ainda que não pudesse evitá-los. De modo semelhante, você pode saber que reage de modo desproporcional à distância ou à separação, ou leva certos comentários ou ações para o lado pessoal, mesmo quando as pessoas são bem-intencionadas. Você pode saber que tem a tendência de explodir ou se tornar reativo quando está desregulado, sentindo-se magoado ou irritado por outras pessoas; pode agir de modo passivo-agressivo, ignorando os outros ou dando o tratamento do silêncio quando sente que foi desprezado; ou pode ficar hipervigilante, tentando microgerenciar ou controlar os outros como uma criança mandona faria em um parquinho.

Vamos revisitar a jornada de Mona para se reconectar com sua criança interior magoada. Ela começou a reconhecer e aceitar aquilo que já sabia em um nível instintivo: que era reativa e irracional quando percebia momentos de distância em seus relacionamentos. Sem julgamento, ela começou a desenvolver autocompaixão quando ouviu a voz de sua criança interior sussurrando: "Ele não ama mais você, ele vai se separar de você, você não merece amor". Ela percebeu que essa voz era um efeito colateral subconsciente de velhas mágoas em vez de um indicador preciso daquilo que acontecia no momento.

Agora, quando Mona ouvia a voz de sua criança interior, ela começava a prestar atenção em seu corpo. Notou que seu coração acelerava, sua respiração se tornava superficial e seus músculos tensionavam – sinais de que seu sistema nervoso estava entrando em uma resposta do tipo luta ou fuga. À medida que se tornava mais ciente dessas diferentes sensações físicas (vamos falar mais sobre como fazer isso no capítulo 5), ela foi capaz de identificar quando se sentia ameaçada, o que a tornava mais propensa a interpretar equivocadamente o comportamento dos outros e agir de forma exagerada. Naqueles momentos, ela passou a praticar técnicas de corpo e mente para regular seu sistema nervoso e acalmar sua criança interior magoada, desarmando a intensidade de sua reatividade emocional. Isso permitiu a ela fortalecer a voz sábia em sua cabeça que dizia: "Você apenas está se sentindo ameaçada agora e talvez esteja interpretando de modo errado o comportamento de Juan. Ele provavelmente está ocupado, seu celular ficou sem bateria, ele precisa de espaço ou está se sentindo pouco comunicativo, e nada disso tem a ver com você. Você pode ajudar a si mesma caso se sinta segura agora, sem se tornar reativa ou agindo de maneiras de que vai se arrepender depois".

TESTEMUNHANDO A SUA CRIANÇA INTERIOR MAGOADA

A criança interior é a parte subconsciente da mente na qual carregamos necessidades não atendidas, emoções reprimidas da infância e estratégias de enfrentamento habituais. Quando essas profundas mágoas subconscientes são ativadas, nós frequentemente usamos de modo inconsciente as maneiras com que lidávamos com nossas emoções na infância esperando proteger, impedir ou acalmar nossa dor.

Observe a lista a seguir e passe as próximas semanas testemunhando a sua própria criança interior magoada. Lembre-se de que esses estados magoados e reativos são sinais de sofrimento emocional, então tente ter compaixão e não fazer julgamentos enquanto se reconecta com sua dor profundamente enraizada.

- ☐ Sou emocionalmente explosivo e ergo a voz, digo coisas que não queria dizer, bato as portas ou jogo coisas.
- ☐ Sou altamente defensivo ou incapaz de ouvir os pensamentos ou os sentimentos dos outros sem levar para o lado pessoal, sem me sentir atacado ou sem me tornar emocionalmente reativo.
- ☐ Desprezo os sentimentos dos outros e invalido, nego ou tento mudar como eles se sentem para aliviar meu próprio desconforto.
- ☐ Recorro a pensamentos polarizados, vendo as coisas como totalmente boas ou totalmente ruins, ou tenho dificuldade de enxergar as nuanças contextuais ou a perspectiva de outra pessoa.
- ☐ Concentro as conversas ou experiências ao redor dos meus sentimentos ou tenho dificuldade de expressar curiosidade ou empatia pelo mundo interno de outra pessoa.
- ☐ Tento controlar ou dominar as conversas mudando o assunto para algo do meu interesse ou insisto em compartilhar apenas as minhas perspectivas ou experiências.
- ☐ Ativamente encontro maneiras de me distrair ou evitar conversas, assuntos ou experiências desconfortáveis navegando nas redes sociais, ligando a televisão ou saindo da sala.
- ☐ Eu me retiro ou me distancio emocionalmente, fechando-me ou aplicando o tratamento do silêncio a outra pessoa.
- ☐ Eu me fecho para não receber conexão ou apoio de outra pessoa ou intencionalmente reprimo minhas necessidades e minhas emoções, escolhendo permanecer "forte" ou emocionalmente distante.

☐ Uso álcool, comida ou outras substâncias para me entorpecer ou incorro em outros comportamentos autodestrutivos quando estou estressado, irritado ou desconfortável.

Quanto mais frequentemente você identificar essas reações, maior a probabilidade de sua criança interior estar magoada. À medida que você se torna mais ciente dessas partes reativas de si que desejam ser vistas e valorizadas por sua presença outrora protetora, pode começar a prática de oferecer compaixão e amor a elas.

Identifique os hábitos da sua criança interior magoada

Passe algumas semanas testemunhando sua criança interior magoada em sua rotina. Quanto mais consistentemente você identificar suas reações magoadas, maior será a sua capacidade de reconhecer os temas. Você pode usar as frases a seguir para explorar os padrões comuns que encontrar.

Quando a mágoa da minha criança interior é ativada, tendo a pensar _____.
Tendo a sentir _____ [*identifique suas sensações físicas*].
Em meus relacionamentos, tendo a agir _____.
Depois, tendo a pensar _____ e/ou sentir _____.

OS SEUS EUS CONDICIONADOS

Como agora sabemos, nossos eus condicionados fazem parte de nosso sistema nervoso. Quando disparamos os mesmos circuitos neurais repetidamente, eles se unem, aumentando a probabilidade de que nosso cérebro continuará repetindo a mesma resposta para eventos semelhantes no futuro. Como uma trilha muito usada ao longo de uma floresta densa, os circuitos usados com mais frequência se tornam os caminhos mais fáceis e instintivos para o cérebro seguir. Neurobiologicamente, nossos eus condicionados parecem familiares, seguros e até mesmo naturais para nós durante a vida adulta.

Não importa o quanto pareçam familiares, nossos papéis condicionados podem nos manter presos em nossos ciclos disfuncionais ou vínculos traumáticos com outras pessoas. Felizmente, podemos criar uma transformação real identificando as várias partes condicionadas que desempenhamos com os outros. Quando reconhecemos esses papéis habituais, podemos fazer escolhas conscientes para nos expressarmos mais autenticamente.

Os sete eus condicionados

Todos nós temos diferentes mágoas da infância e desenvolvemos diversas estratégias de enfrentamento para lidar com elas. Dito isso, existem traços em comum nas estratégias que as crianças mais usam para atender às suas necessidades emocionais. Depois de passar um tempo com meus clientes, em minha comunidade global e em meus relacionamentos pessoais, identifiquei sete eus condicionados que muitas vezes aparecem em nossos relacionamentos da vida adulta. São eles: Cuidador, Perfeccionista, Insuficiente, Salvador/Protetor, Dono da Festa, Pessoa que Só Diz Sim e Adorador do Herói.

Quem já leu meu livro *Como curar sua vida* pode se lembrar desses tipos como os arquétipos da criança interior, que são simplesmente padrões comuns de como nós nos identificamos com nossos relacionamentos e ambientes da infância. Com o tempo, esses arquétipos se tornam parte do circuito neural do cérebro, que mais cedo ou mais tarde se solidificam em um eu condicionado que somos neurobiologicamente impelidos a encarnar todos os dias.

Ao ler as descrições a seguir, tenha em mente que você pode se identificar com apenas um eu condicionado ou com vários ao mesmo tempo. Podemos mudar para diferentes eus condicionados, dependendo da pessoa com quem estamos nos relacionando ou do momento de nossa vida. É possível encarnarmos um eu condicionado em nossos relacionamentos românticos e outro diferente com a família, os amigos ou os colegas e supervisores no trabalho.

Nosso objetivo nesta seção é testemunhar os eus condicionados que encarnamos mais frequentemente em nossos muitos relacionamentos. Essa ação ajuda a identificar os hábitos que não nos servem ou não ajudam a sustentar os relacionamentos que desejamos. Quando nos tornamos cientes de nosso condicionamento, podemos tomar decisões conscientes e desenvolver hábitos que servem mais adequadamente tanto a nós mesmos como a nossos relacionamentos. Esse processo é chamado *integração*, e não significa que não somos mais impelidos a agir de maneiras habituais, mas que nos tornamos mais cientes das vezes em que nos sentimos inclinados a desempenhar esses papéis em nossos relacionamentos. Quando nos tornamos cientes de nossos hábitos inconscientes, temos a oportunidade de começar a fazer escolhas fora de padrões neurobiologicamente programados e criar uma mudança duradoura. O exercício da "Análise dos seus eus condicionados" na página 131 vai ajudá-lo a começar esse processo de integração.

Aqui estão definidos os sete diferentes eus condicionados.

Cuidador. Ganha senso de identidade e autovalorização por meio do atendimento das necessidades de outras pessoas nos relacionamentos. Acredita que a única maneira de receber amor ocorre quando outros dependem dele ou quando ele zela pelos outros física ou emocionalmente, muitas vezes negligenciando as próprias necessidades e desejos pessoais. Pode buscar relacionamentos, experiências ou carreiras em que o cuidado é um requisito ou desempenhar esse papel no primeiro sinal de necessidade. O sistema nervoso do Cuidador é frequentemente hipervigilante e permanece no modo Agradar, analisando o ambiente para avaliar as necessidades dos outros.

Perfeccionista. Tenta ser o amigo, o filho, o parceiro ou o cônjuge "perfeito". Precisa de constante validação externa e geralmente se concentra ou é consumido por como se compara com os outros. Regularmente, tenta carregar a maior parte da responsabilidade em um relacionamento, muitas vezes apresentando dificuldade de pedir ou receber apoio. O sistema nervoso do Perfeccionista muitas vezes fica preso no modo Distração enquanto busca se ocupar com pensamentos de autoanálise ou autocrítica, sobretudo quando a validação externa não está presente.

Insuficiente. Tenta se manter seguro de avaliações ou julgamentos escondendo dos outros qualquer parte indesejável, acreditando que a única maneira de ser amado é se manter discreto e sem ser notado nos relacionamentos. Tem baixa autoestima, medo de críticas e, muitas vezes, pode ser emocionalmente distante, arredio ou desligado para se proteger de possíveis rejeições. Pode agir deliberadamente para receber atenção negativa, o que valida seus sentimentos enraizados de que não é merecedor. O sistema nervoso do Insuficiente muitas vezes alterna entre o modo Distração, quando se ocupa com pensamentos autodepreciativos e de sentimento de culpa, e o modo Dissociação, desacelerando seus sistemas de motivação e energia, o que pode resultar em decisões ou ações atrasadas.

Salvador/Protetor. Regularmente está em relacionamentos que permitem que ele resgate, proteja ou seja útil de alguma forma para pessoas que ele percebe como desemparadas, incapazes ou dependentes. Pode ter senso de superioridade por não precisar de ajuda e acha difícil pedir ou receber apoio, mesmo quando necessário. O papel do Salvador/Protetor é parecido com o do Cuidador, mas, enquanto esse último se esforça para cuidar das necessidades físicas de outra pessoa, o Salvador/Protetor se preocupa em cuidar ou defender aqueles que ele percebe como emocionalmente vulneráveis. Com frequência, o sistema nervoso do Salvador/Protetor está no modo Agradar, buscando inconscientemente aqueles que precisam de salvação ou proteção.

Dono da Festa. Tem medo de emoções ou experiências desconfortáveis e evita conflitos a todo custo. Frequentemente, evita externar questões ou opiniões que possam causar sentimentos perturbadores ou decepção. Em geral, parece ser feliz, mas, muitas vezes, está desconectado ou dissociado da realidade. O sistema nervoso do Dono da Festa normalmente fica preso no modo Dissociação, entorpecido, dissociando-se ou distanciando-se de pensamentos, sentimentos ou experiências desconfortáveis ou estressantes.

Pessoa Que Só Diz Sim. Tende a concordar com tudo sem expressar preferências nos relacionamentos e geralmente é tida como uma pessoa "que só quer agradar" ou "boazinha". Regularmente, engaja-se em dinâmicas codependentes, negligenciando as próprias necessidades para atender às dos outros. Orgulha-se de ser "altruísta" (ou um "mártir"), sempre se pondo à disposição dos outros e muitas vezes oferecendo muito mais apoio e cuidado em seus relacionamentos que recebendo. Regularmente, adota as crenças, hábitos e até hobbies de seus parceiros, seus amigos e sua família, e pode se sentir perdido ou indefeso se não houver outras pessoas para direcioná-lo. Em geral, o sistema nervoso é hipervigilante e preso no modo Agradar, constantemente colocando os outros acima de si mesmo.

Adorador do Herói. Tende a idolatrar a outra pessoa no relacionamento e a pôr os outros em um pedestal. Acredita que os outros saibam o que é melhor para ele, é facilmente influenciado e pode desdenhar de si mesmo, muitas vezes enxergando os outros como modelo de vida. Ao idealizá-los, ele com frequência culpa a si mesmo por pensar ou sentir diferente ou por ter outras necessidades. O sistema nervoso do Adorador do Herói geralmente é hipervigilante e fica no modo Agradar, atribuindo mais atenção e peso a pensamentos, opiniões, crenças e sentimentos dos outros em oposição aos próprios instintos.

Nem todos os hábitos associados com nossos eus condicionados são disfuncionais ou devem ser evitados. Muitos dos comportamentos listados aqui, como cuidar dos outros e sentir-se motivado para atingir seus objetivos, não são disfuncionais em si; eles se tornam disfuncionais quando nossas mágoas da infância nos impulsionam a continuamente realizar as mesmas ações, mesmo quando não servem aos nossos interesses ou aos interesses dos nossos relacionamentos. Tornar-nos mais cientes de nossos eus condicionados nos dá a oportunidade de escolher intencionalmente nossas ações em vez de permitir que resquícios de dores do passado e outros comportamentos direcionem nossas ações atuais.

Assim como muitos de vocês, por vários anos eu senti que não tinha escolha quando se tratava de meus hábitos de Perfeccionista, embora não estivesse familiarizada com a ideia de um eu condicionado. Hoje, às vezes ainda permito que meu medo de rejeição da infância direcione minhas reações e ações, enquanto continuo achando difícil compartilhar minhas vulnerabilidades ou necessidades. Quando minha mãe estava morrendo, eu não conseguia pedir o apoio das minhas parceiras. Em vez disso, eu as afastava para chorar sozinha no banheiro, e, quando elas não vinham me confortar, ficava com raiva e ressentida, acreditando que elas deveriam simplesmente "saber" o que eu precisava ou queria. Aquilo não era apenas uma das minhas crenças imaturas e condicionadas, mas eu não estava, na realidade, agindo como alguém que queria ou precisava de conforto. Assim como minha mãe fizera comigo quando eu era criança, eu não sabia me conectar com os outros quando estava emocionalmente perturbada, então mantinha o padrão de permanecer desconectada do meu desconforto e da oportunidade de amor e apoio, que eram muito necessários.

Continuo me tornando mais ciente de quantas vezes e de quando desempenho o papel de Perfeccionista com os outros. Estou ficando cada vez melhor em reconhecer quando coloco expectativas irreais sobre mim. E, nesses momentos, tento conscientemente lembrar que ninguém espera que eu seja perfeita e que tentar ser perfeita me impede de me conectar com os outros em um nível mais profundo e autêntico. Essa consciência então me dá a oportunidade de começar a fazer escolhas intencionais que melhor servem às minhas necessidades autênticas e me ajudam a me conectar mais profundamente com as outras pessoas e o mundo ao meu redor.

No ano seguinte, antes de completar um ano da morte da minha mãe, decidi fazer uma viagem sozinha em um fim de semana para estar mais presente com minhas emoções, regular meu sistema nervoso e criar sentimentos muito necessários de segurança, independentemente de como eu estivesse me sentindo a cada momento. Esse tempo e esse espaço me permitiram encontrar meu caminho de volta para um estado mais regulado, no qual eu podia me sentir segura o bastante para me abrir e me conectar com o amor disponível ao meu redor.

> **Tentar ser perfeita me impede de me conectar com os outros em um nível mais profundo e autêntico.**

Quando retornei, fui capaz de, ainda vulnerável, pedir o apoio de que eu necessitava. E, naquele momento, eu realmente estava receptiva para que os outros me apoiassem, já que eu não mais esperava ou necessitava de outra pessoa para acabar com minha tristeza e minha dor. Ninguém consegue fazer isso por você, ou mesmo estar emocionalmente disponível o tempo todo, mas aprendi que o apoio que eu de fato queria era o de alguém presente e conectado comigo, independentemente de como eu me sentia. Em outras palavras, eu, assim como cada um de vocês, quero me sentir menos sozinha na dor e no sofrimento.

Explore os seus eus condicionados

A maioria de nós alterna entre eus condicionados e eu autêntico durante o dia, às vezes até de momento para momento. Embora muitos de nós não estejam conectados com as necessidades mais profundas ou tenham certeza de quem realmente são, uma das maneiras que temos para nos reconectar com nosso eu autêntico é identificar os eus condicionados que mais encarnamos.

Para explorar os seus eus condicionados, passe um tempo testemunhando ou anotando em um diário os padrões típicos que você vê em seus relacionamentos com amigos, família, colegas ou parceiros românticos usando as seguintes sentenças exploratórias. Lembre-se de que é possível identificar mais de um eu condicionado em relacionamentos diferentes. O objetivo deste exercício é identificar os seus eus condicionados para que, daqui em diante, você possa reconhecer quando fica tentado a desempenhar esses papéis habituais em seus relacionamentos.

Análise dos seus eus condicionados

Leia a seguinte checklist e passe um tempo testemunhando a si mesmo, sem fazer julgamentos, em seus vários relacionamentos. Marque os hábitos que identifica com mais frequência e lembre-se de que você pode notar que encarna diferentes eus em diferentes relacionamentos ou com o passar do tempo.

O CUIDADOR:

☐ Quando estou em um relacionamento, sinto uma forte vontade de ser necessário ou de ajudar.

☐ Muitas vezes fico exageradamente ciente das necessidades físicas dos outros ou tento prever quais serão essas necessidades.

☐ Sinto que sou mais amado quando alguém depende dos meus cuidados de alguma maneira.

O PERFECCIONISTA:

☐ Estou sempre focado em saber se os outros acham que sou bom o bastante ou não.

☐ Eu me orgulho de ser "o melhor" parceiro/amigo/filho etc.

☐ Geralmente sou o primeiro a se manifestar, entrar em contato e me pôr à disposição da outra pessoa, mesmo se não houver reciprocidade.

O INSUFICIENTE:

☐ Tendo a evitar relacionamentos ou tenho problemas para assumir compromisso.

☐ Tenho dificuldade de ser vulnerável ou me sentir emocionalmente conectado com os outros.

☐ Evito críticas e qualquer situação na qual eu possa me sentir rejeitado ou abandonado.

O SALVADOR/PROTETOR:

☐ Sou atraído por pessoas e relacionamentos cujo foco recai apenas sobre a outra pessoa.

☐ Eu me sinto amado e importante quando uma pessoa está emocionalmente vulnerável e precisa do meu apoio.

☐ Tendo a ser muito protetor com as pessoas com quem tenho um relacionamento e sempre me alio a elas e seus pontos de vista, independentemente de quais sejam ou de eu concordar com eles.

O DONO DA FESTA:

☐ Regularmente evito conflitos em meus relacionamentos.

☐ Dificilmente falo dos meus sentimentos ou não gosto de conversar sobre coisas que podem causar desconforto a mim ou aos outros.

☐ Acho que a melhor maneira de lidar com uma situação estressante ou perturbadora é fingir que está tudo bem.

A PESSOA QUE SÓ DIZ SIM:

☐ Tendo a "seguir a maré" ou aceitar as necessidades e os desejos dos outros na maioria das vezes.

☐ Quando estou em um relacionamento, tendo a adotar as preferências dos meus amigos ou parceiros, como me vestir da mesma maneira, acreditar nas mesmas coisas, adotar os mesmos hobbies ou mudar minha agenda para acomodar a agenda dos outros.

☐ Concordo em fazer coisas que os outros querem que eu faça, mesmo se isso interferir em meu trabalho ou descanso.

O ADORADOR DO HERÓI:

☐ Quando conheço alguém, tendo a me apaixonar e enxergar essa pessoa como perfeita.

☐ Frequentemente escondo ou mudo partes "vergonhosas" de mim para tentar me parecer mais com aqueles que eu idealizo.

☐ Relevo qualquer falha ou defeito em meus entes queridos e tendo a me concentrar apenas em seus aspectos positivos.

Exercício empoderador da pausa

Como já aprendemos, as experiências de vida são moldadas e filtradas pelo cérebro condicionado. Ganhar a consciência de nossas reações habituais e de nossos padrões nos empodera a moldar e criar as experiências que queremos ter em vez de nos sentirmos presos, insatisfeitos ou impotentes em nossas circunstâncias. Esse empoderamento vem de uma área de nosso cérebro conhecida como *córtex pré-frontal*, que controla nossas respostas intencionais, junto de nossa capacidade de planejar, focar atenção, segurar os impulsos, atrasar gratificações, prever consequências e administrar reações emocionais.

Você pode começar a praticar a ativação do seu córtex pré-frontal ao fazer uma pausa antes de reagir a pensamentos, sentimentos e impulsos que vêm e vão durante o dia. Essa prática permite que você tenha ciência de sua reatividade e crie um espaço no qual pode escolher novas respostas mais intencionais.

As questões e os exercícios exploratórios a seguir podem ajudá-lo a explorar as próprias experiências com suas reações e respostas. Passe um tempo refletindo e anotando seus pensamentos e sentimentos em um caderno ou diário à parte, se isso ajudar.

Tire um momento para se lembrar de uma ocasião em que você reagiu instantânea ou explosivamente a uma experiência, sem pensar muito em seu comportamento, e explore as seguintes questões:

Como você se sentiu fisicamente durante ou após esse momento de reatividade?

_____

_____

Como você se sentiu emocionalmente sobre si mesmo e sobre as demais pessoas envolvidas nesse momento de reatividade?

_____

_____

Tire um momento para se lembrar de uma ocasião em que você experimentou a reação instantânea e explosiva de outra pessoa e explore as seguintes questões:

Como você se sentiu fisicamente durante e após experimentar a reatividade da outra pessoa?

_____

_____

Como você se sentiu emocionalmente sobre si mesmo e o indivíduo que foi reativo?

_____

_____

Tire um momento para se lembrar de uma ocasião em que você conseguiu se manter calmo em suas respostas ou escolhas e explore as seguintes questões:

Como você se sentiu fisicamente durante e após esse momento de resposta?

_____

_____

Como você se sentiu emocionalmente sobre si mesmo e sobre as outras pessoas envolvidas nesse momento de resposta?

_____

_____

Lembre-se de que não existem respostas "certas" ou "erradas" – o trabalho para mudar conscientemente padrões e hábitos condicionados começa com essa autoexploração, que pode ser empoderadora em si mesma. Quando nos tornamos cientes de nossos hábitos condicionados, podemos fazer escolhas intencionais em nossos relacionamentos, em vez de constantemente reagir e recriar velhas mágoas da infância. Podemos, então, explorar com curiosidade como os papéis que desempenhamos desde a infância podem não estar servindo ao nosso eu autêntico ou aos nossos relacionamentos. Esse trabalho para integrar nossos eus condicionados ajuda a restaurar o senso de segurança e proteção, independentemente do que estiver acontecendo em nossas vidas. Criar segurança e proteção para nós mesmos por meio de nossas escolhas diárias cria caminhos neurais em nosso cérebro. Com o tempo e com repetição consistente, esses novos caminhos neurais podem se tornar permanentes, e os hábitos associados a eles se tornarão instintivos.

Isso não significa que você nunca mais vai repetir pensamentos, sentimentos ou reações condicionadas ou se sentir instintivamente atraído novamente por hábitos familiares. Tornar-se consciente dos seus eus condicionados significa que você vai ganhar acesso a novas escolhas, que se alinham melhor com quem você é, quem quer ser e com as pessoas e as dinâmicas de relacionamentos que realmente vão satisfazê-lo. E imagino que você não vai se surpreender ao ouvir que é um sistema nervoso regulado que pode dar acesso a essas novas escolhas. Vamos começar nossa jornada para regular o seu sistema nervoso no próximo capítulo, no qual continuaremos explorando a prática da consciência do corpo que pode mudar a sua vida.

5

COLHENDO A SABEDORIA DO SEU CORPO

Antes de nos aprofundarmos na consciência do corpo, vamos tirar alguns momentos para um breve exercício que vai ajudá-lo a se reconectar com as sensações presentes em seu corpo exatamente agora.

Começando com o topo da sua cabeça, busque identificar qualquer tensão em seus músculos (maxilar, pescoço, ombros, costas, pernas e assim por diante). Respire lenta e profundamente em qualquer área tensa ou constrita, relaxando o maxilar e achatando a língua se estiver tocando o céu da boca, baixando os ombros e acomodando-os às costas se estiverem erguidos ou encolhidos, liberando tensão em qualquer outro músculo. Tire outro momento para identificar qualquer mudança em seu estado mental ou emocional depois de relaxar seu corpo dessa maneira.

Muitos de vocês provavelmente descobriram um estresse ou uma tensão que não tinham notado antes. Alguns de vocês podem até ter achado difícil sentir o corpo neste momento. Embora possa parecer que esse exercício não tem nada a ver com os problemas nos seus relacionamentos, na verdade ele é uma parte crucial do quebra-cabeça. Você vai descobrir neste capítulo que a verdadeira segurança e proteção física e emocional começa com o seu corpo, e, até que possamos sentir essa segurança e proteção dentro de nós, não poderemos nos sentir seguros e protegidos com outras pessoas.

Quando criança, eu me adaptei ao ambiente estressante me desconectando do meu corpo físico como uma estratégia de sobrevivência e ignorando os sinais que ele me enviava constantemente. Eu não tomava ciência de quando meus músculos ficavam tensos

A verdadeira segurança e proteção física e emocional começa com o seu corpo.

ou minha respiração acelerava – um estado que continuou até a vida adulta, impedindo-me de reconhecer aquilo de que meu corpo precisava e aquilo que eu sentia de verdade. Veja, as sensações físicas desempenham um importante papel na vida emocional, comunicando para o cérebro a avaliação constante que o corpo faz do ambiente. Mas eu permanecia alheia demais ao meu corpo para sentir qualquer coisa, vivendo a maior parte da minha vida em minha cabeça, isolada do meu eu físico.

Estar em meu corpo parecia inseguro, em especial, porque era pouco familiar e, portanto, desconfortável. Quando eu era criança, ninguém foi um modelo para mim de como se sentir seguro e protegido em um corpo físico. Em vez disso, fui exposta a inseguranças e críticas do corpo. Minha mãe e minha irmã estavam sempre de dieta ou adotando outros comportamentos que envolviam restrição alimentar. Elas criticavam seu próprio corpo e o corpo das pessoas ao redor, e minha mãe muitas vezes comentava sobre o ganho de peso ou mudanças no tamanho do corpo de qualquer um na família, incluindo ela mesma.

À medida que crescia, desconfortável em minha própria pele e cada vez mais intolerante das sensações em meu corpo estressado, eu me fechava para os aspectos físicos da minha existência. Embora quisesse de modo desesperado me sentir emocionalmente conectada com os outros, eu não estava conectada com meu eu físico para acessar emoções de um jeito que me permitiria criar vínculos com outra pessoa. A realidade era que eu tinha dificuldade de sentir *qualquer* coisa.

Precisei de anos para desenvolver um estado de consciência do corpo, ou seja, para me tornar ciente das sensações físicas do meu corpo, para então poder começar a regular meu sistema nervoso consciente e intencionalmente. Pelo fato de a maioria de nós não ter crescido em lares seguros e não ter relacionamentos seguros e protegidos com outras pessoas, continuamos vivendo com a desregulação do sistema nervoso que nos mantém desconectados tanto de nosso mundo interior quanto do exterior.

O QUE É CONSCIÊNCIA DO CORPO?

Todos sabemos que temos um corpo físico. Nós o usamos para quase tudo que fazemos e geralmente sabemos qual é a sensação quando andamos, nos sentamos, dormimos, nos exercitamos, fazemos sexo, ficamos de mãos dadas, comemos, bebemos vinho, corremos na chuva, dançamos na neve ou tiramos um cochilo sob o sol. Muitos de nós conhecem as necessidades básicas do corpo em um nível fundamental: geralmente sabemos quando estamos com fome, com sede, cansados, doentes ou feridos. Alguns de nós podem até focar o bem-estar do corpo e tentar fazer refeições saudáveis, exercitar-se, dormir o suficiente ou adotar outros hábitos que podem melhorar a aparência e as sensações do organismo.

Mesmo aqueles que se preocupam com a saúde raramente estão cientes do corpo ou de quão seguros ou inseguros se sentem em seu eu físico. O termo *consciência do corpo*, como usado neste livro, não significa um estado de autoconsciência ou hiperatenção sobre a aparência do corpo, seja para si mesmo, seja para os outros. Em vez disso, ele descreve a capacidade de sentir o que está acontecendo *dentro* do corpo.

Desenvolvemos consciência do corpo quando aumentamos a capacidade de testemunhar sensações físicas, então usamos essa informação sensorial para ajudar a regular o sistema nervoso e as respostas comportamentais. Aprender a identificar quando o sistema nervoso está estressado cria a oportunidade de nos retirarmos de um estado reativo, arredio ou dissociativo e entrarmos em um estado mais aberto e receptivo. À medida que nos tornamos mais sintonizados com nossas sensações físicas, passamos a discernir não apenas os sinais óbvios de estresse físico, como frequência cardíaca ou respiração, mas também sinais mais sutis, como energia baixa, pesada, calma ou agitada; se nossos ombros estão encolhidos ou erguidos; se estamos falando de modo suave, alto, rápido ou lento; e se conseguimos manter contato visual e sorrir facilmente.

Essas sensações podem não parecer nada de extraordinário, mas refletem o estado do sistema nervoso enquanto comunicam, para o cérebro, informações que ajudam a determinar as emoções. Quando somos capazes de, conscientemente, perceber essas mudanças sensoriais, passamos a entender as mensagens emocionais que elas enviam ao cérebro. Com base nisso, podemos nos dar o espaço para nos acalmar quando sabemos que estamos ativados e a oportunidade de criar segurança usando as técnicas intencionais de corpo e mente, que vamos discutir mais tarde neste capítulo.

Manter um estado consistente de consciência do corpo não é fácil. O estresse e o trauma armazenados no organismo afetam a capacidade de prestar atenção nas experiências atuais. Na maior parte do tempo, a mente reage ao estresse e à tensão armazenados no corpo, vagando e dificultando para nós focarmos o momento presente e ficarmos totalmente cientes daquilo que acontece ao redor. Por causa desses pensamentos sem controle induzidos pelo estresse, poucas pessoas conseguem estar realmente presentes em seu corpo no dia a dia – em vez disso, permanecemos na mente, acelerando entre pensamentos sobre o passado ou tentando prever o futuro. Embora possa ser útil refletir sobre o passado ou imaginar o futuro, precisamos imergir no momento presente e nos conectarmos com nosso corpo para de fato estarmos em *nossa própria presença*. E, se estamos sempre mais preocupados com aquilo que outra pessoa pensa ou sente sobre nós, podemos nunca saber como realmente nos sentimos *na presença dela*.

> **Poucas pessoas conseguem estar realmente presentes em seu corpo no dia a dia – em vez disso, permanecemos na mente, acelerando entre pensamentos sobre o passado ou tentando prever o futuro.**

Além do impacto desse estresse armazenado, algumas pessoas aprenderam hábitos de crítica ao corpo pelas mensagens culturais e sociais a que todos somos expostos. A falta de diversidade em termos de cor da pele, etnia, tamanho do corpo e capacidade física na televisão, na mídia e em filmes impactou profundamente nossas crenças sobre o corpo, enviando mensagens subconscientes de que existe uma versão ideal de quem é aceitável, atraente ou desejável. Se o tom da nossa pele, a nossa forma física ou as funcionalidades do nosso corpo são diferentes, podemos ter dificuldades de nos sentirmos seguros e aceitáveis por causa de nossa aparência física natural, e, assim, nossa resposta ao estresse pode permanecer cronicamente ativada.

O toque físico é universalmente importante para todos os seres humanos, ajudando a confortar e acalmar nossas experiências emocionais. São as nossas experiências individuais com o toque (ou a falta dele), entretanto, que nos fazem ter sentimentos conflitantes sobre o contato físico, que podem resultar em confusão, ansiedade e, por fim, necessidades não atendidas. Para nos sentirmos confortáveis quando houver proximidade física com alguém, primeiro temos de nos sentir confortáveis com nosso próprio corpo. Para isso, devemos aprender a confiar em nossa capacidade de permanecer conectados com nossos corpos e seguros de nossos limites quando nos aproximamos fisicamente de outra pessoa. Saber que podemos parar ou desacelerar a qualquer momento que julguemos necessário nos permite permanecer fisicamente calmos, à vontade e até estimulados por outra pessoa.

Se tivermos um sistema nervoso desregulado, e esse é o caso para a maioria de nós, passar qualquer período examinando o próprio corpo não vai imediatamente parecer seguro. A sensação de insegurança é a razão primeira para muitos se desconectarem do próprio corpo, refugiando-se na mente em vez disso. E muitos podem notar que continuam evitando aquelas sensações ligadas a memórias emocionais desconfortáveis demais para aguentar.

SUAS EMOÇÕES COMEÇAM EM SEU CORPO

Emoções fazem parte de nossa humanidade compartilhada. As emoções dão cor e significado à vida, guiando-nos e fazendo com que nos sintamos vivos. De uma perspectiva evolutiva, as emoções nos ajudam a interpretar o ambiente para que identifiquemos ameaças e permaneçamos seguros. Quanto mais rápido pudermos registrar medo ou sinalizar a presença de uma ameaça aos outros, mais seguros ficaremos como indivíduos e grupos.

Embora as palavras *emoções* e *sentimentos* sejam usadas alternadamente com o mesmo sentido, elas descrevem dois fenômenos diferentes. Emoções são as reações subconscientes às sensações físicas, e sentimentos são as experiências conscientes das sensações do corpo.

A maior parte das pessoas presume que os pensamentos criam as emoções e que as emoções definem quem somos: eu penso essa emoção, e essa emoção faz de mim *quem eu sou*. Se eu tiver pensamentos tristes ou depressivos, posso presumir que isso faz de mim uma pessoa triste ou deprimida. Ou, se eu tiver pensamentos de raiva, ansiedade ou preocupação, isso faz de mim uma pessoa raivosa, ansiosa ou preocupada.

Várias pessoas presumem que aquilo que acontece ao redor ou no ambiente externo imediato causa as emoções: *Essa situação está me fazendo sentir X, Y ou Z*. Muitas vezes, pensamos que o outro nos fez sentir de certa maneira: *Isso que você está fazendo agora está me fazendo sentir assim*. É libertador perceber que essas suposições não são verdadeiras. Emoções não são fatos ou mesmo representações precisas daquilo que acontece conosco.

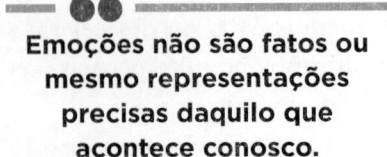

Emoções não são fatos ou mesmo representações precisas daquilo que acontece conosco.

De fato, na maioria das vezes, nossas emoções nem mesmo são reações para aquilo que está acontecendo no momento presente.[19]

Se estiver se perguntando: *Como é possível que minhas emoções não sejam produto do momento presente?*, você não está sozinho. Por décadas, psicólogos acreditaram que as emoções eram respostas imediatas para aquilo que víamos, ouvíamos ou experimentávamos. Nos últimos anos, neurocientistas derrubaram essa ideia, graças, em parte, à pesquisa da dra. Lisa Feldman Barrett, professora de Psicologia da Northeastern University que introduziu o que ficou conhecido como a *teoria das emoções construídas*. De acordo com essa teoria inovadora, as emoções começam no corpo como sensações físicas, que nosso subconsciente então usa para prever como devemos nos sentir, com base em como nos sentimos no passado quando experimentamos o mesmo estado sensorial.

Se a frequência cardíaca aumenta, a respiração acelera e o sangue pulsa através das veias, essas sensações podem ser interpretadas pelo cérebro como medo ou excitação, dependendo do que experimentamos no passado ao nos sentirmos da mesma maneira. Então, por exemplo, se estamos nos preparando para um grande discurso e tivemos experiências desagradáveis falando em público no passado, o subconsciente pode interpretar nosso estado sensorial como medo. Mas, se nossas experiências falando em público foram positivas, o subconsciente pode interpretar as mesmas sensações como excitação. Nossas emoções realmente são apenas conceitos mentais criados por nosso corpo e impulsionados por nosso passado. Ou, como diz a dra. Barrett, nossas emoções são "construções do mundo, não reações a ele".[20]

Como as emoções são construções do corpo e do cérebro, e não reações diretas da nossa realidade ou de nossos relacionamentos, nós não precisamos ser prisioneiros daquilo que sentimos. A teoria das emoções construídas nos dá a oportunidade de perceber nossas emoções como autocriações, não como a realidade, e nos permite mudar como nos sentimos manipulando certas sensações físicas.

Na psicologia, a capacidade de detectar sensações internas é conhecida como *interocepção*, que, às vezes chamada de detecção interna, ocorre constantemente em um nível inconsciente à medida que o subconsciente analisa as informações sensoriais do corpo para interpretar a segurança ou a ameaça do ambiente. Podemos incrementar de modo intencional nossa capacidade de interocepção praticando a consciência do corpo para identificar o estado emocional ao testemunhar conscientemente as sensações do corpo.

> **Nossas emoções realmente são apenas conceitos mentais criados por nosso corpo e impulsionados por nosso passado.**

Acessar esse estado ativo da consciência do corpo nos permite mudar intencionalmente como nos sentimos em dado momento ao modificarmos de maneira ativa as sensações do corpo, acalmando a nós mesmos se estivermos estressados. A consciência do corpo é uma prática poderosa que pode ser usada como auxílio ao fazermos escolhas conscientes sobre como queremos nos sentir e nos apresentar nos relacionamentos.

MINHA JORNADA PARA A CONSCIÊNCIA DO CORPO

Precisei de anos para me sentir segura o suficiente para passar um tempo consistente em meu corpo físico e começar a identificar suas necessidades e as emoções armazenadas nele. Eu preferia viver na segurança da espaçonave em minha mente, analisando obsessivamente meus pensamentos sem nunca entrar em minha experiência física. Não estava ciente e era incapaz de ouvir as mensagens que meu corpo me enviava todos os dias, o que me impedia de identificar ou atender às minhas necessidades físicas. Como resultado, muitas vezes ficava reativa e me sentia incapaz de regular minhas emoções, permanecendo presa nos ciclos de inexplicáveis e inescapáveis agitação e desconforto.

Para a maioria de nós, o processo de desconexão começa cedo, na infância. Para mim, creio que começou ainda no útero, quando fiquei imersa na fisiologia estressada do sistema nervoso desregulado da minha mãe. Se a sua mãe não se sentia segura no próprio corpo, você provavelmente também não se sentia seguro dentro do corpo dela quando estava se desenvolvendo.

Minha mãe descobriu que estava grávida de mim aos quarenta e dois anos, quinze anos depois de dar à luz minha irmã. Ela estava em um estágio diferente da vida, não tentando ou esperando ter outro filho, e, considerando sua ansiedade crônica com a própria saúde, quando começou a ter enjoos matinais, ela pensou que tinha câncer de estômago. Quando o médico disse que estava grávida, imagino que ela tenha ficado com medo do diagnóstico e posso entender se ela tiver se sentido sobrecarregada pela ideia de ter um terceiro filho com quem então precisaria se preocupar.

Enquanto eu me desenvolvia dentro da minha mãe, absorvi seu estresse e sua apreensão – um estado normal para ela que apenas foi amplificado por sua idade maternal avançada. Em virtude de sua ansiedade e desconexão consigo mesma, ela permaneceu incapaz de regular as próprias emoções ou os níveis de cortisol de seu corpo e, como resultado, quando eu estava dentro dela, também não conseguia. Meu corpo ficava tão estressado no útero que nasci com uma marca de tanto chupar o polegar. Olhando agora, tenho compaixão por mim mesma, pois eu estava, creio, tentando deses-peradamente me acalmar antes de nascer. Incapaz de acalmar meu sistema nervoso sobrecarregado, eu provavelmente cheguei ao mundo já desregulada e me sentindo insegura no próprio corpo. As pesquisas corroboram minha experiência, mostrando que níveis elevados de cortisol, o hormônio do estresse, em mulheres grávidas podem aumentar o volume da amígdala em crianças em desenvolvimento, levando a uma resposta ao estresse desregulada e a comportamentos ansiosos.[21]

À medida que eu crescia, continuei absorvendo as mensagens tácitas da minha família de que havia pouco ou nenhum espaço para expressar minhas necessidades separadas ou diferentes, então, gradualmente, parei de fazer isso. Assim como muitas pessoas que cresceram com pais de uma geração mais antiga, havia uma mentalidade da era da Grande Depressão em meu lar que estabelecia que, desde que houvesse comida na mesa e um teto sobre a cabeça, não havia mais nada, incluindo apoio emocional, de que eu pudesse necessitar.

Como parte de uma família ítalo-americana, fui exposta a rituais de alimentação nos quais minha mãe usava comida como um gesto de amor e cuidado. Todas as noites comíamos juntos como uma família na "hora do jantar", que na minha família correspondia a cinco e meia da tarde, logo depois de o meu pai chegar em casa do trabalho. Minha presença nessas refeições parecia uma obrigação ou uma expectativa não declarada, inde-pendentemente do que eu estivesse fazendo. Isso era verdade sobretudo aos domingos, quando a família do meu irmão e meus dois tios geralmente nos visitavam para uma grande macarronada à bolonhesa (ou com molho de carne, como eu dizia quando era criança). Pelo fato de minha mãe ser profundamente insegura em suas conexões com todos nós, ela usava a comida como sua principal maneira de demonstrar seu amor a nós. Sempre buscava nossa validação durante essas refeições, esperando que proclamássemos o quanto sua comida era deliciosa ou que limpássemos o prato como indicação de aprovação e amor recíproco. Buscando agradar, era comum que eu terminasse todo o meu prato em segundos quando minha mãe pedia para eu fazer isso, geralmente depois de me aconselhar a "comer mais agora" para "não ficar com fome depois".

A comida era uma das principais maneiras de criarmos conexão em minha família. Durante as refeições, eu consistentemente aprendia que era importante cuidar das expectativas e dos sentimentos dos outros, mesmo quando meu corpo dizia o contrário. Eu comia quando ou o que fosse conveniente para aqueles ao meu redor, mesmo se não estivesse com fome ou não gostasse do sabor, para evitar ofender alguém. Comia uma porção extra quando minha mãe sugeria para evitar desapontá-la ou negar seu pedido. E continuei com esses hábitos na vida adulta, mantendo o horário das minhas refeições e escolhendo a comida com base em horários, necessidades ou sugestões das pessoas ao meu redor.

Na infância, também aprendi a negligenciar outras necessidades físicas, como manter uma quantidade regular de horas de sono e praticar atividades físicas rotineiramente, porque nada disso era priorizado ou modelado em meu lar. Eu não tinha horário para dormir e ficava acordada até tarde assistindo à televisão com minha família, que também ficava acordada até tarde. Com exceção dos esportes (que eram motivados pelo meu desejo de ser vista pela minha família como bem-sucedida), eu não era incentivada a me exercitar, e, embora meu pai fosse ativo, minha mãe frequentemente permanecia no sofá ou na cama sentindo dores.

Com exceção de comentários regulares ou críticas sobre o tamanho e a saúde de seus corpos, ninguém em minha família falava diretamente sobre seu corpo físico ou o mostrava. Nunca vi ninguém da minha família nu, então eu presumia que isso deveria ser evitado – uma razão de nunca ter me sentido confortável ficando com alguma parte do meu corpo à mostra. Minha mãe e eu nunca discutimos nada sobre puberdade ou ciclo menstrual, então não contei quando tive minha primeira menstruação. Naquela idade, eu já me sentia tão envergonhada com a maior parte dos aspectos do meu corpo em desenvolvimento que não podia me imaginar compartilhando aqueles tipos de experiências vulneráveis com qualquer pessoa. Essa vergonha profundamente enraizada resultou em um relacionamento crítico e sem compaixão com meu corpo, e eu regularmente negligenciava minhas necessidades básicas, muitas vezes cuidando às pressas do meu corpo ou deixando de cuidar dele por completo.

Essa desconexão com meu corpo criou uma desconexão com minhas emoções. Eu não dormia o bastante, não me movia de maneira saudável e fazia refeições que inflamavam e estressavam meu corpo. Esses hábitos apenas dificultavam a regulação de minhas emoções excessivas, que continuavam alterando minha percepção do mundo.

Com o tempo, adotei um exterior gélido e apático – minha família começou a me chamar de "Nicole Nada me Afeta" – para esconder a dolorosa realidade do meu mundo interior, que era cheio de sentimentos enraizados de abandono, solidão e vergonha. Sem a segurança e a proteção para ser eu mesma, usava minha atitude externa para me proteger contra um crescente sentimento de não ser merecedora de nada – se nunca mostrasse minhas vulnerabilidades, jamais correria o risco de ser rejeitada.

Para me manter protegida, eu me tornei hiperfocada e perfeccionista com minha aparência, obsessivamente analisando e tentando esconder as várias cicatrizes que vinha acumulando em meu corpo com o tempo. Limpava ritualisticamente qualquer mancha de minhas roupas e meus sapatos, na esperança de remover qualquer evidência de imperfeição. Aquele comportamento obsessivo foi transportado para meu ambiente físico, no qual eu fanaticamente arranjava itens no meu quarto para tentar acalmar a crescente sensação de estresse e tensão acumulada em meu corpo. Todos esses comportamentos pareciam para minha família apenas parte de quem eu era ou da minha "personalidade peculiar", como eles diziam, quando, na realidade, eram estratégias de enfrentamento para tentar regular meu sistema nervoso e administrar minhas emoções excessivas.

Por fim, eu me tornei ciente de quão desconectada estava do meu corpo e do estresse que eu carregava em meu eu físico. Embora não tivesse percebido por décadas, meu corpo estava preso em um estado de estresse, com os músculos tensionando e apertando cada vez mais com o tempo, sobretudo nas costas, no pescoço e no maxilar. Com uma tensão física crescente, nunca senti meu corpo como um lugar verdadeiramente seguro para eu descansar e relaxar. Como já compartilhei em meu primeiro livro, *Como curar sua vida*, desmaiei duas vezes no período de alguns meses, primeiro na casa de uma amiga da infância e de novo depois de passar um tempo significativo com minha família durante as festas de fim de ano.

Meu corpo ficou sobrecarregado pela desregulação do sistema nervoso, por emoções excessivas e traumas de infância, e começou a se desligar. Embora eu achasse que estava cuidando da minha saúde quando decidi me tornar vegana aos vinte anos, depois que aprendi sobre a criação industrial de animais, ainda não ouvia meu corpo e suas muitas necessidades não atendidas. Assim como a maioria de nós, eu operava no piloto automático, comendo qualquer coisa em qualquer horário, quase nunca me exercitando, não priorizando meu sono e nunca permitindo ao meu corpo que realmente descansasse – hábitos que eu tinha aprendido na infância.

Fazer as coisas sem prestar atenção pode, é claro, nos ajudar a lidar com muitas das experiências complexas que precisamos navegar diariamente, como comprar o que vamos comer, coordenar a ida diária ao trabalho e permanecer ciente das etiquetas sociais sempre em mudança. Mas a tendência habitual de lidar com a vida diária sem pensar também pode nos levar a comer sem saborear a comida, sobrecarregar nossos músculos quando precisam de descanso e interagir com os outros sem realmente nos conectarmos a eles.

Em razão de meu corpo estar sobrecarregado por décadas de necessidades físicas não atendidas e emoções acumuladas, eu não me sentia confortável para passar tempo dentro dele para sentir ou entender minhas sensações físicas. Eu não sabia qual era minha frequência cardíaca, não sabia como respirar calma e profundamente, não sabia se minha energia estava constrita ou leve nem como meus músculos se sentiam. Essas sensações criavam meu ambiente emocional a cada minuto de cada dia, mas eu não prestava atenção a elas. Eu não sabia por que ou como deveria fazer isso.

Durante minha noite sombria da alma, aprendi muito sobre o corpo físico, descobrindo que nossas emoções vivem dentro de nós – nas células físicas de nossos músculos, fáscia e órgãos. Os seus problemas literalmente estão no seu tecido. As emoções se ativam quando o corpo tem uma resposta biológica (hormonal, neural e celular) ao trauma. Chocada e inspirada, comecei a passar mais tempo prestando atenção consciente ao meu corpo todos os dias, usando meu Diário do Eu Futuro (DEF) para ajudar a manter aquela intenção diária. (Você pode baixar uma cópia, em inglês, no meu site: www.theholisticpsychologist.com.)

A princípio, foi difícil sentir o que acontecia em meu corpo, já que passei tanto tempo desconectada dele. A maior parte das minhas sensações era desconfortável. Minha frequência cardíaca era errática, minha respiração era superficial e meu maxilar parecia sempre tenso. Ao mesmo tempo, sabia que aquelas sensações me diziam algo, que eu vinha existindo em um estado de medo e estresse. A desregulação do sistema nervoso estava me fazendo desligar, o que explicava os episódios de desmaio (uma progressão da resposta do congelamento) e o fato de eu não conseguir me lembrar de muitos momentos do passado de que outras pessoas facilmente se lembravam. Eu basicamente vivia em um estado de sobrecarga entorpecida.

Aprender sobre a função evolucionária das emoções e das respostas do sistema nervoso me ajudou a entender por que nunca me senti capaz de realmente relaxar ou encontrar paz em meu corpo. Isso explicava por que um ambiente ou uma aparência "perfeita" me acalmavam apenas temporariamente. Explicava por que o álcool e outras substâncias que eu utilizava desde cedo nunca eliminavam por completo a dor profundamente enraizada dentro de mim.

Embora aquela percepção tenha sido alarmante, também foi incrivelmente libertadora, colocando-me em um caminho para criar a consciência do corpo. Usando meu DEF, registrei minha intenção diária de examinar o meu corpo diariamente, várias vezes ao dia. Então, programava um alarme no meu celular para me lembrar de fazer a checagem da consciência do meu corpo (ver página 69).

Essa prática me ajudou a reconhecer quantas vezes eu olhava para outras pessoas para atender às minhas necessidades físicas e como eu ainda contava com minha mãe para conselhos sobre saúde, mesmo sabendo cuidar de mim mesma. Ajudou a me fazer enxergar mais claramente como compartilhar minha preocupação ou meu estresse relacionados à saúde era um tentativa de me conectar emocionalmente com minha mãe e outras pessoas. Pude enxergar que eu continuava priorizando minhas "obrigações" ou "conquistas", mergulhando em minha lista de afazeres em vez de tirar um momento pela manhã para me conectar com meu corpo e cuidar dele. Notei como eu consistentemente me sentia, como se precisasse "merecer" momentos de descanso ou relaxamento completando alguma tarefa, como enviar um e-mail do trabalho, sempre me forçando a primeiro "acabar" com minha infinita lista de projetos.

Começava a enxergar todas as maneiras com que carregava a desregulação que vivia dentro de mim desde a infância e que me seguia por onde eu andava na vida adulta. Era como o título daquele famoso livro de Jon Kabat-Zinn, *Aonde quer que você vá, é você que está lá.*

Também enxerguei que, quanto mais eu me voltava para dentro e passava tempo com meu corpo em vez de percorrer o ciclo dos meus pensamentos conscientes, mais capaz eu me tornava de sentir minhas sensações físicas e reconhecer quando meu sistema nervoso estava ativado. E, nas vezes que eu sabia que algo mais profundo estava acontecendo dentro de mim, ficava curiosa sobre o que causava minhas reações.

Com o tempo, eu me tornei mais capaz de discernir quando estava realmente com fome ou precisava mover ou descansar meu corpo, o que ajudou a me sentir mais focada e menos irritada em geral. Comecei a alongar em meu corpo músculos tensos que permaneceram inertes ou constritos por anos de tensão relacionada ao estresse e passei a ingerir alimentos mais nutritivos. Mantive um horário regular de sono pela primeira vez na vida, indo para a cama e acordando cedo para sincronizar meu ciclo circadiano natural com o sol. Comecei a mover meu corpo e alongar meus músculos quase diariamente, além de descansar quando meu corpo necessitava.

Ao me tornar mais conectada com meu corpo, comecei a criar segurança para mim sempre que sentia meu sistema nervoso se tornando ativado. Quando isso ocorria e eu sentia que estava me desligando ou entrando em uma resposta de congelamento, praticava o método Wim Hof, um método de respiração que ajuda a ativar o sistema nervoso simpático e nos tira do estado de desligamento parassimpático. Quando notava que estava estimulada demais ou entrando em um modo de luta ou fuga, respirava lenta e profundamente pela barriga para ajudar a me acalmar. Vamos explorar diferentes técnicas de respiração na página 154.

Hoje, ainda uso a respiração intencional e outras práticas de corpo e mente para regular o sistema nervoso e navegar por minhas emoções. Já que frequentemente me sinto ativada em meus relacionamentos, como a maioria de nós, tento praticar a consciência do corpo quando estou perto de outras pessoas ou antes de reagir impulsivamente a alguma situação antes de entendê-la e administrar minhas emoções. Se não recebo uma resposta rápida da minha parceira e começo a me preocupar com a segurança de nossa conexão, posso entrar em meu corpo para praticar a pausa da consciência do corpo. Se sinto que minha frequência cardíaca está elevada, meu rosto está corado e minha energia está agitada, sei que meu sistema nervoso entrou em uma resposta ao estresse. Embora esses sentimentos sejam reais, agora posso reconhecer a possibilidade de estar reagindo a velhas mágoas em vez de a novos problemas. Com esse entendimento, posso ser capaz de reinterpretar minha situação. É provável que minha parceira ainda me ame e apenas precise de espaço ou esteja passando por algum estresse e precise de tempo sozinha. Em momentos assim, posso acalmar meu corpo para me impedir de enviar uma mensagem irritada ou fazer algo de que possa me arrepender. Posso sair para caminhar, praticar respiração pela barriga ou ficar ao ar livre com os pés firmemente plantados na grama, todas técnicas capazes de ajudar a trazer meu corpo de volta à segurança. Quando minha frequência cardíaca diminui e minha energia fica mais leve, posso voltar a analisar a situação de um jeito mais calmo e objetivo.

Para dizer a verdade, ainda tenho dificuldade de consistentemente manter minha consciência do corpo. Em vez de sentir minhas sensações físicas e viver com elas, às vezes ignoro meu corpo, fugindo dele e entrando no ciclo dos pensamentos que me distraem, mantendo-me ocupada com uma interminável lista de afazeres ou me entorpecendo assistindo à televisão por horas a fio. Em momentos assim, eu ofereço a mim mesma compaixão e graça, entendendo que essas ações eram a melhor (e única) maneira para regular minha grande sobrecarga emocional da infância. Às vezes eu ainda me permito me desligar de tudo com meus programas de TV favoritos, sabendo que esses momentos podem dar ao meu sistema nervoso o descanso de que ele precisa para se equilibrar e se recuperar, sobretudo quando estou me sentindo estressada ou sobrecarregada.

Felizmente, já prestei atenção ao meu corpo por tempo suficiente para saber que, sempre que estou conectada com ele e o ouvindo, eu me torno mais apta a atender às minhas necessidades e acalmar meu sistema nervoso, independentemente do que estiver acontecendo ao meu redor ou em meus relacionamentos. Quando estou calma, focada e conectada comigo mesma, sou mais capaz de me sentir calma, focada e conectada ao estar com outras pessoas. E são apenas esses momentos em que me sinto segura o bastante para ser *eu mesma* que me dão a oportunidade de realmente me conectar com *você*.

PRATICANDO A CONSCIÊNCIA DO CORPO

O primeiro passo em nossa jornada para nos conectarmos autenticamente com outra pessoa é aprender a estar presente em nosso próprio corpo praticando a consciência do corpo. Quando consistentemente começamos a prestar mais atenção a *estar* em nosso corpo, podemos fazer escolhas intencionais para regular seus diferentes estados emocionais. É assim que cultivamos a resistência emocional, dando-nos a oportunidade de ter um sentimento sem reagir ou nos comportar de maneiras que não nos servem e nem aos nossos relacionamentos. Quando somos emocionalmente resistentes, somos capazes de lidar com o estresse e outras emoções perturbadoras, além de nos tornarmos mais flexíveis em nossas respostas às circunstâncias, em vez de ficarmos presos em nossas reações habituais ou condicionadas.

Já que muitos passaram tempo demais desconectados de seu corpo, passar um período com toda a gama de sensações físicas pode ser, ao mesmo tempo, difícil e desconfortável a princípio. Podemos não ser capazes de dizer se nosso coração está batendo rápida ou lentamente, ou se nossa energia está aberta e leve ou fechada e pesada. Praticar as pausas diárias da consciência do corpo que você aprendeu no capítulo 2 vai ajudá-lo a se reconectar com as sensações do seu corpo.

Usando a consciência do corpo para testemunhar suas emoções

Como exploramos no capítulo 3, podemos aprender a identificar quando estamos em uma resposta ao estresse, assim como qual resposta em particular estamos experimentando. Se formos capazes de notar e identificar quando estamos em uma resposta do tipo congelar ou desligar, sentindo-nos dissociados daquilo que está acontecendo ao nosso redor, podemos nos mover ou nos sacudir vigorosamente, a fim de acordar o corpo para nos ajudar a nos reconectar com o momento presente. E, se notamos que estamos estimulados demais em uma resposta do tipo luta ou fuga, podemos nos mover e respirar mais lentamente para nos acalmar. Assim que o corpo retorna para a segurança, podemos nos abrir de novo para nos conectarmos com os outros.

Podemos aprender a testemunhar como diferentes estados emocionais se parecem em nosso corpo a fim de que usemos as sensações físicas reais para mudar nossas experiências emocionais. Lembre-se de que sentimos emoções de maneiras diferentes dos outros, então as sensações físicas que sinalizam medo em uma pessoa podem indicar excitação em outra. Ao mesmo tempo, todos os seres humanos sentem as seis emoções principais – raiva, tristeza, medo, alegria/felicidade, desgosto e surpresa – de modo semelhante. O quadro a seguir pode ajudar a identificar as sua emoções com base em suas sensações físicas, junto das mensagens que essas sensações estejam enviando a você.

EMOÇÃO	SENSAÇÕES	MENSAGEM
Raiva	Tensão muscular Rosto vermelho Maxilar apertado/têmporas pulsando Punhos cerrados Tom de voz elevado	Violação de limites ou necessidades não atendidas
Tristeza	Energia pesada ou baixa Ombros caídos Dificuldade para sorrir Nó na garganta Dor no peito ou no estômago Tom de voz monótono ou fraco	Perda
Medo	Frequência cardíaca acelerada Tremedeira "Frio" ou "vazio" no estômago Respiração rápida/superficial Suor (mãos, axilas) Fala rápida ou boca seca	Ameaça à segurança
Alegria/ Felicidade	Energia leve e expansiva Calor por todo o corpo Sorriso ou risada Tom de voz otimista	Interesse, prazer ou bem-estar
Desgosto	Estômago revirado (possível náusea) Cobrir ou enrugar o nariz Desviar os olhos/linguagem corporal	Aversão a algo ofensivo (física, emocional ou moralmente)
Surpresa	Aumento na frequência cardíaca e no nível de energia Atenção/análise visual hiperalerta Olhos arregalados e maxilar caído (a boca aberta levemente)	Evento inesperado ou violação de expectativas

Essa prática ajuda a desenvolver uma consciência emocional para que possamos aprender a testemunhar uma emoção quando estiver presente. Usar a consciência do corpo para identificar sensações físicas nos dá uma oportunidade para, conscientemente, mudar essas sensações, a fim de que alteremos nossa experiência emocional quanto ao mundo que nos cerca.

À medida que você se torna consciente das diferentes sensações físicas, muitas das quais podem estar presentes há um bom tempo, ajuda testemunhar a maneira como pensa e fala sobre suas experiências emocionais. Se notar uma vontade de se identificar demais com certas emoções ou seu estado emocional em geral, pensando ou dizendo coisas como "estou com medo, estressado ou irritado", pratique dizer *uma parte de mim* se sente com medo, estressada ou irritada". Com o tempo, essa prática pode ajudá-lo a manter um espaço para as muitas emoções diferentes que pode sentir ao mesmo tempo, o que mais precisamente reflete a multidimensionalidade da experiência emocional humana compartilhada.

Crie segurança regulando o seu sistema nervoso

Mesmo se tivermos vivido em um estado de estresse por muitos anos, como muitos de nós vivem, o sistema nervoso ainda é capaz de se regular a qualquer momento. Quando criamos segurança para nós mesmos, independentemente daquilo que acontece ao nosso redor, aumentamos nossa tolerância a emoções desconfortáveis, percebemos o ambiente e outras pessoas mais precisamente, e respondemos com mais calma, mais bondade e de maneiras que facilitam nossa conexão com as pessoas que amamos.

As páginas seguintes contêm, na minha opinião, as práticas mais eficazes para criar a segurança interna necessária para regular o sistema nervoso. Algumas delas, como a respiração intencional e o foco na natureza, funcionam melhor para criar uma segurança imediata. Outras, como nutrição, sono, energia trabalhada e definição de limites, são mudanças no estilo de vida que podem ajudar a atender às nossas necessidades físicas de forma mais consistente com o tempo. Embora algumas pessoas possam achar que fazer uma única refeição nutritiva, ter uma única boa noite de sono ou passar por uma única sessão de energia trabalhada podem ajudar a acalmar, a maioria de nós ignorou nossas necessidades físicas por tanto tempo que vamos precisar adotar esses hábitos consistentemente antes de notarmos o impacto.

Pode ser útil identificar onde sua atenção está enquanto pratica os diferentes exercícios a seguir. Se a sua atenção se perder em pensamentos preocupantes ou perturbadores, incluindo relembrar as experiências que podem ter ativado o seu sistema nervoso, seu corpo permanecerá estressado e não será capaz de se acalmar completamente. Mantenha-se paciente consigo mesmo e com seu corpo quando se comprometer com as seguintes práticas – você não se tornou desregulado da noite para o dia e provavelmente levará mais que um único dia para regular seu sistema nervoso. Também não precisa se comprometer com todas as práticas listadas aqui ao mesmo tempo; escolha uma que se destaca para você e comece com ela. Usando o seu DEF, você pode estabelecer uma intenção diária para praticar a técnica escolhida por alguns dias, semanas ou meses.

Práticas de respiração intencional

Uma das maneiras mais eficazes de regular o sistema nervoso é usar a respiração. Algumas técnicas de respiração, como o método Wim Hof, funcionam melhor para energizar uma resposta do tipo congelar ou desligar, enquanto outras funcionam melhor para acalmar um estado do tipo luta ou fuga. Por sermos únicos, sugiro tentar diferentes técnicas para determinar qual funciona melhor para você.

Respiração profunda pela barriga. Esse tipo de respiração pode acalmar uma resposta do tipo luta ou fuga relaxando o sistema nervoso quando o ramo parassimpático está no controle. Tente praticar a respiração profunda pela barriga em qualquer momento em que se sinta estressado e/ou incorpore essa técnica em sua rotina regular, praticando-a todas as manhãs logo após acordar ou todas as noites antes de dormir.

1. Encontre uma posição confortável ou um espaço seguro no qual você possa relaxar por vários minutos. Seria ideal fazê-lo sentado ou deitado, mas você pode também praticar esse exercício em pé.
2. Coloque uma mão sobre o peito e a outra logo abaixo das costelas.

3. Respire fundo pelo nariz e sinta sua barriga subindo com o ar inalado.

4. Solte o ar lentamente através dos lábios franzidos, sentindo-o deixar seu corpo e sua barriga baixando.

5. Repita por um ou dois minutos.

6. Reavalie suas sensações físicas e note se sua frequência cardíaca diminuiu, se seus músculos relaxaram e se você sente que se acalmou.

Método Wim Hof. Esse tipo de respiração pode energizar o sistema nervoso quando estamos presos em uma resposta do tipo congelar ou desligar e nosso sistema nervoso parassimpático está dominando. É útil praticar a respiração Wim Hof em qualquer momento que você se sinta prostrado, dissociado ou entorpecido. Comece a incorporar essa técnica em sua rotina regular se você se encontra frequentemente nesse estado.

1. Encontre uma posição confortável ou um espaço seguro no qual você possa permanecer por vários minutos.

2. Respire rapidamente trinta vezes, inalando pelo nariz e exalando pela boca.

3. Depois, respire fundo uma vez e solte o ar, segurando a respiração até precisar inalar de novo.

4. Respire de novo, o mais profundamente que conseguir, e segure por dez segundos.

5. Repita até sentir seu corpo começar a se energizar ou sua consciência voltar para o momento presente.

Ancorando-se na natureza

Já foi provado que ter contato direto com a natureza pode estabilizar o corpo nos níveis mais profundos, equilibrando e melhorando quase todos os aspectos das funções físicas.[22] O contato com a natureza nos permite corregular junto com a Mãe Natureza ou simplesmente usar sua energia natural para trazer o próprio corpo de volta para a segurança. Isso não é maluquice, mas ciência, já que foi demonstrado que a carga elétrica natural da Terra ativa nosso sistema parassimpático, melhora a variabilidade da frequência cardíaca (VFC; vamos falar mais sobre ela no capítulo 8), reduz a inflamação, melhora o sono, aumenta a energia, alivia a dor, diminui o estresse, melhora o bem-estar geral e normaliza os ritmos biológicos do corpo, incluindo nossa vfc.[23] Até mesmo mover os olhos de um lado a outro, como se estivéssemos observando o horizonte da Terra, pode ajudar a ativar o sistema nervoso parassimpático, enviando sinais de calma para o corpo e a mente. Sempre que possível, é benéfico passar ao menos trinta minutos ao ar livre todos os dias, conectando-se fisicamente com o mundo natural.

Aqui vão algumas ideias para ajudar você a corregular com a Mãe Natureza.

- Ficar descalço ou sentado na grama.
- Nadar em rio, lago ou oceano.
- Andar descalço na praia.
- Abraçar ou sentar-se apoiado em uma árvore.
- Praticar jardinagem ou trabalhar com a terra.
- Fazer um castelo de areia.

NUTRIÇÃO

Caso mantenha uma dieta que inflama o seu sistema nervoso, como muitos fazem, você terá dificuldades de se sentir seguro e regular suas emoções. A saúde de nosso microbioma – a variedade de microrganismos que habitam nosso trato intestinal – afeta diretamente a saúde de nosso sistema nervoso central, graças a um caminho conhecido como eixo intestino--cérebro. A maioria das pessoas tem a flora intestinal menos saudável do que deveria, o que pode causar a condição conhecida como disbiose, que eleva o risco de doenças e de desregulação do sistema nervoso.

Quando as bactérias ruins em nosso intestino superam a quantidade de bactérias boas, podemos sofrer com a síndrome do intestino poroso. Essa condição ocorre quando as células que forram o intestino enfraquecem, permitindo que toxinas e partículas de alimentos entrem no fluxo sanguíneo, causando inflamação e desregulação do sistema nervoso. Muitos fatores podem causar a síndrome do intestino poroso, incluindo estresse em excesso, ingestão de glúten, açúcar processado e álcool, dieta desbalanceada e uso exagerado de alguns medicamentos controlados.[24]

Priorizar alimentos densamente nutritivos, orgânicos e integrais, que nutrem o corpo em vez de causar inflamação, pode ajudar a curar a disbiose, a síndrome do intestino poroso e a desregulação do sistema nervoso. Quando comecei a ingerir mais alimentos integrais e menos processados, notei depois de alguns meses que me sentia mais calma e mais regulada. Já que mudar nossos hábitos nutricionais não é algo rápido e fácil, é importante fazer mudanças na dieta que você possa sustentar não apenas por alguns dias ou semanas, mas por um período mais longo. Em vez de adotar uma mentalidade do tipo tudo ou nada sobre aquilo que pode ou não pode comer, priorize certos alimentos e minimize a ingestão de outros.

ALIMENTOS A PRIORIZAR PARA REGULAR O SISTEMA NERVOSO

- **Alimentos integrais.** Quando consome alimentos não processados ou minimamente processados, você minimiza a ingestão de muitos itens que inflamam o sistema nervoso. Dito isso, esses alimentos muitas vezes são mais caros ou menos acessíveis que os processados. Alimentos integrais mais baratos podem às vezes ser encontrados em hortas comunitárias, programas de compartilhamento de alimentos ou cooperativas.
- **Alimentos ricos em vitamina B.** Vitaminas do complexo B, principalmente B12 e folato, desempenham um papel crucial no apoio do sistema nervoso e na prevenção de transtornos de humor, como ansiedade e depressão.[25] A maioria de nós não consome vitamina B suficiente, principalmente B12, que é encontrada apenas em produtos animais, como carne, laticínios e ovos. Notei uma mudança significativa em meu humor depois de começar a comer produtos mais orgânicos após anos evitando-os. Você pode tentar suplementar com metilcolabalamina (forma ativa da vitamina B12). A vitamina B no formato metilado pode ser absorvida por pessoas que possuem variação genética do gene MTHFR, uma condição comum que impede algumas pessoas de propriamente digerir a B12 e/ou folato. Certifique-se de conversar com seu médico antes de tomar qualquer novo suplemento alimentar.
- **Alimentos ricos em gordura marinha ômega-3.** O ácido eicosapentaenoico (EPA) e o ácido docosa-hexaenoico (DHA) são dois

ácidos graxos marinhos ômega-3 encontrados, sobretudo, em frutos do mar. Eles são necessários para uma gama de funções fisiológicas, incluindo saúde do sistema nervoso, saúde cognitiva e prevenção de muitos transtornos alimentares. Embora as gorduras ômega-4 sejam encontradas em alimentos como linhaça, nozes e semente de chia, o ômega-3 marinho (EPA e DHA) é, de longe, mais benéfico para a saúde e a regulação do sistema nervoso. Você pode encontrar essas gorduras em peixes como salmão, sardinha, cavala, truta e atum, em óleo do fígado de bacalhau, mexilhões e ostras.

- **Alimentos ricos em vitamina D.** A vitamina D é crucial para regular o sistema nervoso, melhorar o humor e acertar o relógio circadiano, proporcionando mais energia durante o dia e sono mais tranquilo à noite. A maioria das pessoas não recebe vitamina D suficiente, mesmo passando muito tempo no sol, o que ajuda o corpo a produzir esse nutriente, mas a pele não consegue produzir vitamina D suficiente se vivemos em latitudes acima do paralelo 37, o que inclui a maior parte dos Estados Unidos, mesmo no verão.[26] É por isso que precisamos consumir alimentos ricos em vitamina D, incluindo peixes, ovos, queijo, cogumelos e alimentos com baixo teor de açúcar fortificados com vitamina D. Você também pode tomar suplemento de vitamina D – peça ao seu médico as recomendações de dosagem.

- **Plantas ricas em antioxidantes.** Frutas, vegetais, legumes, nozes e outros alimentos com base em plantas com alto teor de antioxidantes dão energia e protegem o sistema nervoso, de acordo com pesquisas.[27]

Alimentos para minimizar

Nota: Limitar ou restringir alimentos de qualquer tipo pode não ser apropriado para pessoas com algum distúrbio alimentar atual ou passado. Se esse é o seu caso, seria melhor pular esta seção.

- **Açúcar.** Essa é uma das substâncias mais inflamatórias que podemos consumir; talvez seja o ingrediente *mais* inflamatório em nossa dieta hoje. A presença excessiva de glicose no corpo estressa as células, desregula o sistema nervoso e perturba o microbioma. Com o tempo, quanto mais você limita a ingestão de açúcar, menos sente desejo por ele. Açúcares adicionados são comuns em alimentos processados e de conveniência, então consumir alimentos integrais, em sua forma mais simples, ajuda a minimizar a ingestão de açúcar.

- **Glúten.** Embora não haja estudos clínicos conclusivos que relacionem a ingestão de glúten à inflamação em pessoas que não sofrem de doença celíaca (uma reação autoimune ao glúten que afeta apenas 1% da população), uma dieta rica nessa proteína, encontrada no trigo e em outros grãos, pode resultar no aumento dos micróbios não saudáveis no intestino e contribuir para a permeabilidade intestinal, prejudicando a saúde do eixo intestino-cérebro.[28]
- **Alimentos processados.** Esses alimentos podem causar inflamação, e priorizar alimentos integrais em vez dos processados, sempre que possível, é a maneira mais simples de se alimentar para ajudar a regular o sistema nervoso, aumentando a resistência ao estresse.
- **Álcool.** Mesmo que você não consuma álcool em excesso, a presença regular dessa substância em sua corrente sanguínea, seja por causa daquela taça de vinho todas as noites, seja devido àquelas festas uma ou duas vezes por semana, pode deprimir o sistema nervoso, impactando a sua capacidade de pensar nas consequências das suas ações em longo prazo e relaxando sua inibição. Em virtude dos efeitos do álcool no funcionamento do córtex pré-frontal, seu uso pode levar à instabilidade e à volatilidade emocionais, impactando negativamente os relacionamentos.

Além de selecionar melhor os alimentos que ingere, mudar *como* e *onde* você come também pode beneficiar o sistema nervoso. Muitos comem na rua ou correndo em meio ao trabalho, assistindo a notícias estressantes ou lendo-as no jornal, conversando com o parceiro ou o filho, ou navegando nas redes sociais. Nesses momentos, nossas escolhas podem ativar nossa resposta ao estresse, retirando-nos do estado "descanso e digestão", do qual precisamos para uma nutrição adequada. Ao mudar a maneira como nos alimentamos e criando um ambiente o mais calmo possível, podemos aumentar a probabilidade de nosso corpo absorver os nutrientes de que precisa.

BEM-ESTAR DO SONO

Precisamos de, no mínimo, sete horas de sono consistente todas as noites para sermos capazes de manter um estado parassimpático saudável e conectar-nos com as pessoas. Priorizar o sono pode beneficiar significativamente os relacionamentos, principalmente em casos de noites mal dormidas seguidas, o que acontece com muitos de nós. Se não temos recursos energéticos suficientes, é mais provável sentirmos agitação, irritação e impaciência, além de ficarmos facilmente reativos na presença de outras pessoas. Mas, mesmo sabendo disso, a maioria de nós não prioriza o sono, e sim o trabalho, a vida social, os hábitos digitais e as séries de televisão favoritas. Para aqueles que passaram por abuso ou outros traumas, sobretudo durante a noite, o próprio sono pode parecer inseguro, resultando em dificuldade para dormir e insônia por causa de pesadelos.

Assim como eu fiz, é útil estabelecer uma rotina noturna regular para acalmar o corpo e ativar o sistema parassimpático de "descanso e digestão" antes de ir para a cama. Aqui vão algumas dicas para se criar um tranquilizante ritual do sono.

- Vá para um ambiente externo assim que acordar, mesmo se o tempo estiver fechado, para se expor à luz natural. A luz natural pela manhã é útil para regular o relógio circadiano, o ciclo interno de 24 horas do corpo, o que vai ajudá-lo a dormir à noite e acordar mais descansado pela manhã.
- Evite contato com as redes sociais e com notícias estressantes e perturbadoras ao menos uma hora antes de ir para a cama, já que essas duas coisas podem excitar e estressar o cérebro. Você pode tentar deixar seu celular em outro cômodo para evitar esses estímulos antes de dormir (e olhar para ele se acordar durante a noite).
- Pratique a respiração profunda pela barriga por vários minutos deitado ou sentado na cama.
- Pratique ioga suave antes de se deitar. A yin ioga, que é mais lenta que a tradicional, pode ser especialmente útil.
- Desligue o celular e todos os outros dispositivos conectados a Wi-Fi ou Bluetooth. A maioria das novas tecnologias emite campos elétricos e magnéticos, ou EMF, que por sua vez emanam um nível baixo de radiação. Com o tempo, a exposição consistente a

essa energia invisível pode impactar o funcionamento do sistema nervoso e do sono noturno.

- Faça meditação por vários minutos antes de dormir ou na cama, sobretudo se estiver preocupado com os acontecimentos do dia ou com o que vai acontecer no dia seguinte.

Como é possível observar, muitas das coisas que podem beneficiar o sono são ações que podemos adotar durante o dia, preparando o corpo para descansar à noite.

MOVIMENTO FÍSICO

A atividade física nos permite cultivar energia e movê-la pelo corpo, reduzindo sensações de ansiedade, estresse e depressão, enquanto regula o sistema nervoso. O movimento regular pode ajudar a aliviar emoções dolorosas e traumas armazenados, reconstruir os músculos e reprogramar circuitos neurais de novas maneiras.

Exercícios leves, como yin ioga, alongamento e caminhada, podem ajudar a acalmar o sistema nervoso quando estamos no modo de luta ou fuga. Exercícios vigorosos, por sua vez, podem estimular o sistema nervoso simpático quando estamos em um estado do tipo congelar ou desligar. Como qualquer pessoa que já experimentou um bom treino físico sabe, a atividade física libera endorfina, substância química que ajuda o sistema nervoso a lidar com a dor e o estresse.

A maneira como você move seu corpo não precisa se parecer com qualquer tipo de "exercício" tradicional. Mesmo as formas mais gentis de movimento e alongamento podem ser benéficas. E fazer algo de que se gosta, como dançar na sala, jogar um videogame fitness ou correr pelo quintal com o cachorro ou os filhos, facilita o movimentar-se.

Gosto de me alongar por quinze ou trinta minutos diariamente, às vezes fazendo uma aula de ioga no YouTube (*Yoga with Adriene* e os exercícios de yin ioga de Travis Eliot são os meus favoritos). Tento fazer uma caminhada longa e exercícios mais vigorosos algumas vezes por semana, e faço questão de separar pequenos momentos para atividades mais prazerosas, como dançar minha música preferida ou rebater uma bola de tênis na porta da garagem.

Você pode começar a usar exercícios de modo intencional para acalmar o sistema nervoso, sobretudo escolhendo seu movimento com base na resposta ao estresse que está experimentando.

- **Para luta, fuga ou bajulação,** você precisa ativar o sistema nervoso parassimpático. A melhor maneira de fazer isso é com movimentos gentis, como alongamento, caminhada, yin ioga, tai chi chuan ou qigong. Você não precisa praticar por horas – comece com dez minutos de qualquer movimento que possa fazer em casa, no trabalho ou em algum lugar onde se sinta seguro. Encontre uma sala vazia e silenciosa ou fique ao ar livre. Se está começando com yin ioga, tai chi chuan ou qigong, você pode praticar com vídeos de professores incríveis que compartilham suas aulas no YouTube gratuitamente. Aprender alguns movimentos da prática de que você mais gosta permitirá que se exercite no futuro sem precisar olhar para uma tela.
- **Para sair do estado de congelamento** ou sempre que se sentir dissociado ou desligado, você precisa ativar o sistema nervoso simpático. A melhor maneira de fazer isso é com movimentos vigorosos ou intensos, como correr, pular corda, caminhar rapidamente em ladeiras, levantar peso, andar de bicicleta ou jogar tênis ou basquete por dez minutos. Você pode tentar sacudir o corpo vigorosamente por cinco minutos, balançando os braços, chutando e girando o tronco ao mesmo tempo. Se movimentos vigorosos não são uma opção ou você está em busca de outras ideias, tente terapia com gelo, mergulhando as mãos ou lavando o rosto com água gelada por um ou dois minutos.

TRABALHANDO A ENERGIA E OUTRAS TÉCNICAS

Todas as células do corpo produzem energia. Quando estamos presos em uma resposta ao estresse, nossa energia celular pode se tornar frenética, esgotada ou deficiente. Práticas de energia como acupuntura, acupressão e a Técnica de Liberação Emocional (TLE) podem ajudar a reequilibrar a energia não saudável ao realinhar os meridianos do corpo, ou caminhos energéticos.

- **Acupuntura:** Os profissionais inserem agulhas em pontos específicos do corpo para redirecionar a energia retesada e estimular o funcionamento do sistema nervoso. Estudos mostram que a acupuntura equilibra as funções simpáticas e parassimpáticas, reduzindo o estresse crônico e a ansiedade.[29]
- **Acupressão:** Usa os mesmos pontos corporais da acupuntura para alinhar energia e melhorar o funcionamento do sistema nervoso, mas, em vez de agulhas, os profissionais usam as mãos, os cotovelos e os pés para aplicar a pressão que pode libertá-lo de uma resposta ao estresse.
- TLE: Essa técnica usa os pontos da acupuntura, mas você não precisa visitar um profissional; pode aprender a tocar as áreas do seu corpo para aliviar o estresse.

Outras técnicas que aliviam a resposta ao estresse e regulam o sistema nervoso são:

- **Terapia EMDR:** Sigla em inglês para dessensibilização e reprocessamento por meio dos movimentos oculares. É uma forma de terapia na qual um profissional treinado o conduz por uma série de movimentos dos olhos enquanto você se lembra de memórias traumáticas. Foi demonstrado que essa terapia ajuda a curar o corpo e o cérebro de traumas enquanto ativa o sistema nervoso parassimpático.[30]
- **Estímulo bilateral:** Estimula ritmicamente os hemisférios direito e esquerdo do cérebro para ajudar a acalmar o sistema nervoso. A EMDR é um tipo de estimulação bilateral administrada por um profissional. Também existem maneiras de usar o toque e o som para alcançar efeitos semelhantes. Para exercícios mais detalhados, você pode ler meu livro de exercícios: *How to Meet Your Self: An Inspirational Self-Help Workbook*, ou buscar orientação online.
- **Tensão, estresse e liberação do trauma (TRE):** É uma prática somática (que se baseia no corpo) que pode ajudar a liberar traumas, estresse muscular profundamente enraizado e outras emoções, completando exercícios de vibração ou tremores. Você pode encontrar um profissional de TRE on-line.

KIT DE FERRAMENTAS PARA AUTORREGULAÇÃO

A seguir, apresento mais algumas opções de autorregulação e relaxamento que ajudam a ativar o sistema nervoso parassimpático e suavizar as reações emocionais do corpo.

- Ensine seu corpo a se entregar ou relaxar em suas emoções e sensações físicas, respirando profundamente em situações de desconforto.
- Conforte seu corpo com um toque tranquilizador ou autoabraço, que ajuda a liberar ocitocina, um hormônio que aumenta a sensação de conexão e ajuda a moderar a ansiedade.
- Use um cobertor pesado ou gentilmente embale seu próprio corpo para relaxar a energia dele.
- Sorria para aumentar a produção de serotonina e dopamina, substâncias do bem-estar.
- Acalme seu cérebro e seu corpo ouvindo os sons da natureza (chuva caindo, lufadas de vento, canto dos pássaros etc.) ou músicas criadas especificamente para acalmar o sistema nervoso, como batidas binaurais ou frequências de Solfeggio.
- Ouça músicas para mudar o seu humor escolhendo canções que combinam com seu atual estado emocional ou sua energia. Se você se sente irritado, triste ou com raiva, escolher músicas que permitem ao seu cérebro acessar essas emoções pode ajudá-lo a aguentar sua passagem pelo corpo. Com o tempo, uma vez que essas emoções comecem a sumir, você pode gradualmente mudar para gêneros mais alegres e otimistas, o que ajuda a aumentar o nível de dopamina e diminuir o nível de cortisol.
- Acalme seu sistema nervoso corregulando com um bichinho de estimação: acaricie ou abrace seu pet, ofereça-se para passear com o cachorro de um amigo ou se voluntarie em um abrigo de animais.

DEFININDO LIMITES

Limites são fronteiras protetoras que definimos com outras pessoas para nos auxiliar a atender às necessidades físicas e emocionais do nosso corpo, o que ajuda a criar segurança para o sistema nervoso. Podemos definir limites físicos comendo o que quisermos quando quisermos, indo para a cama quando escolhermos e priorizando como e quando nos exercitamos. Podemos definir limites emocionais dizendo não para pessoas, eventos, situações ou tarefas quando não tivermos os recursos energéticos, de atenção ou emocionais, mesmo se pessoas que amamos estiverem pedindo nosso apoio. Podemos definir esses limites quando começamos a nos sentir à flor da pele, irritados com os outros, sobrecarregados ou à beira das lágrimas sem razão ou causa explícita, ou se formos incapazes de pensar ou nos expressar claramente.

Limites são escolhas que fazemos para nós mesmos, não ultimatos que damos aos outros. Quando nos perguntamos o que *nós* podemos mudar para nos sentirmos física e emocionalmente diferentes, empoderamo-nos para garantir nossa própria segurança e proteção, independentemente daquilo que esteja acontecendo (ou não) ao redor. Definir limites nesses momentos também pode ajudar a reabastecer nossa energia, para que estejamos disponíveis aos nossos entes queridos no futuro. Também reconheça que os limites podem mudar, dependendo de nosso estado emocional, de quão conectados nos sentimos com a pessoa com a qual estamos interagindo e dos recursos energéticos do nosso corpo, incluindo a quantidade de estresse armazenado ou a tensão que encaramos.

Como espero que este capítulo tenha ilustrado, uma prática consistente de consciência do corpo pode ajudar a nos tornarmos mais cientes dos padrões de reatividade do sistema nervoso que possivelmente estejam nos mantendo presos em ciclos de conflito, desconexão ou insatisfação em nossos relacionamentos. Atender às nossas necessidades físicas ingerindo alimentos nutritivos, tirando tempo para nos movimentar e descansar, e respirando profunda e calmamente é a base para criarmos um ambiente seguro para o sistema nervoso regular a si mesmo.

À medida que continuamos praticando o exercício empoderador da pausa (ver página 134), passamos a notar as sensações dentro de nós que nos impelem a dizer coisas ofensivas que não queremos dizer, que nos mantêm eternamente "ocupados" ou sempre correndo, que nos fazem dizer sim quando queremos dizer não ou que nos fazem fugir de conversas difíceis ou dos relacionamentos de modo geral. Quando somos capazes de conscientemente testemunhar as sensações associadas com as diferentes respostas do sistema nervoso, podemos fazer escolhas conscientes para trazer nosso corpo de volta à segurança. Apenas quando estamos nesse estado equilibrado é que podemos de modo intencional escolher as respostas aos nossos relacionamentos e ao mundo ao redor, de modo a finalmente *sermos* o amor que buscamos.

Como você aprendeu no capítulo 2, o corpo não é o único participante desses ciclos reativos. A seguir, vamos falar mais sobre o condicionamento que mora na mente subconsciente e que pode impulsionar esses ciclos aparentemente instintivos conosco e com os outros.

— 66 —

Limites são escolhas que fazemos para nós mesmos, não ultimatos que damos aos outros.

99 —

6

CRIANDO MUDANÇA A PARTIR
DA CONSCIÊNCIA DA MENTE

Trevor não conseguia entender por que seu último relacionamento havia desmoronado – de novo. Ele era inteligente, bem-sucedido, atraente e sarado, características que em sua opinião o tornavam um excelente partido. *As mulheres deveriam estar todas me perseguindo!*, pensava.

Embora Trevor não tivesse dificuldade de conseguir encontros casuais ou mesmo experiências sexuais, sustentar um relacionamento romântico era algo muito diferente. Não tinha nada a ver com sua aparência ou com quanto dinheiro tinha, como ele mesmo pensava. O que sabotava seus relacionamentos era sua história egocêntrica continuamente passando em sua mente sobre quem ele era e quem precisava ser para se sentir merecedor do amor.

Todos nós temos um ego, e todos os egos têm sua própria história. Essas narrativas são criadas pela mente subconsciente para fazer o mundo ao redor ter algum sentido. O ego pode criar a história de que "não merecemos o tempo de alguém" se a pessoa em que estamos interessados não responde à nossa mensagem. Ou o ego pode interpretar ser rejeitado para um projeto no trabalho ou uma oportunidade de negócio como sinal de que somos impostores desqualificados ou uma fraude. Embora nunca saibamos com certeza quais são os fatores envolvidos nas preferências de um amor em potencial ou nas decisões de um chefe, a mente cria histórias e suposições, atribuindo significados às experiências para nos ajudar a lidar com o desconforto de não saber. Quanto mais frequentemente atribuímos os mesmos significados para experiências semelhantes, mais essas interpretações formam uma narrativa coesa que nos acompanha por toda a vida. Embora seja impossível saber de todos os "fatos" objetivos envolvendo nossas circunstâncias, continuamos presumindo que nossas interpretações são representações factuais da realidade.

A maioria de nós tem diferentes histórias do ego, e algumas mudam com o tempo. Mas nossa maior história do ego – aquela que ouvimos por mais tempo e que é a mais influente para nossa ideia de quem somos – é a história que nosso subconsciente inventou durante a infância para nos ajudar a administrar o estresse de termos necessidades negligenciadas por nossas figuras parentais. Independentemente de qual seja a sua história do ego, ela muitas vezes se resume a uma vergonha enraizada e profunda de não ser admirável, não ser bom o bastante ou não merecer que alguém queira atender às nossas necessidades.

Na infância, não tínhamos a perspectiva e a maturidade emocional para saber que não éramos culpados por nossas figuras parentais nem sempre serem capazes de ajudar a nos sentirmos seguros, valorizados e amados das maneiras de que precisávamos. Em um estado infantil de egocentrismo, não conseguíamos avaliar situações de um modo maduro ou pela perspectiva de outra pessoa e, como resultado, personalizamos todas as interações e experiências. Quando nosso cérebro em desenvolvimento não conseguia entender os muitos fatores que contribuíam para as capacidades e as escolhas de alguém em determinado momento, pensávamos que qualquer coisa que nós ou outras pessoas fizéssemos indicava algo sobre *nós* e sobre *quem nós somos*. Em razão de nossa criança interior magoada acreditar que *nós* somos o problema, começamos a nos adaptar ou a nos modificar para nos encaixarmos no ambiente e nos relacionamentos. Tentamos nos manter seguros e conectados por meio dos padrões habituais de nossos vínculos traumáticos, tentando nos sentir "amados" de qualquer maneira disponível.

Hoje, provavelmente ainda acreditamos, em um nível subconsciente, que não merecemos nada, continuando a reprimir ou esconder aquelas nossas partes que acreditamos que nos fazem instintivamente não merecedores. Às vezes, escondemos de nós mesmos essas partes não desejáveis, mantendo-as reprimidas no subconsciente, incapazes de admitir que realmente fazem parte de nós. É possível que tenha ouvido falar que essas partes reprimidas são conhecidas como "sombras".

Você pode estar se perguntando por que, se a maioria das histórias do ego inclui aspectos difíceis, desconfortáveis ou limitantes, nós as repetimos de novo e de novo. Porque a mente humana anseia por certezas; nosso ego trabalha incansavelmente para confirmar, reconfirmar e reforçar as histórias que repetimos e com as quais nos acostumamos desde a infância.

Sempre que pensamos algo sobre nós mesmos – *sou indesejável; sou sensível demais; não sou bom em nada* –, é o nosso ego trabalhando, ajudando a criar, definir e manter nossa identidade. O principal trabalho do ego é proteger a criança interior magoada, e, para fazer isso, ele interpreta histórias sobre quem somos para nos ajudar a entender, justificar e compensar as maneiras nas quais não nos sentíamos seguros ou protegidos no passado.

Exemplos de histórias do ego comuns incluem:

- Sou sensível demais para ser amado por outras pessoas.
- Sou carente ou desamparado.
- Não tenho valor algum e mereço ficar sozinho.
- Sou amaldiçoado e nada de bom acontece comigo.
- Sou amado apenas quando faço algo para outras pessoas.
- Sou um impostor e mereço amor apenas quando pareço ser perfeito.
- Sempre serei abandonado ou traído.
- Sou mais importante que outras pessoas, e minhas necessidades ou opiniões são as únicas que importam.
- Sou fraco e me sentiria vulnerável demais para compartilhar como realmente me sinto.
- Com frequência sofro violência e sempre se aproveitam de mim.

A maioria de nós não conhece nossa história do ego. Pensamos que nossa história do ego é nossa verdade porque ela é um caminho muito familiar da mente subconsciente. Desde a infância, nosso cérebro ativa os mesmos pensamentos e interpretações impelidos pelo ego de novo e de novo, criando e reforçando as redes neurais associadas. À medida que essas redes se fortalecem, o ego começa a filtrar nossas experiências diárias para confirmar essas crenças. Sempre que o subconsciente recebe uma informação que contradiz ou entra em conflito com o ego, ele rápida e veementemente a descarta por interpretá-la como uma ameaça à nossa identidade. Facilmente ficamos presos, repetindo os pensamentos e os padrões reativos de nosso ego, e nossas experiências continuam confirmando as narrativas que se baseiam em identidade da nossa infância. Com o tempo, nós nos tornamos cada vez mais limitados em pensamentos e percepções, e acabamos nos sentindo mais ameaçados, reativos e, muitas vezes, fora de controle como resultado.

Mas, felizmente, podemos escolher desenvolver a *consciência da mente* ou nos tornarmos cientes dessas poderosas crenças subconscientes, aprendendo a testemunhar nossa história do ego e como ela nos impele a pensar, sentir e reagir com outras pessoas que não servem aos nossos interesses ou se alinham com quem queremos ser. À medida que tomamos mais ciência do nosso condicionamento subconsciente, podemos desafiar as crenças inerentes de nosso ego de que não somos merecedores e fazer novas escolhas que não sejam influenciadas pela mágoa de nossa criança interior.

A HISTÓRIA DO EGO DE TREVOR

Antes de entrarmos no processo de desenvolvimento da consciência da mente, quero voltar para Trevor, já que sua história do ego ajuda a ilustrar como nossas narrativas subconscientes podem impactar nossos relacionamentos. Você pode se identificar com a história de Trevor por talvez ter passado por algo semelhante ou estar em um relacionamento com alguém como ele.

Trevor tinha muitas histórias do ego, mas aquela que ele ouvia há mais tempo era a principal responsável por sabotar seus relacionamentos românticos. Sua história do ego era: *Eu sou um homem, e emoções me tornam (e a todos os homens) mais fraco.* Foi assim que a criança interior magoada inventou esta crença:

Trevor cresceu em uma família de classe média alta de um bairro seguro e financeiramente privilegiado. Seu pai, um militar aposentado de alta patente, era o CEO de um banco, o que deu à sua mãe a capacidade financeira de ficar em casa e criar o filho. Trevor frequentou uma boa escola, foi incentivado a ser fisicamente ativo, alimentava-se com comida caseira saudável praticamente todas as noites e tinha permissão para praticar os hobbies pelos quais se interessava, incluindo atividades caras, como esquiar, cavalgar e tocar guitarra.

Embora tivesse poucas necessidades não atendidas, Trevor cresceu com um quase constante abuso emocional. Seu pai era um homem física e verbalmente dominante que chefiava a família com punhos de ferro. Quando Trevor expressava uma emoção comum, como tristeza, solidão ou medo, seu pai respondia dizendo: "Pare de chorar", "Aja como homem", "Endireite-se ou vá embora" e "Endureça ou você nunca vai ser nada na vida". Seu pai, que frequentemente entrava no modo Erupção, muitas vezes explodia de raiva, às vezes por nenhuma razão aparente. Para lidar com aquilo, Trevor começou a adotar uma fachada fria e distante, usando humor ou deflexão para lidar com emoções desconfortáveis, fossem as suas, fossem as das pessoas ao redor. Ele aprendeu com seu pai a ficar obcecado por status, riqueza e aparência física, já que era por causa desses aspectos que o pai sentia que ele e os outros homens deveriam ser valorizados.

A mãe de Trevor não protegia o filho do quase constante abuso emocional ou verbal em seu lar, ajudando-o a sentir-se emocionalmente seguro ou protegido. Embora ela amasse muito Trevor, tinha medo de seu marido e o bajulava quando ele estava por perto, tolerando seu temperamento e o tratamento duro para com o filho. Essa dinâmica deixou Trevor quase sem apoio emocional, já que ambos os cuidadores primários não estavam disponíveis: seu pai o amedrontava, e sua mãe era submissa demais para fazer qualquer coisa quanto a isso. Trevor começou a sentir uma imensa pressão para se apresentar e mediar situações tensas ou voláteis entre seus pais, usando as mesmas táticas que via a mãe usar para tentar agradar ou acalmar o pai.

Trevor tinha medo demais para expressar suas emoções e suas necessidades, então seu sistema nervoso permanecia em estado de alerta máximo, sempre pronto para protegê-lo contra futuros ataques. Assim como o pai, Trevor desenvolveu um exterior de dupla face, permanecendo estoico ou fervendo de raiva silenciosamente na maior parte do tempo; e, então, em momentos de reatividade, exibia comportamentos raivosos e abusivos direcionados às pessoas mais próximas. Embora ele escondesse seus sentimentos sombrios do mundo externo, esses sentimentos criaram uma experiência altamente complicada, mais tarde, para suas parceiras românticas, que se sentiam invalidadas e com uma raiva silenciosa de sua personalidade do tipo "o médico e o monstro".

Programado para lutar, Trevor aprendeu com seu pai que a raiva era um modo eficiente de controlar o ambiente. Na vida adulta, ele usava a raiva para intimidar os outros, a fim de que ele próprio se sentisse mais poderoso, subconscientemente compensando por todas as vezes que se sentira indefeso na infância, assim como indefeso frente às emoções que, em sua concepção, o tornariam mais fraco. Seu temperamento explosivo tornava-se especialmente evidente quando dirigia, o que assustava qualquer parceira que estivesse ao lado, no banco do passageiro, e quando ele explodia em restaurantes, festas, lojas ou no escritório ao se sentir desprezado ou prejudicado de alguma forma. O sistema nervoso de Trevor analisava sempre o ambiente, procurando por evidências de que ele não era valorizado, algo que frequentemente encontrava, mesmo que não existisse. Tudo parecia uma ameaça, porque tudo em sua infância tinha sido uma ameaça: pai autoritário, mãe passiva e impossibilidade de expressar qualquer emoção que o fizesse parecer fraco.

Em seus relacionamentos românticos, Trevor reprimia suas emoções, com exceção da raiva, preso em sua história do ego de que homens de verdade não mostram seus sentimentos. Ele era o Dono da Festa, sempre agindo como se tudo estivesse bem. Por ser incapaz de autenticamente expressar seus desejos e suas necessidades com as outras pessoas, não conseguia se conectar de verdade com suas parceiras, que muitas vezes o enxergavam como raivoso, insensível e duro – não o homem cheio de nuanças, complexo, bondoso, compassivo, generoso e amoroso que ele era capaz de ser quando podia autenticamente *ser ele mesmo*.

A história do ego de Trevor o impedia de sintonizar suas parceiras, já que a maioria das emoções, mesmo aquelas expressadas pelos outros, amedrontava-o. Durante sua infância, ele não teve nenhum modelo de expressão saudável das emoções e ninguém o ensinou a lidar com os próprios sentimentos ou os dos outros. Ao crescer em um ambiente explosivo e de distanciamento, ele nunca aprendeu a sintonizar as próprias emoções perturbadoras, o que o deixava desconfortável sempre que outras pessoas expressavam sentimentos em sua vida adulta. Ele usava a lógica para dispensar os problemas de suas parceiras, explicando ou invalidando seus sentimentos quando elas compartilhavam preocupações com ele. Se sua parceira tivesse um dia difícil no trabalho, Trevor insinuava que o seu chefe era um cretino ou que ela precisava de uma promoção ou buscar o emprego que ele havia recomendado meses atrás. Ou, se ela dissesse que estava se sentindo solitária, ele questionava a validade de seus sentimentos, lembrando-a de que tinha acabado de sair com os amigos na outra noite. Como resultado, suas parceiras nunca se sentiam seguras para honestamente se expressar perto dele, e muitas paravam de compartilhar suas emoções, causando uma sensação de isolamento e até medo no relacionamento.

A SUA JORNADA PARA A CONSCIÊNCIA DA MENTE

A sua história do ego provavelmente é diferente da história do ego de Trevor. Alguns de nós não têm problemas ao expressar emoções em relacionamentos, mas nossa história do ego nos mantém presos em padrões de arrebatamento de emoções, ansiedade de abandono ou outros comportamentos disfuncionais que são impulsionados pelas mágoas de nossa criança interior. Não importa qual seja nossa história do ego, ela provavelmente está criando ciclos de comportamentos reativos com base em vergonha enquanto continuamos escondendo partes de nós mesmos e desejamos desesperadamente nos sentir bons o bastante.

Mas, quando desenvolvemos a consciência da mente, podemos testemunhar nossa história do ego e começar a nos valorizar por aquilo que realmente somos, não quem tivemos de ser para nos sentirmos seguramente conectados na infância. Isso nos dará a oportunidade de começar a tirar o poder da nossa história do ego e seu impacto em nossos relacionamentos. E é assim que começamos a criar narrativas sobre quem somos e queremos ser. Ao trabalharmos com o ego, podemos finalmente começar a acreditar que somos merecedores por apenas *sermos nós mesmos*, sem precisar da ação ou da validação de outra pessoa para que nos sintamos completos e amáveis.

Antes de explorarmos como usar a consciência da mente para testemunhar nosso ego, quero enfatizar a importância de continuar as práticas fundamentais do corpo para ajudar a regular o sistema nervoso antes de começar o processo. Se o seu sistema nervoso está desregulado por causa de necessidades físicas não atendidas, desenvolver a consciência da mente será difícil. Se você estiver malnutrido, exausto por dormir mal ou fatigado em função de pouco ou muito movimento, seu corpo continuará a não se sentir seguro e provavelmente se manterá experimentando o estresse ou as reações impelidas pelo medo, a despeito de quanto você trabalhe em seu ego.

> Ao trabalharmos com o ego, podemos finalmente começar a acreditar que somos merecedores por apenas *sermos nós mesmos*, sem precisar da ação ou da validação de outra pessoa para que nos sintamos completos e amáveis.

Se você tiver tomado as providências para consistentemente atender às necessidades do seu corpo e assim regular o sistema nervoso, está pronto para o passo seguinte na sua jornada de volta ao seu eu autêntico.

O SEU SUBCONSCIENTE CRIA A SUA REALIDADE

A maioria de nós passa grande parte do tempo em nossa cabeça, obsessivamente analisando aquilo que pensamos e sentimos. Acreditamos que as narrativas correndo em nossa mente sejam relatos precisos de nós mesmos e nossas experiências. Muitos de nós até creem que podemos nos forçar a acreditar ou nos comportar da maneira que queremos.

Nada disso é verdade. Nossos pensamentos e sentimentos não produzem nossa identidade ou quem somos. Quem nós somos é guiado pela intuição, à medida que aprendemos a confiar nas sensações instintivas de nosso coração, que residem mais em nosso corpo que em nossa mente. E, até nos tornarmos cientes das mensagens ou dos desejos do nosso coração, nossos hábitos e ciclos diários de reatividade serão impulsionados pela mente subconsciente e por nosso sistema nervoso desregulado. Quando nos tornamos conscientes dessas poderosas forças internas ao testemunhar tanto os pensamentos habituais na mente quanto as sensações físicas do corpo, damos a nós mesmos a oportunidade de, intencionalmente, direcionar a criação da nossa vida e a reação a ela.

Embora a maioria de nós acredite que percebemos o mundo ao redor com precisão, na verdade apenas enxergamos aquilo que nosso subconsciente quer que enxerguemos, com base em nossas experiências passadas. E, para acelerar o tempo de processamento para que possamos seguir em direção à segurança da previsibilidade, nosso cérebro frequentemente faz julgamentos rápidos, distorcendo a informação disponível. Quando nosso subconsciente faz isso em nossos relacionamentos e incorre em previsões que se baseiam em nosso passado, ele pode nos levar a fazer ou dizer coisas não razoáveis ou continuar escondendo partes nossas que passamos a acreditar que nos tornam não merecedores de amor. Em especial, isso é verdade em nossos

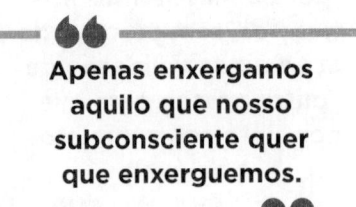

> Apenas enxergamos aquilo que nosso subconsciente quer que enxerguemos.

relacionamentos românticos, nos quais nosso subconsciente habitualmente se baseia em nossos primeiros relacionamentos para prever nosso futuro. Pelo fato de minha mãe ter sido incapaz de estar emocionalmente presente e sintonizada com minhas necessidades, meu subconsciente, desejando a segurança da certeza, filtra todos os meus relacionamentos por meio do velho roteiro que diz que eu ou minhas necessidades não seremos consideradas.

Usar aquilo que aconteceu no passado para prever que minhas parceiras não estão dispostas ou interessadas em apoiar minhas necessidades emocionais limita a possibilidade de uma experiência ou um resultado futuro diferente. Em virtude de meu subconsciente ter me convencido de que eu nem deveria tentar compartilhar meus sentimentos com minha parceira, eu me fecho em meu quarto quando quero ou preciso de apoio ou faço comentários passivo--agressivos que indiretamente expressam minha necessidade ou meu desejo, dizendo coisas sem pensar, como: "Eu queria ter alguém para me ajudar" em vez de diretamente pedir o tipo de ajuda ou apoio de que necessito ou quero. E, quando finalmente decido compartilhar meus sentimentos com minha parceira, meu subconsciente muitas vezes me leva a perceber qualquer pequena reação – a expressão do rosto ou o tom de voz – como indicação de que sou um peso para ela, assim como eu havia previsto e já esperava.

Como imagino que você esteja começando a perceber, a maioria dos conflitos de um relacionamento não tem a ver realmente com o que acontece entre duas pessoas no presente, mas com reconstituições daquilo que aconteceu entre cada uma delas e outras pessoas no passado. Quando nosso subconsciente faz previsões de nossos relacionamentos, podemos facilmente aplicar traumas passados nas nossas interações presentes e tomar decisões com base em velhas mágoas da criança interior. Aqui vão alguns exemplos disso, considerando os traumas da infância.

> **A maioria dos conflitos de um relacionamento não tem a ver realmente com o que acontece entre duas pessoas no presente, mas com reconstituições daquilo que aconteceu entre cada uma delas e outras pessoas no passado.**

- Se você foi repetidamente criticado por suas figuras parentais – dizendo o que pensar, como se sentir, quando agir –, o seu subconsciente pode interpretar tudo que o seu parceiro faz ou diz sobre você ou para você como uma crítica, independentemente de ser esse o caso ou não, o que o leva a adotar sempre uma atitude defensiva. O seu subconsciente filtra as comunicações de outra pessoa como uma indicação ameaçadora de quão negativamente ela *de fato* pensa ou se sente sobre você.

- Se as suas figuras parentais frequentemente gritavam, batiam as portas ou invadiam o seu quarto, o seu subconsciente pode perceber qualquer som alto ou gesto repentino – uma porta batendo, um armário na cozinha fechado com força, alguém andando às suas costas sem que você perceba – como razão para se assustar. O seu subconsciente percebe sons altos ou gestos repentinos como ameaças porque acredita que alguém esteja vindo para gritar ou reclamar com você.

- Se você cresceu em um lar com poucos recursos – a sua família vivia de pagamento em pagamento e tinha dificuldades para quitar as contas, suas figuras parentais não tinham tempo suficiente para você por causa da insegurança financeira ou você era criticado por desperdiçar comida ou outros recursos –, pode ter crescido com um medo constante de não ter o suficiente ou de esgotar aquilo de que precisa. O seu subconsciente pode perceber aquilo que os outros dizem ou fazem como indicação de que não têm recursos suficientes para você, incluindo tempo, apoio, atenção ou amor. Você pode agir de modo protetor em seus relacionamentos, sempre se certificando de ficar com a sua metade ou se preocupando de que não haverá o suficiente, mesmo quando houver bastante para todo mundo, às vezes até consumindo rapidamente aquilo que estiver disponível para "conservar" para uma possível escassez no futuro.

A HISTÓRIA FAVORITA DE SEU SUBCONSCIENTE

Se nossas necessidades físicas ou emocionais não foram consistentemente atendidas na infância, nosso subconsciente pode acabar acreditando que somos inerentemente defeituosos. Essa crença cria uma ameaça implícita de abandono – os outros vão nos rejeitar ou nos deixar assim que descobrirem que não merecemos amor –, levando nosso sistema nervoso a repetidamente ativar uma resposta ao estresse. Com o tempo, essa desregulação do sistema nervoso causa mais reatividade em nossos relacionamentos, enquanto nos sentimos sobrecarregados pelo desconforto emocional e físico.

Nosso subconsciente vai continuar ignorando ou filtrando qualquer evidência de que somos merecedores para que continuemos operando em nosso familiar confinamento neurobiológico. Acreditando que a falta de merecimento faça parte de quem somos, intrínseca e inegavelmente, interpretamos qualquer coisa que os outros digam ou façam como um reforço dessa crença. Como é possível imaginar, isso pode ter efeitos danosos em todos os nossos relacionamentos.

A história de Jada ilustra como nossas primeiras crenças infantis de que não somos merecedores podem impactar nossos relacionamentos adultos. Você também pode conhecer alguém como Jada, que constantemente percebe aquilo que acontece com ela e outras pessoas como injustiça ou maus-tratos. Jada cresceu em um lar economicamente destituído com três irmãos mais velhos e um mais novo. Seus pais trabalhavam muitas horas para alimentar a família de sete pessoas e, embora fossem pessoas "boas" e "amáveis", estavam fisicamente indisponíveis na maior parte do tempo – e exaustos demais quando estavam em casa para sintonizarem com os filhos. A ausência física e emocional dos pais levou Jada e seus irmãos a crescerem se sentindo não merecedores de ter alguém para atender às suas necessidades. Por sempre atrasar o aluguel, a família era forçada a se mudar com frequência, e as crianças eram transferidas de escola em escola. Com dificuldades para se enturmarem, os irmãos de Jada lidavam com seus sentimentos de não merecimento provocando-a tanto física quanto emocionalmente. Sem ter qualquer tipo de segurança básica, Jada começou a sentir que o mundo estava cheio de pessoas não confiáveis – afinal de contas, nem mesmo sua própria família era bondosa com ela. Sua história do ego logo se tornou "eu não mereço ser tratada com respeito".

Quanto mais Jada crescia, mais sua história do ego a levava a enxergar a possibilidade de injustiça na maioria das circunstâncias cotidianas. Sentindo-se muito indignada e, ao mesmo tempo, indefesa e sozinha, ela ficava constantemente preparada para possíveis ameaças, muitas vezes adotando uma atitude combativa, na tentativa de se manter segura, sobretudo em relação a pessoas em posição de poder. Aquela autoproteção hipervigilante e equivocada frequentemente ativava uma reação desproporcional sempre que ela pensava que alguém a estava prejudicando, e isso a deixava indignada ou até mesmo raivosa se fosse rejeitada para um projeto no trabalho, se navegasse pelas redes sociais, ou se alguém sem querer furasse a fila e entrasse na sua frente no refeitório. Seu subconsciente percebia momentos de possível conflito em toda parte e apressadamente se apoiava em pensamentos polarizados ("nós" ou "comigo" versus "eles" ou "contra mim") para de modo automático agrupar outras pessoas em categorias que se baseavam em dinâmicas de poder percebidas. Geralmente, ela tomava o lado do mais fraco, mesmo se os membros desse grupo estivessem prejudicando os outros.

Tanto em seus relacionamentos românticos quanto nos profissionais, a história do ego de Jada a atraía para parceiros que ela acreditava que poderia defender facilmente ou que precisavam de sua proteção. Esse era seu padrão de vínculo traumático, suas mágoas da infância levando-a a desempenhar o papel de Salvadora/Protetora com os outros. Seu subconsciente sempre estava em alerta e em busca de sinais de que as pessoas que ela amava estavam sendo prejudicadas, e, quando sua mente inevitavelmente encontrava evidências disso, Jada se tornava reativa e defensiva, gritando com qualquer pessoa que estivesse causando essa suposta injustiça. Ela continuava projetando suas experiências internas de impotência sobre outras pessoas, enxergando-as como vulneráveis e necessitadas de resgate. Na realidade de seu ego, ela apenas tentava defender os outros do jeito que gostaria que seus pais a tivessem defendido. Mas, em suas interações, não conseguia separar um espaço para qualquer diferença de perspectiva e, muitas vezes, mostrava-se presunçosa e grosseira, embora tivesse boas intenções.

Exercício para conhecer o ego

Você pode testemunhar o próprio ego ao prestar atenção em pensamentos ou histórias que frequentemente conta a si sobre você mesmo, sobre outras pessoas e sobre o mundo em geral. Durante os próximos dias ou semanas, preste atenção, sem fazer julgamentos, a esses tipos de pensamento à medida que eles ocorrem durante o seu dia, anotando-os nas linhas a seguir ou em um caderno ou diário à parte, se isso ajudar. Ao reconhecer essas histórias por aquilo que são – meras narrativas inventadas pela mente subconsciente –, você pode parar de reagir a elas como se fossem a sua verdade e começar a responder a elas de novas maneiras. Continue ampliando a autocompaixão durante o exercício, reconhecendo que essas narrativas já ajudaram a proteger tanto você quanto sua criança interior contra suas dores mais profundas.

Exemplos:
"Não sou bom o bastante."
"Não posso confiar em outras pessoas."
"O mundo não é seguro."
"Eu sou _____."
"As outras pessoas são _____."
"O mundo é _____."

MEDITAÇÃO GUIADA PARA CONHECER O SEU EGO

Práticas de meditação podem ajudar a melhorar a sua capacidade de testemunhar e explorar mais ativamente os pensamentos que você tem apenas como pensamentos, sem qualquer julgamento, significado ou valor. Remover a força e o significado dos seus pensamentos pode, com o tempo, ajudá-lo a enxergar que a sua história do ego não o define e dará a oportunidade de criar crenças que melhor se alinhem com seu valor intrínseco.

Se você nunca fez meditação, pode estar se perguntando por onde começar. Embora a ideia possa ser intimidadora, não existe jeito certo ou errado de meditar. Lembre-se de que o objetivo é simplesmente estar presente em seu corpo no momento, observando os pensamentos que você tem sem julgamento, como se estivesse contemplando as nuvens passando pelo céu.

Ainda que meditar com os olhos fechados em um espaço silencioso possa limitar as distrações do mundo externo, ajudando-o a enxergar melhor o seu mundo interno, você também pode aprender a estar conscientemente presente em meio a outras pessoas. À medida que melhora sua prática de meditação, é útil notar seus pensamentos pautados no ego em tempo real. Aprender a entrar nesse modo de observação quando você está em um estado reativo do ego pode ajudá-lo a criar o espaço necessário para fazer uma pausa, repensar e tomar escolhas mais autênticas, com base no coração.

CONSCIÊNCIA DO EGO E OS EUS CONDICIONADOS

Se nossa história do ego se parece muito com nossa identidade e nossa verdade, como podemos nos convencer do contrário? A resposta é: não podemos. Embora você possa ter ouvido falar sobre isso, o seu objetivo não é "matar" ou dominar o ego. O ego é, na verdade, uma parte crucial da experiência humana, que nos mantém seguros em ambientes ou situações difíceis desde a infância. Agora que somos adultos, a presença do ego nos permite saber quando algo de nosso passado emocional pode influenciar nossa experiência atual. Com o tempo, podemos usar a presença do ego para sinalizar à nossa mente consciente que nos traga de volta para a segurança e o momento presente.

Embora o ego seja uma parte importante e protetora de cada um de nós, ele não é *tudo* de nós. Quando deixamos que nossa história do ego influencie a maneira como pensamos sobre nós mesmos e interagimos com os outros, operamos em um espaço que eu chamo de *consciência do ego*: automaticamente atribuímos significados e valores para quem somos, quem os outros são e o que pensam de nós com base em nossas necessidades não atendidas. Não podemos deixar de esconder partes de nós mesmos, já que nossa história do ego nos engana e nos faz acreditar que aquelas partes não são merecedoras.

Quando estou em um estado de consciência do ego, acredito que meu eu Perfeccionista é aquilo que faz de mim *eu mesma*. Sinto-me impelida a agir como se meu valor fosse dependente do meu sucesso em meus relacionamentos ao impressionar os outros, parecendo não ter imperfeições ou vulnerabilidades, ou cumprindo aquilo que presumi que fossem suas expectativas sobre mim. Meu subconsciente está sempre analisando o que os outros dizem ou fazem em busca de evidências de que eles gostam de mim ou me valorizam. Por não acreditar, em meu âmago, que eu seja merecedora, busco validação nos outros para me ajudar a me sentir melhor comigo mesma. A ironia, é claro, é que nenhuma quantidade de elogios consegue retirar os sentimentos profundamente enraizados de não merecimento: essa crença vem de mim, não dos outros.

A consciência do ego muitas vezes me faz agonizar sem saber se os outros realmente estão felizes e querem continuar comigo. Se eu planejo um evento especial para uma pessoa amada, posso passar a noite inteira obcecada tentando adivinhar se ela de fato gostou do que fiz – instintivamente acreditando que a sua satisfação com o evento seja um reflexo de sua satisfação comigo. Em virtude de meu subconsciente estar programado para encontrar pistas de que eu nunca sou boa o bastante ou que não estou fazendo um bom trabalho, posso interpretar equivocadamente a resposta da outra pessoa como um sinal de que ela não gostou da experiência e, por extensão, gosta menos de mim agora. Sentindo mágoa por essas razões imaginárias, muitas vezes acabo me fechando em um canto ou acusando a pessoa amada de ser ingrata.

É claro, nem todos se identificam com os hábitos de um Perfeccionista. Se você se identifica mais com um Cuidador, o seu subconsciente acredita que você é apenas valorizado quando está cuidando dos outros. Quando se sente ameaçado e está em um estado de consciência do ego, o seu subconsciente continua analisando suas interações para avaliar se você está adequadamente cuidando das pessoas ao redor, acreditando que o seu valor depende disso. Você pode sempre perguntar se os outros estão bem, procurar qualquer coisa que possa fazer por eles ou analisar exageradamente as reações aos seus serviços, precisando saber se eles *realmente* gostaram da comida que preparou ou se *de fato* ficaram agradecidos por você organizar seus cuidados médicos ou financeiros. A sua história do ego torna impossível para você parar de se apresentar para cuidar de outras pessoas e colocar suas necessidades em primeiro lugar, já que seu subconsciente dirá que você não é merecedor se não fizer isso. Embora se apresentar para cuidar dos outros seja parte de um relacionamento emocionalmente solidário, quando você com frequência coloca as necessidades da outra pessoa acima de tudo, isso pode impedi-lo de atender às suas próprias.

Devin é uma Adoradora do Herói assumida que constantemente olha para os outros para saber como deve se sentir, pensar e agir porque é muito insegura da própria voz interior. Ela cresceu em um lar muito religioso com uma mãe que sempre se orgulhava de ser uma devota "boa" e moral. Seu pai bebia quase diariamente, consumindo várias cervejas depois do trabalho e muitas mais aos fins de semana. Quase sempre um pouco embriagado, ele fazia comentários maldosos ou sexualmente inapropriados em público – fora isso, desempenhava o papel do homem de família bem-humorado, sem nunca mostrar sentimentos perturbadores. Pelo fato de nunca ficar agressivo ou perder o controle quando bebia, a mãe de Devin tolerava o comportamento do marido, o que nunca era diretamente discutido na família. Em vez disso, todos participavam de um ciclo de negação, fingindo que coisas disfuncionais e dolorosas não estavam acontecendo e até mentindo para cobrir o comportamento inapropriado.

Sempre que Devin tentava expressar qualquer sentimento desagradável ou compartilhar observações desconfortáveis com seu pai ou sua mãe, ela era repreendida por não conseguir aceitar uma piada ou mandavam que ficasse quieta como uma "boa menina". Ela rapidamente aprendeu que havia algumas coisas que não podiam ou não deveriam ser ditas para os outros. Com medo de sentimentos ou pensamentos que pudessem ser percebidos como "maus", ela continuava se voltando para seus pais para saber como deveria agir e sentir. Desenvolveu uma severa crítica interna que, alimentada pelo rígido senso de moralidade com que crescera, constantemente julgava seus pensamentos e seus desejos, e, às vezes, expressava-se externamente na forma de piadas autodepreciativas ou comentários críticos sobre si mesma.

Enquanto Devin crescia, sua história do ego se tornou "eu preciso ser boa para ser amada". Defendendo sua imagem de pessoa "boa", ela evitava interagir com qualquer um que desafiasse essa ideia. Seu autojulgamento era duro quando pensava ou se sentia de forma negativa sobre alguém ou algo. Ela regularmente se sentia culpada ou se punia sempre que queria agir de maneiras que pareciam naturais ou instintivas, mas que contradiziam aquilo que pensava ser apropriado de acordo com seus valores condicionados. Em virtude de pensar que nunca era boa ou esperta o bastante para tomar decisões sozinha, ela muitas vezes se defendia ou se explicava exageradamente nas raras ocasiões em que suas palavras ou ações iam de encontro com as opiniões ou os desejos dos outros.

Agora com quarenta anos, casada e com dois filhos, Devin permanece complacente em relação aos outros, acreditando que não merece confiar em si mesma para atender às próprias necessidades, muito menos navegar as complexidades de sua vida ou de seus relacionamentos. Consistentemente desempenhando o papel de Adoradora do Herói, ela continua idealizando as pessoas ao redor, como fazia com seus pais, enquanto ignora sinais de problemas ou defeitos nas pessoas que ama. Embora muitos em sua cidade saibam que seu marido mantém casos extraconjugais, Devin continua ignorando os rumores e as evidências, impelida por seu ego a evitar qualquer experiência dolorosa.

Negar a realidade lhe permite enxergar apenas o bom pai que ela pensa que seu marido é para seus filhos pequenos, então Devin começou a evitar familiares e amigos que pensam ou dizem o contrário. Com o aumento dos relatos de infidelidade de seu marido, também aumentaram as tentativas de Devin de controlar a aparência perfeita de sua família. Não confiando em sua intuição, que implorava por reconhecer os problemas do casamento, rejeitou qualquer pessoa que sugerisse a realidade da infidelidade de seu marido, lutando para reter uma falsa sensação de segurança em sua vida idealizada.

CONSCIÊNCIA EMPODERADORA

Não importa quais sejam as crenças do nosso eu condicionado, quanto mais ciência tivermos da história do nosso ego e quanto mais distância criarmos entre nós e essas narrativas, mais precisamente vamos enxergar as coisas acontecendo ao nosso redor. Outras pessoas podem continuar se comportando da mesma maneira, mas, quando conseguimos testemunhar nosso ego, somos capazes de passar menos tempo presos em sua reatividade pautada em medo. Podemos começar a questionar as suposições que continuam a nos impelir a comportamentos condicionados quando desenvolvemos aquilo que eu chamo de *consciência empoderadora*.

Com a consciência empoderadora, nós desenvolvemos a capacidade de testemunhar os pensamentos instintivos do nosso ego, desafiar a crença de que não somos merecedores e fazer novas escolhas sobre como queremos agir, o que finalmente nos auxilia a criar uma crença mais libertadora. A consciência empoderadora nos ajuda a reconhecer os momentos em que nossa história do ego está nos levando a reações pautadas em nossas experiências passadas, não ancoradas em nossa realidade presente. Quando somos capazes de perceber que estamos experimentando esses pensamentos e sentimentos impulsionados pelo ego, podemos deixá-los passar e escolher atribuir novos significados para aquilo que experimentamos. Embora existam muitas outras, aqui estão dois exemplos de novas maneiras de pensar sobre nossas experiências atuais:

- A única razão para eu sentir que preciso largar tudo agora mesmo e salvar a pessoa que amo de sua crise é tentar me tornar mais merecedor. Não preciso sacrificar minhas próprias necessidades para ser merecedor, mesmo que eu não consiga apoiar a pessoa amada no momento.

- Minha história do ego quer que eu acredite que meu colega está me criticando, e quero me abrir para a possibilidade de que ele, na verdade, está agindo de modo ponderado e atencioso comigo em vez de crítico. Pelo fato de eu ter sido rotineiramente criticado na infância, meu subconsciente está tentando proteger minha criança interior magoada e me manter seguro ao me fazer querer gritar com ele. Agora posso escolher agir de modo diferente.

PRATICANDO A CONSCIÊNCIA EMPODERADORA

Embora as histórias do ego sejam únicas para cada um de nós e muitas pessoas tenham mais de uma, os passos a seguir o ajudarão a testemunhar e separar os seus ciclos reativos do ego de si mesmo.

1. **Testemunhe sua história do ego.** Tornar-se ciente das histórias ou narrativas que você tem sobre si mesmo capacita-o a reconhecer os momentos em que deixa sua história do ego dominar seu comportamento ao fazer suposições e tornar-se reativo com outras pessoas como resultado.

2. **Questione seus pensamentos.** Quando você sabe que está em um estado consciente acerca do ego com outras pessoas, tire um tempo para examinar seus pensamentos e sentimentos. Pergunte se eles realmente representam sua realidade ou se a sua história do ego está distorcendo aquilo que você pensa e sente. Por exemplo, se o seu parceiro não respondeu a uma mensagem por várias horas e você fica pensando obsessivamente que ele não gosta de você, é possível questionar a validade desses pensamentos e considerar outras possibilidades para a falta de resposta que não tenham nada a ver com o seu valor.

3. **Adote sua criança interior magoada.** A sua história do ego foi criada por seu subconsciente para ajudá-lo a lidar com as necessidades não atendidas que o levaram a acreditar que você não era merecedor. Adote sua criança interior magoada dizendo a si mesmo que está seguro

agora e que merece todo o amor. Lembre-se de que, se o seu sistema nervoso está no meio de uma resposta ao estresse, é importante que você recalibre a si mesmo praticando diariamente os atos de autoajuda que discutimos no capítulo 5 para criar bem-estar e acalmar a desregulação do sistema nervoso.

4. **Reprograme a sua história do ego com afirmações.** Acreditar que você seja merecedor quando pensou o contrário por tantos anos não é fácil, já que essa crença foi fisicamente programada em sua mente e seu corpo. As afirmações, que são mantras positivos sobre nós mesmos ou nossas experiências, podem ajudar a reprogramar suas redes neurais, mesmo que você não acredite nelas a princípio. Dizer a si mesmo que está seguro e que é merecedor ativa diferentes neurônios no cérebro, que, com o tempo, podem se tornar novas redes neurais que serão fáceis e instintivas para o seu cérebro seguir. Exemplos de possíveis afirmações incluem:

- Estou seguro e sou amado, independentemente de como me sinto.
- Sou capaz de cuidar de mim mesmo quando quiser, ainda que às vezes eu precise de apoio.
- Mereço amor e conexão.
- Sou um criador intencional de todas as minhas experiências na vida.
- Sou admirável exatamente como sou.
- Sou merecedor exatamente como sou.
- Estou seguro e protegido em meu relacionamento comigo mesmo e com os outros.
- Sou mais poderoso quando crio com as pessoas ao meu redor.
- Estou conectado com meu mundo emocional e sou capaz de me expressar com segurança.
- Sou um participante ativo de como crio e respondo às experiências da minha vida.

Quanto mais usamos as afirmações para reprogramar nossas crenças, mais empoderados nos sentimos para *sermos* nosso eu autêntico. Além disso, mais confiantes e ancorados vamos nos sentir em nossos relacionamentos. Com o tempo, à medida que consistentemente praticamos a consciência da mente e nos tornamos mais cientes de nosso subconsciente, nós nos damos a oportunidade de decidir como nos relacionamos e nos conectamos com outras pessoas em vez de reagir instintivamente a partir de um lugar de dor e mágoa. Nós nos damos a oportunidade de responder com nosso coração, nossa reserva interna de amor e compaixão, usando práticas que vamos explorar no próximo capítulo.

7

DESTRAVANDO O PODER DO SEU CORAÇÃO

Siga o seu coração, não a sua cabeça.

Você provavelmente já ouviu esse conselho antes, talvez centenas de vezes, e eu diria que, como leitor deste livro, você provavelmente concorda com isso. Mas você já parou para pensar se *realmente* segue o seu coração? Muitos acreditam que sim, mas a maioria de nós – incluindo eu mesma, pela maior parte da minha vida – tende a seguir os pensamentos. Passamos a maior parte do tempo prestando atenção em nossa mente pensante, não em nosso coração físico explorando os mais profundos desejos e sonhos que moram ali. Tomamos nossas decisões com o nosso cérebro "racional e lógico", negligenciando a atração que podemos sentir em nosso âmago ou nas batidas do nosso coração, que nos dizem algo diferente.

Enquanto nossa mente pensante é descrita como "lógica" e "racional", nossas escolhas, muitas vezes, não têm nada de racional. Quando deixamos que nosso condicionamento influencie nossas ações, permanecemos desconectados de nossa sabedoria interna. Sem poder acessar nossa intuição, passamos a vida inteira pensando de modo exagerado, sempre analisando nossas escolhas, às vezes paralisados demais para tomar qualquer decisão. Dissociados do compasso interno do nosso coração, somos mais facilmente influenciados por mensagens externas da mídia, de nossos colegas e outras influências de fora. Repetimos as mesmas soluções para questões familiares, incapazes de enxergar novas possibilidades ou quebrar velhos hábitos disfuncionais. Incapazes de determinar aquilo que realmente queremos e precisamos, sentimo-nos insatisfeitos, desiludidos ou confusos para lidar com os nossos relacionamentos e arredores.

Para se reconectar com o seu guia interior, você precisará aprender a sintonizar a sabedoria profunda que reside em seu coração, que não é apenas um órgão que bombeia sangue por todo o corpo. O coração físico – aquele batendo no peito agora mesmo – é também onde mora a intuição. É o órgão mais energeticamente poderoso do corpo humano, emitindo um campo elétrico que se estende muito além de nosso ser físico. O coração transmite a energia individual que nos faz únicos – aquilo que eu chamo de alma ou essência. Se quiser fazer escolhas em seus relacionamentos alinhadas com a sua alma, ou eu autêntico, você precisa se conectar com seu coração.

Muitas pessoas enxergam o coração como seu centro físico, para o qual elas apontariam se alguém pedisse que identificassem seu âmago. A maioria de nós também acredita que o coração é o centro das emoções. Ao redor do mundo e por toda a história humana, o coração tem sido sinônimo de amor, além de identidade, intenção e intuição. Em todas as línguas, dezenas de ditados o descrevem como o centro do eu emocional e intuitivo, com expressões como "do fundo do coração", "com todo o meu coração", "siga o seu coração" etc.

A ênfase histórica e cultural no coração não é arbitrária. Nas últimas décadas, pesquisas mostraram que ele é mais poderoso do que pensávamos. Hoje sabemos que o coração se comunica com o cérebro, transmitindo impulsos nervosos, hormônios, ondas de pressão e energia eletromagnética que impactam o funcionamento do sistema nervoso. Os sinais de nosso coração são tão fortes, na verdade, que outras pessoas e animais podem sentir nossa energia. Se eu instalasse um eletrodo em um copo de água a alguns metros de você, seria capaz de observar a batida do seu coração no gentil movimento do líquido.

Se você não compreende o que significa estar conectado com seu coração, posso entender. Por anos, eu também não entendi. Quando instrutores de ioga ou outros profissionais falavam sobre entrar no espaço do coração para tomar decisões e encontrar paz e clareza, eu não compreendia. Foi apenas depois de viajar para Bali – ou, mais precisamente, quando passei a noite na selva – que comecei a entender o que significava estar conectada com meu coração e por que isso é tão importante.

Depois de completar o doutorado, meus pais me deram algum dinheiro (recompensas financeiras por conquistas acadêmicas eram uma exibição comum de amor em minha família). Lolly e eu decidimos gastá-lo em alguns dias de férias com orçamento apertado em Bali, dirigindo uma mobilete pela ilha e nos hospedando em hotéis baratos. Perto do fim da viagem, esbanjamos para ficar em um retiro popular não muito longe de onde estávamos hospedadas em Ubud, uma parte da ilha cercada de arrozais, ravinas e templos. O lugar era serenamente belo, com janelas que se abriam para campos tão verdes que pareciam azuis. Durante nosso primeiro dia ali, Lolly e eu visitamos uma sala de leitura, e cada uma de nós selecionou um livro. Atraída pela capa e pelo título, eu escolhi *A matriz divina: uma jornada através do tempo, do espaço, dos milagres e da fé*, de Gregg Braden, um conhecido espiritualista.

No livro, Braden usa a ciência para dar sustentação à ideia de que existe uma teia de energia que conecta toda a humanidade. Em questão de minutos, fiquei fascinada por seus conceitos. Devorei página após página deitada em um divã, com o vento carregando o suave aroma de hibisco e o canto dos pássaros através de portas abertas. Dois dias depois, quando fizemos o check-out, eu já tinha terminado o livro.

Após voltar para casa, comprei vários outros livros relacionados às ideias que aprendera com Braden. Em algum ponto durante esse mergulho no assunto, fui apresentada à ideia da coerência entre coração e cérebro. A coerência coração-cérebro, mais simplesmente conhecida como coerência cardíaca, é um estado psicofisiológico cientificamente quantificável que ocorre quando coração e mente operam juntos de modo eficiente e o coração envia mensagens coerentes ou energeticamente rítmicas para o cérebro e vice-versa. Eu nunca tinha ouvido falar disso. De imediato, quis aprender o máximo possível e, então, comecei minha jornada em direção à consciência do coração.

Consciência do coração é o termo que eu uso para descrever um estado de consciência lastreado no coração no qual nos abrimos para receber mensagens do nosso coração e tomar decisões que se baseiem em sua inteligência. Quando temos a consciência do coração, somos capazes de acessar nossos verdadeiros propósitos e paixões, além de expressar nossa energia única para os outros, passando mais tempo conduzidos por nossos verdadeiros interesses e desejos. Quando ouvimos nosso coração, nós nos conectamos mais autenticamente conosco e ficamos mais abertos e disponíveis para nos conectar autenticamente com os outros. Nossa presença ancorada pode ajudar a criar segurança com os outros, à medida que nosso sistema nervoso envia sinais tranquilizadores para as pessoas ao nosso redor, ajudando-as a também se acalmarem fisicamente (vamos falar mais sobre esse processo de corregulação no próximo capítulo). Em última instância, cultivar a consciência do coração pode nos ajudar a sintonizar melhor a intuição de nosso coração para nos guiar na direção de escolhas mais alinhadas para nós mesmos e em nossos relacionamentos, apesar da incógnita do nosso futuro.

NO CORAÇÃO DA QUESTÃO: A COERÊNCIA CARDÍACA

Embora muitas pessoas não conheçam a ideia de coerência cardíaca, o conceito vem sendo estudado há décadas e é usado na medicina para ajudar as pessoas a transformarem seu bem-estar físico e emocional. As pesquisas científicas mostram que a coerência cardíaca pode ajudar a prevenir ou tratar várias condições físicas, incluindo doenças do coração, diabetes, fadiga e dor crônicas, pressão alta, doenças autoimunes e fibromialgia.[31] De acordo com os estudos, a coerência cardíaca também pode ajudar as pessoas para que lidem melhor com ansiedade, depressão, transtorno de estresse pós-traumático e do déficit de atenção, vício em drogas e álcool, irritabilidade e distúrbios alimentares, além de ajudar a melhorar a memória e o desempenho cognitivo.[32]

A coerência cardíaca ocorre quando cérebro, coração e emoções estão alinhados, e quando o coração e o cérebro são capazes de trabalhar juntos eficientemente em coordenação energética. Simplificando, é um estado de conexão física e emocional com o coração que nos permite agir de acordo com suas mensagens. É um estado de sincronia e equilíbrio entre a comunicação dos principais centros de controle fisiológico do nosso corpo, incluindo os sistemas cardiovascular, nervoso, hormonal e imune. Essa coreografia interna permite ao sistema nervoso autônomo alternar de modo fácil entre os estados simpático e parassimpático, ativando uma resposta ao estrese quando necessário e, depois, retornando rapidamente para a calma pacífica da homeostase. A coerência cardíaca reduz o diálogo mental, incrementando clareza mental e capacidade de sintonizar a intuição.

Cientistas mediram a coerência cardíaca analisando os sinais físicos que o coração envia para o cérebro. Com a coerência cardíaca, o coração envia ao cérebro ondas de pressão em forma de S, impulsos nervosos, hormônios, neurotransmissores e energia eletromagnética, e tudo isso diminuiu o estresse percebido e aumenta a resistência ao estresse, ou a quantidade de tensão ou emoções desagradáveis que podemos tolerar. Esses sinais harmoniosos podem até baixar o estresse das pessoas ao nosso redor, dando significado e viabilidade para a ideia de que nós, como indivíduos, somos capazes de mudar o mundo ao nosso redor.

PADRÕES RÍTMICOS DO CORAÇÃO

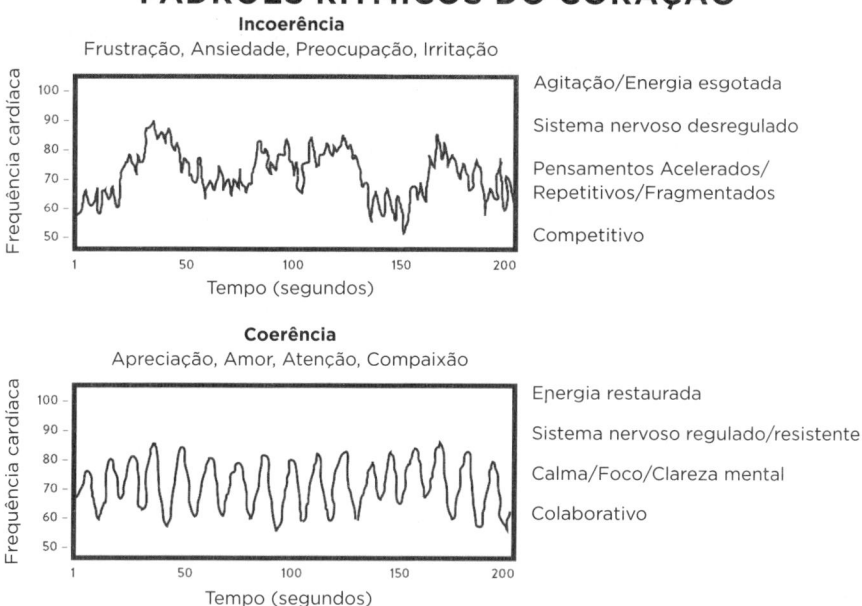

O coração realmente possui seu próprio "pequeno cérebro", como dizem os cientistas, o qual inclui cerca de 40 mil neurônios.[33] Assim como o cérebro, ele pode armazenar memórias de curto e longo prazos, o que explica por que alguns pacientes com corações transplantados podem acessar memórias da vida do doador e até exibir traços de sua personalidade.[34]

Nosso coração é o órgão do corpo mais energeticamente poderoso, emitindo um campo de energia elétrica sessenta vezes mais forte que aquele produzido pelo cérebro e um campo eletromagnético cem vezes mais forte.[35] A energia eletromagnética do coração pode ser detectada em toda a superfície da nossa pele, a até um metro e meio de nós, e por aqueles perto de nós, impactando a atividade cerebral deles.[36] Usando os campos elétrico e eletromagnético com hormônios e outros sinais sensoriais, o coração constantemente envia informações para nós e para aqueles ao nosso redor, enquanto recebe, codifica e apreende informações do ambiente.[37] De fato, é o coração, não o cérebro, que interpreta os sinais eletromagnéticos das pessoas e do mundo ao redor, tornando-se o centro de nossa intuição.

Talvez você tenha notado que algumas pessoas têm certa energia singular. Elas podem emanar leveza, calor ou alegria, ou podem sempre parecer tristes, taciturnas ou melancólicas, talvez ansiosas, agitadas ou nervosas. Isso que você sente é o campo eletromagnético do coração dessas pessoas, que podemos sentir energeticamente a vários metros de distância. De modo semelhante, quando duas pessoas se tocam, sentam-se lado a lado ou se deitam perto uma da outra, as batidas de seus corações podem impactar e mudar suas ondas cerebrais. E, mesmo se estivermos do outro lado da sala em uma conversa com outra pessoa, os ritmos de nossos corações também a influenciam.[38]

O coração é impactado por um sistema sensorial que registra mudanças de momento em momento à medida que nossa energia muda ao interagirmos com coisas e pessoas. Quando estamos no estado de coerência cardíaca, o sistema nervoso permanece aberto e receptivo aos estados energéticos daqueles ao nosso redor, ajudando-nos a acessar um tipo de intuição conhecido como *sensibilidade energética*.[39] A sensibilidade energética nos permite detectar a energia das pessoas fisicamente próximas de nós ou com quem nos sentimos mais emocionalmente semelhantes. É provável que você já tenha sentido essa intuição da última vez que percebeu que uma pessoa amada estava irritada ou incomodada por algo sem falar diretamente com ela. Ou foi capaz de notar leveza ou carga positiva quando estava próximo de alguém que acabara de passar por algo alegre, antes mesmo de saber qualquer coisa que tivesse acontecido.

Nosso coração sente outro tipo de intuição, conhecido como intuição não local ou intuição à distância. Esse tipo de intuição pode nos ajudar a sentir o estado das pessoas e dos eventos que estão fora de nossa proximidade imediata ou que não estão acontecendo no momento. Embora essas experiências possam ser facilmente interpretadas como maluquice, a intuição não local é lastreada por provas científicas sólidas. Pesquisas mostram que o coração pode de fato prever eventos *antes* que eles ocorram, com um estudo descobrindo que o coração físico das pessoas reage a fotos perturbadoras antes de elas visualizarem de fato as imagens.[40] Essas descobertas foram reproduzidas em diferentes culturas usando-se vários estímulos.[41]

Você mesmo já pode ter experimentado a intuição não local se já pensou em alguém e imediatamente recebeu uma mensagem ou uma ligação dessa pessoa, ou se já chegou a saber o que uma pessoa amada estava pensando antes que ela falasse com você. Outros exemplos incluem pais e mães que sentiram que algo havia acontecido com seus filhos mesmo fisicamente distante deles, assim como empresários que tomaram decisões bem-sucedidas com base na intuição.[42]

Além da intuição não local, o coração tem poderes intuitivos que cientistas admitem que não conseguem quantificar totalmente. Apesar desse fato – ou talvez por causa dele –, está ficando cada vez mais claro para os pesquisadores que o coração "está conectado a um campo de informações que não é regido pelos limites clássicos de tempo e espaço", ao mesmo tempo que contém algo sobrenatural ou "uma parte mais profunda daquilo que constitui uma pessoa".[43]

Podemos acessar esse campo informacional apenas quando estamos em um estado seguro e socialmente conectado de ativação parassimpática vagal ventral, que já discutimos no capítulo 3. Quando estamos nesse estado, o corpo pode silenciar a estática causada por nossos pensamentos para que possamos ouvir os chamados intuitivos do coração. Pense em como seu coração e seu peito parecem abertos, leves e arejados quando você está relaxado, calmo e em paz. Compare esse estado com as sensações pesadas, fechadas ou constritas que você identifica quando se sente com medo, estressado ou preocupado. Essa é a sua intuição falando com você.

Quando coração e cérebro estão alinhados energética e emocionalmente, podemos identificar melhor as sensações de nosso coração e entender suas mensagens. Se sentimos o coração centrado, calmo e expansivo quando estamos considerando uma ação em nosso relacionamento, provavelmente essa é uma escolha segura ou alinhada para nós no momento. Em contrapartida, se o sentimos apertado, acanhado ou temeroso, a ação que desejamos levar adiante pode não ser a escolha mais segura ou alinhada para nós.

Com o tempo, podemos reconhecer toques no fundo da mente, aqueles momentos de profunda ciência, intuição, vozes internas inesperadas, imagens ou visões, ou batidas diferentes do coração. Quando estamos abertos a sentir nosso coração e receber suas mensagens, podemos notar nossa consciência também se abrindo de outras maneiras. É possível notar aqueles outros momentos de percepção e clareza que ocorrem quando uma ideia ou uma solução irrompem na consciência, interrompendo os pensamentos repetitivos da mente. Ou começamos a detectar aquelas gentis cutucadas implorando para movermos nossa amada xícara antes de ela cair da mesa, para pegarmos um guarda-chuva pouco antes de uma inesperada tempestade ou mudarmos a rota para o trabalho, na qual então encontramos um gatinho precisando de ajuda. Esses são alguns exemplos de nossa intuição falando por nós.

Estar conectados com o coração e em um estado de coerência nos permite acessar nossa criatividade inerente e mais facilmente entrar em um "estado de fluxo", e isso nos deixa completamente imersos em um projeto, hobby, conversa ou qualquer coisa acontecendo no momento.[44] Esses momentos expansivos de fácil atenção e conexão podem nos ajudar a identificar e buscar nossas verdadeiras paixões e propósitos.

O problema para a maioria de nós é que passamos pouquíssimo tempo – ou mesmo nenhum – conectados com nosso coração e em um estado de coerência cardíaca. Quando estamos constantemente sobrecarregados pelo ambiente externo por causa de condições de vida caóticas ou inseguras, ou pelo ambiente interno por causa de pensamentos ou emoções perturbadoras, nosso corpo fica exageradamente estimulado e estressado, mantendo-nos desconectados de nosso coração e em um estado de incoerência. Nesses momentos, o cérebro e o coração embaralham as mensagens que eles trocam entre si e que vêm e vão do mundo ao nosso redor, e não seremos capazes de acessar nossa intuição, avaliar situações com clareza e precisão ou ficar abertos ou curiosos sobre os outros. O coração pode estar nos enviando mensagens, mas não seremos capazes de ouvi-las porque o cérebro vai se sobrepor a esses sinais. Quando está fora de sincronia com o coração, o cérebro pode enxergar apenas conflito, encontrando e destacando as distâncias e as diferenças nas pessoas que mais amamos. Felizmente, existem maneiras para clarear a estática que nos impede de encarnar a eterna presença do amor.

Podemos começar a desfrutar dos momentos de coerência cardíaca e a utilizar nossa intuição, o que nos ajuda a desenvolver confiança e segurança diante de um futuro inevitavelmente incerto. Mas lembre-se de que criar a coerência cardíaca não vai acabar totalmente com o estresse e a ansiedade; isso é humanamente impossível: situações estressantes e perturbadoras fazem parte da vida. Cultivar a coerência cardíaca, no entanto, pode incrementar nossa capacidade de trazer o sistema nervoso de volta para a segurança depois de experiências ou emoções tensas e desconfortáveis. O aumento de nossa resistência ao estresse pode nos ajudar a tolerar uma variedade maior de situações sem nos deixar sobrecarregados com estresse e presos em uma resposta do sistema nervoso como resultado. Se não conseguimos nos regular ou nos acalmar quando estamos estressados ou irritados, nosso cérebro continuará enviando mensagens pautadas em medo, e nunca seremos capazes de nos sentir seguros o bastante em nosso corpo para nos conectar ou ouvir nosso coração.

CURANDO OS SEUS RELACIONAMENTOS COM A COERÊNCIA CARDÍACA

Quando coração e cérebro trabalham juntos em harmonia e de modo eficiente, podemos sentir o ambiente com mais precisão e tomar decisões que nos permitem manter conexões com os outros. Também podemos pensar mais claramente e lidar melhor com o estresse emocional da vida.

Embora o sistema nervoso seja programado para responder a ameaças, o coração é capaz de criar conexões compassivas. Tolerar o estresse e dificuldades emocionais sem se tornar desregulado, sobrecarregado ou desligado nos ajuda a responder aos outros de um jeito mais calmo e amoroso. Ainda nos sentiremos estressados e irritados em nossa vida e nossos relacionamentos, é claro, mas seremos capazes de permanecer curiosos e abertos às perspectivas e experiências de outras pessoas. Seremos capazes de criar espaço em nossos relacionamentos para explorar e nos conectar com indivíduos diferentes e únicos. Ao mesmo tempo, seremos capazes de determinar e manter limites claros para não nos sentirmos esgotados ou ressentidos com essas diferenças, aumentando nossa capacidade de nos apresentar como a pessoa compassiva e amorosa que somos capazes de ser.

Criar esse estado de coerência cardíaca que pode mudar sua vida e seus relacionamentos começa com a dedicação de pequenos momentos durante o dia para se concentrar em encarnar aquilo que os pesquisadores chamam de *sentimentos fundamentais do coração*, ou emoções positivas, como apreciação, gratidão, compaixão, cuidado e amor. Experimentar essas emoções positivas pode harmonizar os ritmos do coração, fazendo-o passar de padrões irregulares para padrões suaves, "como ondas senoidais", além de reduzir a atividade do sistema nervoso simpático enquanto aumenta a atividade do parassimpático.[45]

Praticar a gratidão, em particular, pode nos ajudar a nos sentir mais ancorados no momento presente em vez de presos revivendo as dificuldades do passado ou nos preocupando com o futuro. A gratidão nos deixa ancorados em uma consciência daquilo que está presente no aqui e no agora, dando-nos a oportunidade de aceitar nossa realidade atual e ajudando-nos a sair do estado de resistência energética no qual muitos regularmente estão. Para você experimentar o impacto da gratidão de modo rápido, tire um momento para notar como sente a energia do seu corpo da próxima vez que se encontrar pensando que você "precisa" ou "deveria" fazer algo, seja ligar para um ente querido, seja escovar os dentes antes de dormir. Depois, tire um momento para mudar sua mente para pensamentos de gratidão pela oportunidade de completar aquilo que você precisava fazer. Em outras palavras, mude a sua linguagem mental de "eu preciso fazer X" ou "eu deveria fazer Y" para "eu posso escolher fazer X", notando como a energia do seu corpo muda em resposta a essa alteração mental. Pode ser útil incrementar essa prática adicionando outro momento para considerar seu propósito e sua intenção por trás de sua ação ou sua escolha. Usando esses exemplos, você pode lembrar a si mesmo: "Posso escolher ligar para meu ente querido porque isso faz com que nos sintamos mais conectados um com o outro, o que é importante para mim" ou "Posso escolher escovar os dentes porque o bem-estar do meu corpo é importante para mim".

Reconectar e ativar seu coração com esses pequenos gestos todos os dias, como espero que você esteja começando a enxergar, é importante para criar o espaço e a oportunidade necessários para se expressar autenticamente e dar aos outros o espaço e a oportunidade para fazerem o mesmo. Essa autêntica expressão emocional é aquilo que cria a possibilidade para os outros de fato nos conhecerem e se conectarem conosco, permitindo que eles se sintam seguros o bastante para que nós os conheçamos e nos conectemos com eles. Realmente, conhecer alguém ou nos sintonizar com essa pessoa tanto com o coração quanto com o cérebro nos ajuda a sentir o ponto de vista emocional *dela* – essa é a base da conexão autêntica e empática.

OS SEGREDOS ESCONDIDOS
NA BATIDA DO SEU CORAÇÃO

A frequência cardíaca é o ritmo da vida, uma força que pode ser sentida por todo o corpo e o primeiro sinal vital que os médicos checam para discernir os vivos dos mortos, mas ela não é apenas uma marca da existência física – é o "idioma inteligente" do coração, usado para comunicar experiências emocionais ao cérebro, ao corpo e ao mundo ao redor. A cada batida, o coração envia impulsos neurais que alteram a atividade elétrica do cérebro, sobretudo em áreas relacionadas às emoções. A frequência cardíaca pode mudar a atividade elétrica dos cérebros ao nosso redor, incluindo os de animais e pessoas.[46]

O idioma do coração é específico para cada um de nós. Ao contrário da crença comum, o coração não bate como um metrônomo, em um ritmo preciso e igual. Em vez disso, ele bate em amplitudes e intervalos variados a cada segundo, com intervalos maiores ou menores entre as batidas. Isso é conhecido como variabilidade da frequência cardíaca (vfc), uma medida das flutuações de momento em momento na frequência cardíaca, as quais não podemos sentir porque são minúsculas. Essa variação é controlada pelo sistema nervoso autônomo, que também opera os troncos simpático e parassimpático e as respostas ao estresse dos tipos luta, fuga, congelar ou desligar e bajulação.

Quanto mais variação houver entre as batidas do coração, maior será a vfc. Quanto menos variação entre as batidas, menor será a vfc. Quando temos uma alta vfc, somos mais capazes de tolerar estresse, porque o coração pode rapidamente se recuperar ou retornar ao seu ritmo regular depois de uma experiência estressante. Quando temos baixa vfc, em contrapartida, respondemos ao estresse menos eficientemente, enquanto o coração tem dificuldade de se recuperar, muitas vezes permanecendo com uma variação elevada muito tempo depois de a experiência estressante acabar.

Você pode já ter experimentado o impacto da sua vfc se um carro já passou correndo ao seu lado enquanto você caminhava pela rua. Se sua vfc for alta, seu coração provavelmente acelerou por um segundo, oferecendo-lhe a energia para saltar do caminho, se necessário. Mas, logo depois, a vfc baixou, ajudando-o a se acalmar e se sentir seguro de novo. Se sua vfc for baixa, é provável que seu coração tenha acelerado e se mantido assim, incapaz de se acalmar e mantendo seus nervos à flor da pele por mais tempo que o necessário.

Em geral, ter alta VFC é associado a melhor saúde física, bem-estar emocional, resistência comportamental e regulação emocional. Alta VFC permite que o sistema nervoso passe mais tempo em um estado vagal ventral, melhorando a coerência cardíaca e a capacidade de estarmos abertos para nos conectarmos e cooperarmos com as pessoas ao nosso redor.

Baixa VFC reduz nossa capacidade de lidar com situações estressantes e emoções perturbadoras, por mais que queiramos lidar com elas de forma calma e eficiente. Podemos nos sentir cronicamente impacientes, agitados ou com os nervos à flor da pele, experimentar ondas de profunda dor e agir de modo irracional, machucando a nós mesmos ou aos outros, voltando-nos para drogas, álcool, comida, sexo ou outras substâncias e hábitos comportamentais disfuncionais em uma tentativa de aliviar nossa dor. Em um constante estado de sobrevivência, nós nos tornamos autocentrados, incapazes de nos sintonizar com outra pessoa ou enxergar e sentir coisas pela perspectiva dela.

Em relacionamentos, a diferença entre VFC alta e baixa pode significar reagir calma e responsavelmente quando a pessoa amada volta para casa agitada ou brigando, ou levar essa agitação para o lado pessoal, absorvendo por completo o estado emocional dela. Com alta VFC, somos mais capazes de dar espaço para a pessoa amada ou tempo para ela se autorregular, se necessário, ou podemos nos sintonizar e corregular com ela. Se somos nós quem voltamos para casa estressados, podemos mais rápida e eficientemente nos regular tendo alguns momentos sozinhos ou avisando de qual apoio precisamos no momento, que pode ser mais espaço, tempo ou um ouvido amigo.

AUTOAVALIAÇÃO DA VFC

Leia as seguintes perguntas e selecione as respostas que mais se alinhem com as suas experiências.

Você se sente fora de controle, sobrecarregado ou explosivamente reativo quando se irrita com os outros?

1. Nunca
2. Às vezes
3. Frequentemente

Você se sente incapaz de relaxar ou se acalmar com outras pessoas?

1. Nunca
2. Às vezes
3. Frequentemente

Você se sente amedrontado, desconfortável ou inseguro quando precisa ficar perto ou se conectar fisicamente com outra pessoa?

1. Nunca
2. Às vezes
3. Frequentemente

Você se sente amedrontado, desconfortável ou inseguro para ficar emocionalmente vulnerável com outra pessoa ou perto dela?

1. Nunca
2. Às vezes
3. Frequentemente

Você se sente amedrontado, desconfortável ou inseguro para dar ou receber amor, resistindo às tentativas de se conectar emocionalmente ou ter amor direcionado a você?

1. Nunca
2. Às vezes
3. Frequentemente

Você se sente incapaz de relaxar ou se acalmar quando está sozinho ou se sente desconfortável durante momentos de silêncio ou solidão — por exemplo, durante a meditação ou quando está sozinho?

1. Nunca
2. Às vezes
3. Frequentemente

Some as suas respostas. Quanto mais alta a pontuação, menor é a sua vfc e mais incoerente o seu coração poderá ser. Continue oferecendo compaixão a si mesmo, independentemente de sua pontuação, e considere usar esse exercício como uma oportunidade de começar a criar a mudança em seu corpo, sua mente e seu coração, uma mudança que é possível a cada momento, todos os dias. Seja lá onde você estiver em sua jornada de cura, aumentar a vfc e a coerência cardíaca desenvolvendo a consciência do corpo e da mente pode ajudá-lo a sair de seus padrões condicionados de reatividade, a encontrar paz e a sintonizar as mensagens do seu coração.

MINHA JORNADA PARA A CONSCIÊNCIA DO CORAÇÃO

Assim como muitos de vocês, eu não cresci com pais emocionalmente sintonizados, o que fez com que eu me desconectasse do meu coração. Meu pai e minha mãe eram imigrantes de segunda geração que cresceram em ambientes com poucos recursos físicos e emocionais. Em virtude de minha mãe ter sido, em grande parte, ignorada pelos próprios pais, ela permaneceu emocionalmente subdesenvolvida na vida adulta e incapaz de lidar com o estresse para que pudesse autenticamente se conectar com os outros. Quando minha irmã passou por uma série de crises de saúde na infância, meus pais ficaram sobrecarregados e sem apoio, sobretudo depois que seus familiares começaram a se distanciar, sem saberem como oferecer apoio ou apenas não querendo dar apoio algum. Minha mãe começou a se fechar emocionalmente para sobreviver ao estresse quase constante que ela enfrentava e desenvolveu dor crônica e problemas de saúde. Sem a capacidade de regular suas emoções, começou uma interminável jornada para encontrar maneiras de aliviar sua sempre crescente dor.

Quando eu nasci, tanto meu pai quanto minha mãe já tinham seus quarenta anos e havia décadas viviam em corpos presos em um estado de desregulação do sistema nervoso pautado no medo. Impelidos por um medo profundamente enraizado e priorizando a própria sobrevivência, eles foram incapazes de realmente empatizar comigo ou com meu mundo emocional. Sem ninguém para me ajudar a lidar com aquilo que acontecia dentro de mim e ao meu redor, eu também cresci me sentindo insegura. Sempre sobrecarregada e desregulada, eu raramente conseguia acessar o estado parassimpático vagal ventral de que precisamos para que nos sintamos ancorados e pacificamente conectados com nosso corpo e em nossos relacionamentos.

Eu me tornei a encarnação da crença intergeracional de nossa família – de que o mundo era um lugar assustador e solitário –, passada diretamente pelos meus pais e que se tornou minha própria experiência de vida. Aos vinte anos e logo depois de ela sair de casa, minha mãe descobriu que seu pai havia morrido de repente após um ataque do coração. A perda abrupta ativou sua mágoa profundamente enraizada de abandono e aumentou sua sensação de desconexão com as pessoas. Anos mais tarde, quando voltavam da lua de mel, meus pais viram um carro capotando várias vezes em um acidente sério – uma imagem que deixou minha mãe aterrorizada e assombrou as viagens de carro da família por anos. Meu pai sofreu com dolorosas provocações quando era pequeno e, depois de se tornar vítima de identidade roubada anos mais tarde, passou a achar que todos tentavam tirar vantagem dele.

Minhas próprias experiências reforçaram as preocupações dos meus pais. Ao crescer em uma área da Filadélfia que nem sempre era segura, eu muitas vezes acordava com o som das sirenes da polícia em atendimento à ocorrência de crimes ou acidentes. De fato, no dia que voltei do hospital depois de nascer, a garagem da nossa casa pegou fogo após meu irmão mais velho acidentalmente soltar uma fagulha enquanto restaurava um carro antigo. Em mais de uma ocasião, acordei e descobri que o carro da família tinha sido roubado na frente de casa. E, depois que a casa da vizinha foi roubada enquanto ela cuidava do jardim no quintal, meus pais apenas aumentaram a frequência com a qual me lembravam de que eu nunca estava de fato segura, mesmo dentro da minha própria casa.

Com o tempo, eu raramente me sentia segura em meu próprio corpo e no mundo ao meu redor. Com a constante ameaça de doença, perda ou morte daqueles de quem eu dependia para minha sobrevivência, frequentemente me deitava na cama à noite com medo e sentindo um aperto no peito. Com o tempo, meu corpo começou a adotar uma postura encolhida durante o dia, protegendo meu coração vulnerável, apesar dos muitos avisos da minha mãe para me endireitar. Sem demora, eu encarnei o mantra da família LePera de que sempre havia algo com que se preocupar, já que eu parecia carregar fisicamente o peso do mundo sobre os ombros. Logo, assim como meus pais, meu corpo começou a funcionar no modo sobrevivência na maior parte do tempo. Oprimida pelo medo e sempre me preparando para o pior, eu não conseguia me conectar com meu coração, mesmo se soubesse e quisesse. Simplesmente não me sentia segura sendo vista ou analisada por outras pessoas, o que fazia que eu parecesse quieta e dolorosamente tímida para o mundo exterior, escondendo-me debaixo da mesa quando estranhos nos visitavam ou atrás da perna da minha mãe ao sair em público. Para aliviar meus medos profundamente enraizados, mantive o hábito de chupar o polegar (como tinha feito no ventre) e roer as unhas até chegarem a um tamanho doloroso, apesar de sempre ter sido ridicularizada por minha família por causa disso.

Durante a adolescência e até os vinte anos, meu corpo continuou priorizando minha sobrevivência acima de tudo. Desconectada do meu corpo e do coração físico, eu estava desconectada da minha intuição. Depois de décadas contando com outras pessoas, não conseguia tomar nem a menor das decisões em minha vida, como o que comer no almoço ou como preencher uma hora de tempo livre sozinha. Por muito tempo, esperava que os outros me dissessem o que era esperado de mim. Havia aprendido a depender da validação que recebia enquanto tentava não desapontar os outros a qualquer custo. Instintivamente acreditando que meu valor se baseava em como os outros me enxergavam, continuei traindo minhas necessidades e meus desejos autênticos para conseguir atender às expectativas imaginárias e, muitas vezes, irreais que eu colocava sobre mim. Rapidamente, meu papel condicionado da Perfeccionista, de forma neurobiológica, vinha tão fácil para mim que parecia muito natural, como se fosse parte da minha personalidade agir de maneiras que destruíam a autoconfiança e a autoestima. Eu até mesmo ficava obcecada com meu desempenho enquanto fazia coisas "agradáveis", como um projeto de arte, escrever no meu diário ou escolher meu estilo de vestuário, julgando as tintas que eu usava, minha caligrafia ou minhas roupas.

Ao mesmo tempo, de modo genuíno acreditava que estivesse seguindo minha intuição quando evitava algo que me deixava fisicamente desconfortável. Isso foi outra coisa que aprendi com minha mãe, que passara a acreditar que o desconforto físico sempre sinalizava que algo estava errado. Por anos, toda vez que eu me sentia fisicamente desconfortável, mesmo quando me exercitava ou alongava, presumia que isso significava que eu precisava parar. Foi apenas muito mais tarde em minha vida que descobri que quase sempre eu me sentia fisicamente desconfortável, com uma quase constante tensão muscular e outras sensações problemáticas relacionadas a estresse crônico e desregulação do sistema nervoso. Quando me exercitava de forma mais intensa e a frequência cardíaca e o fluxo sanguíneo aumentavam, eu me sentia com medo e não empoderada, porque aquelas sensações eram semelhantes às que eu sentia quando tinha um ataque de pânico – e foram a razão para, com o tempo, eu acabar evitando a maioria dos exercícios aeróbicos mais rigorosos, mesmo os mais benéficos. Parei de fazer qualquer coisa em que não fosse imediatamente boa porque não conseguia tolerar o desconforto emocional e a frustração que muitas vezes ocorrem quando aprendemos coisas novas. Embora ela tivesse boas intenções, a escolha da minha mãe de permitir que eu evitasse atividades desconfortáveis apenas me fez inventar desculpas, em vez de me ajudar a construir a tolerância muito necessária ao estresse e ao desconforto.

À medida que eu continuava me enxergando de modo mais claro, comecei a perceber que não era necessariamente a pessoa bondosa e atenciosa que eu, por intuição, acreditava ser, sempre me importando muito com o que os outros pensavam. Depois de aprender sobre o poder do coração humano, comecei a perceber que eu nunca poderia realmente ser compassiva se permanecesse fechada para o meu coração e continuasse tomando decisões pautadas em minha sobrevivência pessoal. Sendo assim, porque, para mim, conectar-me com outras pessoas em um nível emocional parecia tão pouco familiar e inseguro, eu mantinha meu coração cautelosamente trancado em um cofre.

Estar desconectada do meu coração me distanciava de hobbies, interesses e até de uma vida profissional satisfatória. Embora sempre tenha sido uma pessoa determinada – sabia desde cedo que queria ser psicóloga –, eu me sentia desapaixonada e sem propósito. Nos meus vinte anos, li um livro do dr. Wayne Dyer, também terapeuta, no qual ele descrevia como encontrou sua paixão e seu propósito na escrita e no ensino. Quando minha parceira, Lolly, contou que frequentemente sentia uma fagulha passional de curiosidade e interesse em relação a certos assuntos e experiências, comecei a desconfiar que talvez eu não tivesse nascido com o "gene passional", se é que algo assim existia.

Agora posso enxergar que eu estava tão dissociada do meu coração que, na verdade, me fechava para aquilo que de fato me interessava. Quando penso em minha infância, posso sentir a fagulha de paixão em uma garotinha que realmente gostava de suas aulas de dança, embora eu tivesse largado as aulas, sentindo-me desconfortável em meu corpo à medida que percebia que recebia mais validação em outras atividades. Agora me vejo, assim como vejo a todos nós, como um ser cheio de criatividade ilimitada e um propósito único que adora compartilhar pensamentos e ideias com as pessoas ao redor. Estou cheia da mesma fagulha de criação passional que nos faz brilhar internamente.

Depois da minha viagem para Bali com Lolly, eu sabia que precisava me reconectar com meu coração. Para isso, teria que começar a regular meu sistema nervoso – de outro modo, estaria fechada demais para me conectar com qualquer coisa dentro de mim ou com qualquer pessoa próxima. Usando muitas das práticas já discutidas aqui, comecei a acalmar meu sistema nervoso, e isso me ajuda a me sentir fisicamente segura. Passei a testemunhar minha história do ego, vendo quando e como ela influenciava minhas experiências emocionais e fazia meu cérebro suplantar as mensagens do meu coração. Comecei a prestar atenção consciente quando me sentia induzida a tomar uma decisão com base naquilo que eu pensava que as outras pessoas queriam ou precisavam de mim. Até desliguei as notificações do meu celular para ficar menos disponível para os outros ou para obrigações externas em geral e mais disponível para mim mesma.

Se alguém me enviava uma mensagem e eu notava que me sentia pressionada a retornar a ligação imediatamente, fazia uma pausa para me conectar com meu coração. Fazer isso me ajudava a sair do modo de agradar às pessoas e me dava o espaço para avaliar aquilo que *eu* realmente queria ou de que precisava no momento. Se estivesse estressada ou sobrecarregada, lembrava que não precisava retornar a ligação naquele minuto – eu me permitia dizer não, para tomar tempo e espaço, checar e regular a mim mesma, e escolher quando e como responder. Cada vez mais consciente e intencional em minhas escolhas de quando e como me apresentar aos outros, eu não me sentia mais impelida a agir de certas maneiras para manter meus relacionamentos. E, se me sentisse culpada sobre essas novas escolhas, algo natural quando criamos limites ou dinâmicas em nossos relacionamentos, eu lembrava que atender às próprias necessidades é a coisa mais amorosa que eu poderia fazer para outra pessoa.

Reconhecendo minha pouca tolerância para o estresse físico e meu desconforto emocional, comecei a me expor, de forma intencional, para condições levemente desconfortáveis, como, por exemplo, a terapia do gelo. Passei a tomar rápidos banhos gelados e a mergulhar minhas mãos em água gelada por alguns minutos. Quando meu corpo resistia ao desconforto contraindo os músculos, eu respirava mais lenta e profundamente naquela tensão, ensinando-o a se sentir seguro durante o estresse. Praticando de modo consistente, treinei o meu sistema nervoso a se recuperar mais rapidamente do estresse, aumentando minha janela de tolerância para o desconforto físico e emocional.

Nesse ínterim, acabei percebendo como evitava ficar sozinha comigo mesma. Durante meus vinte anos, passei muito pouco tempo sozinha, pois morei em cidades muito populosas, com uma vida social ativa. Obsessivamente, eu planejava como passaria meu tempo livre, mantendo-me ocupada fazendo planos com outras pessoas. Lembro-me da primeira vez que saí para almoçar sozinha e passei por várias sensações desconfortáveis. À medida que eu continuava aumentando minha tolerância ao desconforto por meio das minhas escolhas diárias, fazia questão de começar a priorizar momentos para me sentar sozinha e ficar comigo mesma.

A princípio, foi difícil tolerar essa falta de movimento, e também pode ser difícil para você: quando estamos no modo de sobrevivência, nós nos sentimos impelidos a continuar nos movimentando à medida que nosso corpo ativa a resposta do tipo luta ou fuga – e, se não pudermos nos mover, podemos nos prostrar ou desligar, dissociando-nos de nosso corpo físico para que não possamos sentir nada. Mas, se pudermos aprender a tirar um tempo e, conscientemente, praticar ficarmos parados quando *não* estamos estressados, vamos melhorar nossa capacidade de sentir emoções em vez de lutar contra elas, fugir ou congelar e desligar. Conectar-nos com as sensações de nosso corpo enquanto estamos parados, embora possa parecer desconfortável a princípio, treina nosso cérebro a sincronizar com nosso coração. Para reconstruir minha própria conexão coração-cérebro, tirei um tempo todos os dias por meses para ficar parada comigo mesma e explorar aquilo que meu coração dizia, definindo um alarme de cinco minutos no meu celular e, às vezes, fazendo o exercício para despertar o coração que você aprenderá na página 212.

Com o tempo, passei a enxergar padrões nas mensagens do meu coração. Certas escolhas e relacionamentos faziam-no se sentir aberto e expansivo, enquanto outras faziam-no se sentir fechado e contraído. Quando eu passava um tempo com certos amigos, percebi que meu coração não se sentia leve e aberto, então comecei a limitar o tempo que dedicava a sustentar aquelas conexões. Ao mesmo tempo, comecei a ouvir as difíceis mensagens que meu coração me enviava sobre minha então esposa, o que por fim me ajudou a tomar a difícil decisão de terminar nosso casamento.

Rapidamente comecei a notar que não conseguia tolerar momentos de silêncio com outras pessoas. Em situações sociais, eu imediatamente preenchia os silêncios, compartilhando observações superficiais ou histórias. Por um longo tempo, aquele hábito foi meu jeito de escapar do desconforto que eu sentia enquanto me permitia entreter aos outros para que gostassem de seu tempo comigo. Ficar mais confortável em meu próprio silêncio me ajudou a ficar mais confortável no silêncio com os outros. Em vez de correr para preencher uma pausa em uma conversa, eu praticava me dar um tempo para considerar se havia algo que de fato eu quisesse compartilhar, depois aproveitando a oportunidade para falar do fundo do meu coração e dividir experiências emocionais mais profundas em vez de distrações para entreter. Hoje, continuo praticando semanalmente quando gravo podcasts, resistindo à vontade de preencher um período de silêncio entrando no "modo professora", embora ainda haja momentos em que o medo e a vergonha de compartilhar minha jornada pessoal mais vulnerável aceleram meu coração e causam tensão em meus músculos.

Ficar mais conectada com meu coração mudou tanto minha vida profissional quanto minha vida pessoal. Em vez de continuar atendendo a clientes na clínica, percebi que minha verdadeira paixão era ensinar os outros a criar mudanças e empoderar a si mesmos em sua própria jornada de cura. Decidi abrir minha conta no Instagram, que eu havia inicialmente criado como espaço para compartilhar minha jornada pessoal mais autenticamente com os outros. Ficar vulnerável nas redes sociais não foi fácil no começo, e posso me lembrar de muitos momentos em que precisei lidar com meu intenso desconforto de ser vista, sobretudo enquanto aprendia uma nova habilidade, como falar com a câmera. Gradualmente, estou me tornando mais capaz de abraçar o processo de aprender coisas novas. Ao lidar com minha resistência e escolher meu novo caminho na carreira para ajudar as pessoas, eu me sinto muito mais apaixonada e satisfeita com minha profissão do que antes. Entro em meu estado de fluxo de modo mais fácil, com o ambiente ao meu redor saindo de foco quando começo a escrever, ensinar ou falar, inspirada pela profunda sensação de conhecimento interno.

Atualmente, continuo usando meu Diário do Eu Futuro todas as manhãs para me lembrar da intenção de me manter conectada com meu coração, afirmando ou escrevendo o seguinte: "Estou ancorada em paz e em consciência amorosa. Minha alma está alinhada com minhas intenções e escolhas diárias. Hoje, eu escolhi encarnar o amor". E, então, passo mais alguns momentos em silêncio refletindo enquanto leio algum livro espiritual ou de meditação. Continuo examinando meu coração intencionalmente e muitas vezes durante o dia para encarnar gratidão, compaixão ou amor, acessando um estado de coerência cardíaca. É claro, ainda há ocasiões em que me sinto sobrecarregada ou estressada e meu sistema nervoso se torna desregulado – e isso é esperado, já que sou humana. Nesses momentos, pratico acalmar meu corpo para poder me reconectar com meu coração. Quando faço isso, eu me sinto em paz e consigo me expressar melhor tanto em minha carreira quanto em meus relacionamentos. Sinto-me mais segura quando estou longe das minhas parceiras, sabendo que ainda estamos conectadas e que ainda sou amada. E, também, com mais frequência consigo ser vulnerável com elas, compartilhando aquilo que está em minha mente assim como em meu coração. Finalmente sou capaz de aliviar aquela velha sensação de estar sozinha em uma sala lotada.

A JORNADA DE HASSAN PARA A CONSCIÊNCIA DO CORAÇÃO

Quando Hassan começou a se consultar comigo, ele estava ansiosamente tentando completar um pós-bacharelado em Pré-Medicina para que pudesse entrar em uma faculdade de Medicina, embora tenha tido dificuldades de terminar seu curso de Biologia. Sendo o filho mais velho de imigrantes indianos de primeira geração, ele cresceu com pais que haviam direcionado tudo o que ele deveria fazer, incluindo sua futura carreira, dizendo-lhe que *tinha* que se tornar médico para trazer orgulho e segurança financeira para sua família.

Além de sentir ansiedade diariamente por conta de seu caminho profissional, Hassan tinha dificuldades com sua identidade como homem gay. Ele se sentia inseguro de se mostrar abertamente gay e escondia, mesmo das pessoas mais próximas, seus poucos e curtos relacionamentos com pessoas do mesmo sexo. Ele se sentia deprimido, sem esperanças e entorpecido, como se estivesse apenas sendo levado pela vida. Embora quisesse desesperadamente um parceiro (e uma carreira) a quem amasse, ele estava tão dissociado de seu coração, assim como de seu próprio corpo, que não fazia ideia de como se conectar consigo mesmo, muito menos com outra pessoa.

Assim como em minha própria experiência, a desconexão de Hassan com seu coração começou na infância. Quando ele era criança, seus pais criticavam qualquer interesse ou desejo que diferisse daquilo que eles achavam aceitável. Ele adorava desenhar em seu quarto e caminhar na mata – não brincar na rua com amigos ou ler sobre Biologia. Assim que seus pais descobriram que ele passava muito tempo desenhando em vez de estudando, eles o acusaram de estar desmotivado e procrastinar, chegando a puni-lo por desperdiçar horas naquilo que eles acreditavam ser um hobby fútil. Em resposta, Hassan começou a esconder seus desenhos e não contar a seus pais sobre suas caminhadas na mata, acabando por esconder também as outras partes de si que ele tinha medo de que eles desaprovassem. Quanto mais crescia e mais pressão seus pais exerciam, mais ele tentava se manter pequeno e fora do caminho, desejando evitar ser notado por seus "defeitos".

Com o tempo, Hassan começou a encarnar o eu condicionado Insuficiente, tornando-se invisível em suas tentativas de evitar críticas. Encarando uma ameaça consistente de ser julgado, seu sistema nervoso gradualmente começou a se desligar, causando entorpecimento emocional, vazio, desconexão e depressão, que ele sentia regularmente.

Pouco depois de fazer dez anos, Hassan se deu conta de que era gay. Ele não ousou contar aos seus pais por medo de que não o aceitassem, o que o fez se tornar ainda mais reservado, sempre tentando desaparecer de vista nos eventos de família. Sentindo vergonha de todos os aspectos de sua identidade, começou a mostrar cada vez menos de si mesmo, acreditando que quem ele era em seu âmago – artístico, tímido, amante da natureza, introspectivo, gay – não era bom o bastante. Protegendo a si mesmo da vergonha profundamente enraizada que sentia sobre sua identidade, ele se tornou cada vez mais desconectado de si mesmo e de seus sentimentos.

Embora fosse inteligente e aprendesse rápido, Hassan nunca conseguiu se dedicar inteiramente na escola, já que sofria muito com sentimentos de não merecimento, baixa autoestima e hábitos de restrição que o faziam sentir-se mais protegido perto de seus pais. Ele se formou no colégio com média C, sem conseguir entrar na faculdade que seus pais queriam que ele frequentasse. Na faculdade pública, Hassan teve dificuldades no curso de Biologia – o curso que seus pais escolheram para ele – e se sentia miserável. Tinha poucos amigos e ainda menos parceiros românticos. Os relacionamentos que mantinha eram superficiais, já que, subconscientemente, ele se recusava a se abrir com os outros por medo de que enxergassem seus defeitos e suas imperfeições. Hassan afastava seus amigos e parceiros com humor autodepreciativo, fazendo piada de si mesmo para agradar a voz crítica interior que ele havia desenvolvido durante os primeiros relacionamentos com seus pais.

Quando Hassan começou sua jornada de cura, ele se sentia deprimido, insatisfeito e sem esperanças, enfrentando dificuldades em uma faculdade que se sentia pressionado a cursar por razões que não conseguia entender. Tinha tão pouca energia que as pessoas o consideravam frio e indiferente, não o jovem rapaz sensível e passional que existiu antes dos anos de condicionamento que destruíram sua autoestima.

Depois que Hassan descobriu a teoria polivagal e os diferentes estados do sistema nervoso, ele começou a enxergar o quanto estava fechado. Passou a se perguntar se os seus sintomas depressivos – apatia, letargia e mau humor – eram sinais fisiológicos da dominação parassimpática causada por frequência cardíaca baixa, respiração superficial, digestão preguiçosa e baixa produção de energia. Para estimular seu sistema nervoso, ele começou a experimentar respiração Wim Hof, duchas frias e exercícios vigorosos, correndo em uma pista perto de casa. Essas atividades ajudaram-no a tirar seu sistema nervoso da dominância parassimpática dorsal, aumentando sua energia e fazendo-o se sentir mais desperto, motivado e presente.

À medida que ele começava a se sentir mais vivo de novo, seu sistema nervoso respondia a situações estressantes com mais flexibilidade, iniciando uma resposta do tipo luta ou fuga quando fosse apropriado antes de retornar à paz e à calmaria. Ele começou a se sentir mais seguro em seu corpo, o que lhe deu a capacidade de testemunhar sua história do ego – aquela que dizia que ele precisava se isolar e ficar invisível, temendo que expor seus "defeitos" o tornasse não merecedor de conexão e amor. Ao tornar-se cada vez mais confiante de si e de suas escolhas, ele se lembrava de que era merecedor e admirável por ser exatamente quem era.

Com o desenvolvimento de sua nova consciência do corpo e da mente, Hassan começou a tirar momentos durante o dia, sobretudo quando encarava uma decisão importante, para fazer uma pausa e examinar o seu coração. Ele também separava cinco minutos todos os dias, sem exceção, para se sentar sozinho e se reconectar com suas diferentes sensações físicas, prestando atenção na área ao redor do coração. Durante esse tempo, buscava encarnar sentimentos de compaixão, atenção e gratidão por si mesmo ou suas pessoas amadas (logo vamos discutir mais sobre isso).

Com o tempo, Hassan notou que seu coração enviava mensagens o tempo todo. À medida que continuava praticando a consciência do coração, pôde reconhecer e aceitar que não estava interessado em estudar Medicina nem em se tornar um médico – não surpreende que os cursos de Biologia e Pré-Medicina foram tão difíceis! Na verdade, o que acendia sua fagulha eram a arte e o design, e, pela primeira vez desde que era criança, ele se sentiu animado por algo quando começou a pesquisar empregos na área de Design Gráfico. Repensou como passava seu tempo livre, abandonando os hobbies que achava que deveria perseguir, como assistir a esportes e sair para clubes gays, para se concentrar naquilo de que ele realmente gostava, incluindo visitas a museus e passar um tempo na natureza.

Reconectar-se com seu coração e sua intuição ajudou Hassan a perceber que desejava uma ligação mais profunda com seus parceiros, pais e amigos. Mais fisicamente confortável em seu corpo e menos dependente de sua história do ego, ele gradualmente foi se sentindo seguro o bastante para ser vulnerável com eles, compartilhando mais de seu eu autêntico. Quando fez isso, ele se surpreendeu ao descobrir que ninguém realmente o havia abandonado. Com sua crescente confiança, foi capaz de pedir apoio aos seus entes queridos e se permitiu aceitar o amor e a atenção que eles tinham a oferecer. Hassan foi compassivo e paciente consigo mesmo enquanto, gradualmente, abria seu coração. E, com o tempo, até conseguiu se tornar mais confortável, abrindo-se a outros para encontrar e se conectar em relacionamentos que melhor se alinhavam com sua verdadeira natureza.

A SUA JORNADA PARA A CONSCIÊNCIA DO CORAÇÃO

Desenvolver a consciência do coração leva tempo. Não é algo que você consiga realizar seguindo uma rápida lista de itens. A jornada de cada pessoa é diferente, embora todas precisem regular o sistema nervoso primeiro. De outro modo, o seu sistema nervoso permanecerá em um estado de estresse e você não será capaz de sincronizar o seu cérebro com o coração, por mais que tente. Todas as práticas que exploramos no capítulo 5 o ajudarão a regular seu sistema nervoso, aumentando sua VFC e sua coerência cardíaca. Qualquer outra prática de autoajuda que gostar de fazer, seja manter um diário, seja praticar ioga, seja tomar um banho quente sob a luz de velas, também pode ajudá-lo a administrar o estresse, incrementar sua VFC e reconectá-lo com o seu coração.

Para desenvolver a consciência do coração, você precisa aprender a ficar parado sozinho e ouvir seu coração. Eu sei por experiência própria o quanto é difícil relaxar sem fazer nada, ficar sentado consigo mesmo para se conectar com seu coração e canalizar sentimentos como apreciação e gratidão, sobretudo quando você está se sentindo triste, irritado ou solitário. Por anos, meu corpo tinha dificuldade para descansar e relaxar na maior parte do tempo, e muito mais para encarnar os principais sentimentos do coração – com frequência me sentia física e emocionalmente incapaz de fazer isso. Se você se sente assim, não há nada de errado; você não está com defeito. Criar segurança para o seu sistema nervoso o ajudará a acessar essas emoções centrais do coração, e, quanto mais tempo você praticar, mais frequentemente será capaz de senti-las.

Exercício para despertar o coração

O exercício a seguir o ajudará a se reconectar com a energia do seu coração para que possa fortalecer a via de comunicação entre coração e cérebro para, então, sintonizar melhor seus sinais intuitivos. É útil praticar este exercício de ativação do coração diariamente ou com a máxima consistência possível, até mesmo (e em especial) quando se sentir estressado. Por causa da dificuldade que muitos sentem, compreensivelmente, em oferecer os sentimentos centrais do coração para pessoas com quem tiveram experiências ou relacionamentos difíceis, é útil ter paciência consigo mesmo durante a jornada. Quanto mais você praticar, mais conectado com seu coração se sentirá, independentemente das circunstâncias.

1. Encontre um lugar para se deitar confortavelmente por alguns minutos. Se você se sentir seguro, pode escolher fechar os olhos.
2. Respire algumas vezes lenta e profundamente. À medida que sentir seu corpo se acalmando, tire um momento para permitir que seus ombros relaxem, com as omoplatas voltadas para baixo. Deixe os braços soltos ao seu lado, com as palmas das mãos voltadas para cima. Permita que seu peito e seu coração se abram.
3. Comece a voltar sua atenção para a área ao redor do coração, respirando profundamente no espaço dentro do seu peito – pode ajudar imaginar uma luz dourada ou amarela brilhando no seu coração. Se você se sentir confortável ou perceber um chamado para isso, pode escolher pousar a mão sobre o coração, sentindo sua poderosa batida.
4. Passe os próximos momentos pensando em alguém ou algo na sua vida que traga uma sensação de amor incondicional (pode ser uma pessoa, um animal de estimação, uma experiência ou qualquer coisa), enquanto convida a sensação de compaixão e amor a entrar em seu coração.
5. Quando se sentir começando a encarnar a compaixão e o amor, explore ou note como sente essa energia de cura dentro de si. Pratique voltar a esse lugar quantas vezes conseguir durante o dia e estender essa sensação às pessoas que você ama e ao mundo ao seu redor, lembrando a si mesmo de que o amor é a sua verdadeira natureza.

CHECAGEM DA INTUIÇÃO

Quanto mais consistentemente você praticar sua conexão com seu coração, mais provável será que consiga ouvir as mensagens intuitivas do seu eu autêntico.

O exercício a seguir pode ajudá-lo a criar o hábito de fazer uma pausa para se conectar com seu coração, pois lhe dá espaço para sintonizar seus sinais. Conectar-se com seu coração vai auxiliá-lo a utilizar sua sabedoria interior para melhor entender e guiar suas escolhas.

- Faça uma pausa e comece a respirar lenta e profundamente para dentro do espaço do seu coração, colocando as mãos sobre o peito, se você quiser e se sentir seguro para isso.
- Volte sua atenção para a área do coração enquanto ativamente ouve e pergunta a si mesmo: "O que meu coração está me dizendo?". Pratique permanecer aberto e curioso para qualquer coisa que você note e mantenha sua atenção focada no seu corpo, sem tentar forçar ou usar palavras ou lógica para descrever aquilo que estiver sentindo.
- Se tiver uma pergunta específica ou estiver buscando uma orientação sobre uma decisão em particular, tire alguns momentos para imaginar cada uma das diferentes possibilidades ou dos resultados e pergunte a si mesmo: "Como meu coração se sente sobre essa possibilidade ou esse resultado? O meu coração se sente expansivo e leve, indicando um 'sim' para essa possibilidade ou esse resultado? Ou meu coração se sente contraído, preso e amedrontado, indicando um 'não' para essa possibilidade ou resultado?".
- Você pode achar útil tirar alguns momentos depois dessa prática para anotar em um diário seus pensamentos e suas sensações sem julgamentos, escrevendo qualquer coisa que tenha emergido em sua consciência.

Exercício para ouvir com a consciência do coração

Quanto mais você conseguir sintonizar o seu coração, mais conectado estará com seu guia interior quando estiver interagindo com outras pessoas ou em seus relacionamentos. Ouvir com o seu coração significa que você está realmente presente para ouvir e se conectar com aquilo que alguém estiver lhe dizendo, sem pensar na maneira como você responderá ou sem ficar distraído com qualquer outra coisa. Passe a prestar atenção em quantas vezes você ativamente ouve aquilo que as pessoas dizem e note os passos a seguir:

- Comece a consistentemente checar e testemunhar seus hábitos de escuta durante o dia.
- Note com que frequência você se perde nos próprios pensamentos quando alguém fala com você. Quando se perceber distraído com seus pensamentos, pratique trazer a atenção de volta para o seu coração, talvez até pousando a mão sobre o peito para ajudar a mudar o foco de volta para seu corpo.
- Respirando lenta e profundamente em seu espaço do coração, pratique ouvir de modo pleno as palavras e as experiências de outra pessoa enquanto nota qualquer mudança nas sensações do seu coração.

* * *

Ao começar sua jornada, lembre-se de que desenvolver uma prática consistente da consciência do coração pode levar tempo – semanas, meses e mesmo anos, dependendo de quão desconectado estiver agora e da consistência com que pratica esses exercícios. Você também provavelmente não será capaz de permanecer dentro da consciência do coração ou da coerência cardíaca por toda a vida – conectar-se e seguir seu coração é uma jornada de momento em momento, que se modifica de acordo com aquilo que estiver acontecendo ao seu redor e em seu corpo. Porém, quanto mais consistentemente você for capaz de criar a segurança de que precisa para reconectar-se com seu coração, com mais frequência será capaz de ouvir as mensagens dele e fazer escolhas guiadas por intuição, compaixão e amor em sua vida e em seus relacionamentos. É apenas quando estamos conectados com nosso coração que podemos autenticamente nos conectar com o coração de outra pessoa, e é apenas quando estamos conectados com nosso coração que podemos realmente *ser o amor que buscamos*, por meio de uma prática chamada corregulação, que vamos discutir a seguir.

> **Ao começar sua jornada, lembre-se de que desenvolver uma prática consistente da consciência do coração pode levar tempo.**

8

TORNANDO-SE O AMOR QUE VOCÊ BUSCA

Isso acontece de novo e de novo, Alejandra pensou. No último ano, sempre que ela mencionava morar com seu parceiro, Luca, ele mudava de assunto ou abria seu celular, dando desculpas sobre algum e-mail do trabalho ou mensagem de última hora que havia esquecido de enviar. Esse comportamento continuava a magoá-la, mas, depois de quatro anos juntos, não a surpreendia mais: era o *modus operandi* de Luca para evitar conversas difíceis, desviando-se ou distraindo-se quando as coisas chegavam perto demais. Ele se comportava da mesma maneira quando ela compartilhava seus sentimentos, e ela podia ver como ele tinha dificuldades para comunicar seus próprios sentimentos, sobretudo se fossem perturbadores. Quando ele se sentia irritado ou triste, em vez de expressar aquilo que estava errado, geralmente fazia comentários passivo-agressivos ou sarcásticos.

Ainda que Alejandra o amasse, a falta de disposição de Luca para compartilhar suas emoções, conversar sobre o relacionamento ou explorar assuntos difíceis criou uma dinâmica de "gato e rato" entre eles, com Alejandra sempre tentando fazê-lo se engajar ou compartilhar, e Luca sempre fugindo dessas conversas. Quando ela falou pela primeira vez sobre casamento, afirmando que queria isso para si, sem qualquer referência direta a ele, Luca imediatamente mudou de assunto, falando de um colega divorciado que agora namorava uma mulher muito mais jovem, fazendo Alejandra se levantar e ir embora do restaurante. Talvez ela pudesse até entender se tivesse mencionado casamento apenas depois de seis meses juntos, mas a conversa aconteceu após dois anos de relacionamento. *Dois anos!*, ela pensou. Eles discutiram pelo restante da noite, e o incidente criou uma tensão entre ambos que sempre retornava quando o assunto casamento era mencionado.

O casal ficou preso nesse ciclo por vários anos, até que Alejandra começou a regular seu sistema nervoso e quebrar os hábitos disfuncionais que prejudicavam sua regulação. Alejandra passou a notar o quanto se sentia ameaçada quando Luca mudava de assunto ou se ausentava mentalmente quando ela tocava em qualquer assunto relacionado ao relacionamento ou compartilhava seus sentimentos sobre o que estava acontecendo entre os dois. Com o tempo, ela aprendeu a praticar a respiração lenta e profunda e a sentir seus pés firmemente ancorados no chão ou seu corpo sustentado pela terra sob seus pés. Se tivesse dificuldade de se acalmar na presença de Luca, ela pedia licença para usar o banheiro até se sentir ancorada o bastante para voltar, limitando as vezes que ela o deixava abruptamente ou lançava fortes acusações contra ele.

Quanto mais autocompaixão Alejandra desenvolvia durante aqueles momentos difíceis, mais compreensão e compaixão ela tinha pelos outros, incluindo Luca. Ao aprender como seu trauma de infância continuava ativando estratégias de enfrentamento emocionalmente imaturas em si mesma, ela começou a enxergar como a infância de Luca havia feito com que conversas e sentimentos incômodos fossem não apenas difíceis, mas também amedrontadores para ele.

Luca cresceu com um irmão mais velho academicamente brilhante e uma irmã mais nova que era um prodígio do violino. Como filho do meio sem um talento óbvio, ele era negligenciado e criticado pelos pais, que muitas vezes perguntavam: "Por que você não vai bem na escola como o seu irmão? Você não quer ser bom em algo, como sua irmã?". Luca muitas vezes se sentia ignorado, desvalorizado e, em última instância, não merecedor.

Sobrecarregado pelos sentimentos com os quais os pais não o ajudaram a lidar, Luca começou a se distrair de qualquer maneira que conseguia. Ainda muito jovem, descobriu o álcool, que ajudava a aliviar a profunda mágoa que sentia, em especial depois que foi sexualmente abusado por um grupo de garotos mais velhos. Apesar de sua crescente necessidade de apoio, evitava ficar em casa, onde se sentia pior sobre si mesmo perto de seus pais e irmãos "perfeitos". Regularmente, ficava fora até tarde da noite com amigos, festejando e entrando em encrencas. Quando seus pais tentavam conversar com ele sobre suas notas baixas na escola ou sua falta de motivação, Luca os afastava, aumentando o volume da música em seu quarto ou dando desculpas, como estar com fome ou com dor de cabeça. Em seu coração, ele não era alguém que se esquivava ou que mentia, mas sua criança interior estava tão magoada que ele se dispunha a fazer qualquer coisa para evitar confronto, críticas e mais humilhação. Sentindo-se inseguro com a proximidade física e emocional, mantinha relacionamentos casuais, evitando se sentir muito exposto e ativar a vergonha enraizada que ele inevitavelmente sentia quando começava a desenvolver intimidade.

Quando Alejandra percebeu que o trauma passado de Luca influenciava seu comportamento atual, ela passou a se compadecer em vez de ficar com raiva, irritada ou magoada quando Luca se distraía ou mudava de assunto em momentos difíceis. Alejandra percebeu que a questão não era que ele não gostava dela ou de seu futuro juntos, como acreditava antes, mas que seu sistema nervoso se ativava, levando Luca a se sentir fisicamente ameaçado e inseguro. Ele nunca aprendeu a navegar ou tolerar emoções ou conversas difíceis e entrava no modo Distração, uma das respostas ao estresse mais comuns que exploramos no capítulo 3. Distrair a si mesmo era seu modo de lidar com o estado pautado em ameaça de seu corpo desde que era criança, e sua reação a Alejandra em momentos assim tinha pouco a ver com ela e muito com o modo como o sistema nervoso dele estava programado.

Com uma compaixão crescente por Luca, Alejandra foi capaz de usar uma abordagem diferente para essas interações. A solução não era parar de ter conversas difíceis com ele – era importante que ela expressasse seus sentimentos e seus desejos. Mas agora ela sabia que o momento certo era crucial quando tocava em um assunto ameaçador – se o sistema nervoso de Luca já estivesse ativado porque seu dia havia sido difícil, não tinha dormido na noite anterior ou tivesse conversado ou encontrado sua família, ele provavelmente se fecharia se ela tentasse ter uma conversa que ele percebesse como ameaçadora.

Ao mesmo tempo, nenhum planejamento podia impedir Luca de se sentir desconfortável quando a conversa se tornava desafiadora e de se distrair para evitar o desconforto físico e emocional. Mas agora Alejandra não levava essa reação para o lado pessoal. Em vez disso, trazia seu próprio sistema nervoso de volta para a segurança se ela se sentisse ativada pela reação dele, tentando permanecer calma enquanto tinha conversas difíceis com Luca.

Praticar a regulação do sistema nervoso em tempo real permitiu a Alejandra ajudar os dois a terem conversas difíceis e mais profundas: ela começou a corregular com Luca, usando a segurança do sistema nervoso dela para ajudar o sistema nervoso dele a relaxar e se sentir seguro sem dizer uma única palavra. Isso é possível porque a corregulação, que foi estudada por décadas por psicólogos e especialistas em comportamento, ocorre por meio dos sinais invisíveis que nosso corpo envia às pessoas ao redor.

Em momentos de grande estresse, Alejandra começava a sintonizar com Luca quando sabia que seu sistema nervoso estava ativado. Ancorada seguramente em seu corpo e com sua energia calma, ela podia sentir a energia dele mudar e notava quando ele ficava fisicamente tenso, visivelmente inquieto ou se afastava dela, todos indicadores do início de uma resposta ao estresse. Naqueles momentos, ela fazia uma pausa e checava com ele para ver se ele também tinha notado a mudança em sua energia. Se ele parecesse aberto e receptivo para compartilhar, ela podia até perguntar como a conversa o fazia sentir-se.

A princípio, Luca tinha dificuldade de responder àquelas perguntas, mas, com o tempo, a habilidade de Alejandra de fazê-lo sentir-se mais seguro permitiu a ele começar a se abrir. Em vez de acreditar que ela estava sempre com raiva ou irritada com ele, Luca passou a sentir que ela também estava suavizando e até era capaz de entender e estar com ele em seu desconforto. Corregular dessa maneira os ajudou a criar a segurança de que cada um precisava individualmente para explorar suas emoções juntos e desarmar a ameaça que Luca muitas vezes sentia em suas conversas.

Com o passar do tempo, Alejandra começou a sugerir maneiras para que eles trabalhassem juntos, ajudando a trazer o corpo de Luca de volta à segurança. Durante uma conversa em que ele estava receptivo, ela sugeriu que praticassem exercícios de respiração juntos, respirando fundo cinco vezes pela barriga. Em outras vezes, eles se abraçavam ou colocavam as mãos sobre o coração um do outro até os dois se sentirem relaxados. Se ele começasse a se sentir sobrecarregado ou desconfortável durante essas práticas, ela sugeria que fizessem uma pausa até ambos se sentirem confortáveis para recomeçar.

Ao praticarem a corregulação e começarem a aprofundar suas conversas e aumentar a segurança de sua conexão, Alejandra e Luca por fim conseguiram criar uma linha do tempo para morar juntos que parecia segura e possível para os dois. Estabeleceram limites antes de se mudarem, o que ajudou para que se sentissem mais confortáveis com a ideia. Alejandra concordava com a disposição de Luca de sair toda sexta-feira com os amigos, já que socializar ainda era uma grande parte de sua vida, e Luca passou a reservar os sábados para sair com ela. Eles concordaram que um quarto do novo apartamento seria inteiramente dele, e lá Luca poderia fazer a bagunça que quisesse sem a atenção e a crítica dela. Cinco anos depois, Alejandra e Luca ainda vivem juntos, compartilhando conversas mais profundas e uma autêntica conexão, enquanto continuam cocriando segurança quando necessário.

A corregulação, como veremos neste capítulo, não vai resolver todos os problemas do seu relacionamento nem forçar alguém a se abrir emocionalmente – essa pessoa precisa assumir a responsabilidade e fazer uma escolha consciente para se apresentar de maneira diferente no relacionamento, a fim de criar uma mudança verdadeira e duradoura. Mas, quando duas pessoas estão dispostas a trabalhar juntas, essa prática pode mudar de forma significativa suas dinâmicas de relacionamento, mesmo aquelas às quais possam estar presas ou que já sejam disfuncionais há vários anos.

Vamos nos aprofundar no assunto.

O PODER DA CORREGULAÇÃO

Humanos são seres sociais. Faz parte de nossa natureza evolutiva nos relacionar e nos conectar com outras pessoas. Somos parte de um ecossistema complexo e comunitário no qual somos física, emocional e neurobiologicamente dependentes uns dos outros. O cérebro social é, de modo simultâneo, dependente e programado por outras pessoas de mais maneiras do que imaginamos. Durante nossa vida, as pessoas ao nosso redor, sobretudo aquelas com quem passamos a maior parte do tempo, impactam a saúde de nosso sistema nervoso e vice-versa.

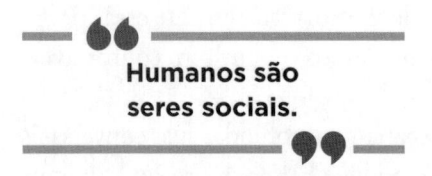

Humanos são seres sociais.

Quando duas pessoas estão próximas, seus corpos se comunicam direta e continuamente um com o outro, embora permaneçam fisicamente separados pelo ar e pela pele. Conhecida como *sinapse social*, essa comunicação é semelhante à maneira como as células do cérebro "falam" umas com as outras, o que é chamado de *sinapse neural*.

No caso da sinapse neural, nossos neurônios enviam mensagens elétricas e químicas pelo espaço entre eles.

Embora as interações sociais incluam sinais "palpáveis", como palavras, expressões faciais e sons, a maior parte da nossa comunicação com outra pessoa ocorre por meio de sinais invisíveis de natureza elétrica, bioquímica, hormonal, energética e emocional, que ocorrem fora de nossa consciência. Mesmo se não estivermos falando, olhando ou diretamente interagindo com outra pessoa, nossos corpos constantemente emitem hormônios, feromônios, energia eletromagnética e impulsos neurais que impactam o estado de regulação do sistema nervoso de cada indivíduo.

Você provavelmente já detectou esses sinais invisíveis se entrou em uma sala e sentiu que algo estava errado com alguém, mesmo que essa pessoa não tenha dito ou feito nada explicitamente para sugerir isso. Você sintonizou a energia do sistema nervoso dela e

A maior parte da nossa comunicação com outra pessoa ocorre por meio de sinais invisíveis.

outros sinais bioquímicos e hormonais ou talvez tenha se virado depois de sentir o olhar ou a presença de outra pessoa, flagrando-a olhando diretamente para você, um fenômeno verificado por pesquisas.[47] Esses sinais invisíveis desempenham um papel na criação de nossos sentimentos instintivos ou naqueles que sentimos sem qualquer causa racional.

Muitos de nós reagem aos outros com base em sinais visíveis – isto é, aquilo que alguém faz ou diz diretamente –, mas podemos reduzir bastante os conflitos em nossos relacionamentos se também começarmos a prestar atenção aos sinais invisíveis.

Sinais invisíveis ajudaram os humanos a permanecer seguros por milênios, permitindo a nossos ancestrais que comunicassem o perigo para os outros na mesma família ou grupo sem precisar falar, gritar ou fazer gestos visíveis ou audíveis que poderiam atrair a atenção de predadores ou grupos rivais. Em tempos modernos, sinais invisíveis ainda servem ao mesmo propósito, alertando aqueles ao nosso redor de que o perigo é iminente ou está próximo quando não nos sentimos seguros o bastante para comunicar essa informação diretamente. Lembre-se de que nosso coração emite poderosos sinais invisíveis que podem transmitir mensagens de segurança – um exemplo disso é o fato de que tocar o som gravado da batida do coração do pai ou da mãe para um bebê pode reduzir o choro da criança em 40% ou 50%.[48]

Embora sinais invisíveis sejam vantajosos do ponto de vista evolucionário, eles nem sempre funcionam a nosso favor quando se trata de relacionamentos. Se o sistema nervoso estiver preso em uma resposta ao estresse e o coração estiver emitindo energia estressante ou incoerente, o corpo vai comunicar estresse, tensão e perigo àqueles ao nosso redor, mesmo que a única ameaça seja nosso corpo estressado. Seja qual for a causa, as pessoas ao redor vão receber e absorver os sinais de estresse, sentindo-se fisicamente inseguras e possivelmente ativando as próprias respostas ao estresse. Então, como em uma partida de tênis de mesa, ficamos trocando sinais de perigo um para o outro, aumentando o nível de estresse coletivo.

Esta é a questão: o amor precisa ser sentido como seguro para nos abrirmos a recebê-lo, mas a realidade para muitos de nós é que a única versão do "amor" que experimentamos na infância não era *sentida* como segura. Como os vínculos traumáticos são neurobiologicamente condicionados e familiares, continuamos buscando segurança em padrões habituais, independentemente de quão inseguros eles ainda nos façam sentir. Com poucos de nós se sentindo em paz e calmos, permanecemos presos em ciclos de reatividade estressante, muitas vezes agindo como animais encurralados uns com os outros, criando ou aumentando conflitos em vez de nos unirmos em relacionamentos de fato amorosos e colaborativos.

Nós podemos, entretanto, começar a colher o poder da corregulação, o processo interpessoal e fisiológico de usar o estado de nosso sistema nervoso para conectar e mudar o estado fisiológico do sistema nervoso de outra pessoa. Em outras palavras, podemos usar a energia calma e relaxada de nosso corpo para ajudar os corpos ao nosso redor a se sentirem mais calmos e relaxados em nossa presença.

Permanecemos presos em ciclos de reatividade estressante, muitas vezes agindo como animais encurralados.

Digamos que você tenha saído para um jantar de comemoração com seu irmão depois de acabar de receber uma promoção e comenta que a sua comida está fria ou sem graça. Seu irmão, que escolheu o restaurante e estava ansioso para sair com você, de repente sente que você está criticando a escolha e, temendo que fique irritado pelo restante do jantar, começa a agir de maneiras que poderiam arruinar a noite. Ele congela e fica quieto, distraído e desinteressado com a comida. (Um sinal comum da resposta tipo congelar ou desligar é a perda de apetite, por causa da digestão mais lenta.)

Embora você possa sentir que essa reação não tenha sido justificada ou mesmo muito importante, isso não importa para o seu corpo – o seu sistema nervoso vai sentir o estresse do seu irmão, possivelmente atiçando a sua resposta ao estresse. Você pode entrar no modo de luta e ficar irritado com ele por "reagir exageradamente", pedindo, sem pensar, que ele pare de ser tão sensível. Ou pode entrar no modo bajulação e começar a perguntar a cada cinco minutos se está tudo bem, oferecendo a sua comida ou tocando em assuntos que geralmente o deixam animado. Não importa como o seu sistema nervoso reage, o seu corpo e o dele vão continuar trocando sinais, aumentando a sobrecarga para vocês dois, aprofundando o desligamento e o distanciamento do seu irmão, além de fazer com que você reclame ou o bajule ainda mais. Logo, o jantar se torna insuportável, e a noite acaba arruinada.

Praticar a consciência do corpo e a corregulação o teria ajudado a identificar aquilo que estava acontecendo em tempo real e possivelmente mudaria o resultado da noite. Quando notou que seu sistema nervoso estava ativado no restaurante – o seu maxilar ficou apertado, a respiração se tornou superficial ou seu coração acelerou, indicando uma resposta do tipo luta ou fuga –, você poderia ter respirado profundamente pela barriga algumas vezes, voltado sua atenção para a sensação de seus pés apoiados no chão debaixo da mesa e dito a si mesmo que estava em segurança. Poderia ter lembrado que o perfeccionismo do seu irmão não tem nada a ver com você e é uma resposta ao trauma armazenada e uma estratégia de enfrentamento desenvolvida como sua melhor tentativa de permanecer seguro no seu ambiente familiar excessivamente crítico.

Ao ajudar a si mesmo a se sentir física e emocionalmente seguro, você não teria se sobrecarregado com o estresse do seu irmão e evitaria sua própria tendência habitual de gritar com ele ou ficar perguntando se está tudo bem. Em vez disso, teria mudado o clima dos sinais de estresse invisíveis reverberando pela mesa, criando uma segurança emocional e física para vocês dois. Embora existam outras maneiras verbais e físicas de corregulação em uma situação assim (vamos falar sobre isso mais tarde neste capítulo), o trabalho descrito aqui é todo não verbal.

A experiência de Don nos oferece outro exemplo de como a corregulação pode funcionar. Após começar a trabalhar em casa durante a pandemia de Covid-19, Don adotou uma nova rotina de meditação. Todos os dias, durante seu horário de almoço, ele meditava por dez minutos, geralmente sozinho em seu quarto. Mas, um dia, ele decidiu meditar na sala de estar, onde seu filho pequeno brincava. Pelo restante do dia e à noite, ele notou que seu filho estava mais calmo e menos irritadiço. Foi então que Don decidiu meditar todas as tardes perto de seu filho, o que produzia os mesmos resultados, já que o corpo do garoto absorvia a energia calma e pacífica do sistema nervoso do pai. Quando Don acrescentou uma segunda prática de meditação mais curta antes da hora de dormir de seu filho, o garoto começou a adormecer mais facilmente. Se a meditação não faz parte da sua rotina, podemos corregular com outras pessoas quando praticamos outras formas de comportamento regulatório, como alongamentos suaves, balanço rítmico ou uma dança alegre.

Pode ser útil praticar a corregulação intencional sempre que houver algum conflito ou tensão no relacionamento. Um parceiro pode sugerir uma pausa na conversa para criar segurança mediante exercícios de respiração conjunta ou pela prática de abraços mútuos até os dois relaxarem. Se trocar abraços for íntimo demais ou muito desconfortável, vocês podem se dar as mãos, sentar-se perto um do outro em silêncio ou olhar nos olhos um do outro.

Para muitas pessoas, tocar ou olhar diretamente pode causar insegurança, então é útil experimentar até encontrar aquilo que for mais confortável para você e suas pessoas amadas. Vamos continuar explorando outras maneiras de corregulação com outras pessoas ao final deste capítulo.

A CORREGULAÇÃO COMEÇA NA INFÂNCIA

Quando somos bebês e crianças pequenas, passamos por experiências de corregulação relaxante se nossas figuras parentais sorriam regularmente, ofereciam olhares amorosos, usavam vozes tranquilizadoras, abraçavam-nos e estavam consistentemente em estados parassimpáticos ao interagirem conosco. Quando ficávamos estressados ou perturbados e nosso sistema nervoso era ativado em modos luta ou fuga, ou congelar e desligar, nossas figuras parentais (muitas vezes sem saber) usavam a segurança do próprio sistema nervoso para nos trazer de volta a um estado mais calmo e receptivo.

Se passamos por constantes momentos de corregulação tranquilizadora, aprendemos com o tempo que podíamos confiar em nossas figuras parentais, prevendo e confiando em sua capacidade de nos dar conforto e apoio. Fisiologicamente, as pesquisas mostram que bebês que recebem essa sintonia e segurança emocional de suas mães têm um tônus vagal maior por até cinco anos depois (mães que corregularam com seus filhos também têm um aumento no tônus vagal),[49] e crianças pequenas têm menores níveis de cortisol.[50]

É claro, nenhum pai ou mãe pode estar presente e sintonizado o tempo todo. Estudos mostram que, se nossas figuras parentais corregularam conosco por apenas 35% das ocasiões em que precisávamos delas, nós crescemos mais ou menos regulados e seguramente vinculados.[51] Se elas foram incapazes de nos acalmar durante experiências perturbadoras, iniciar um processo de reparo (algo de que vamos falar mais no próximo capítulo) depois que elas próprias se regularam aumenta as chances de um vínculo seguro. Mas poucos de nós receberam essa corregulação consistente e tranquilizadora ou momentos de reparação necessários.

A maioria das pessoas cresceu sem uma figura parental emocionalmente sintonizada e, como resultado, nunca aprendeu a sentir de fato segurança ou proteção em seu corpo ou seus relacionamentos. Embora muitos de nós tenham recebido olhares amorosos e ocasionais abraços da mãe e do pai, se esses olhares e abraços desapareciam quando havia conflito ou outras emoções avassaladoras em casa, nós provavelmente não recebemos conforto e apoio quando mais precisávamos. Isso criou medo, confusão e inconsistência ou insegurança emocional para nós na infância e, como resultado, nunca aprendemos a regular nossas emoções. Hoje, na vida adulta, é provável que ainda sejamos emocionalmente subdesenvolvidos e incapazes de autorregulação, muitas vezes reagindo a conflitos, estresse ou outras perturbações emocionais da mesma maneira que fazíamos na infância. Algumas pessoas tentam evitar qualquer conflito e desconforto, às vezes "desaparecendo" para os outros, a fim de fugir de qualquer possível interação perturbadora em vez de se comunicar diretamente; outras ficam emburradas e encerram conversas quando as coisas não acontecem como querem ou ficam em silêncio, ignorando completamente quem está ao redor.

> **É provável que ainda sejamos emocionalmente subdesenvolvidos e incapazes de autorregulação, muitas vezes reagindo a conflitos, estresse ou outras perturbações emocionais da mesma maneira que fazíamos na infância.**

Mesmo as figuras parentais mais bem-intencionadas que desesperadamente queriam nos ajudar não foram capazes de nos acalmar de verdade, a menos que elas próprias se sentissem seguras em seus corpos. Quando eu era criança, minha mãe raramente conseguia me acalmar porque ela nunca se sentia segura em seu corpo cheio de dores. Em vez disso, absorvi sua desregulação e sofri com as respostas ao estresse do meu próprio sistema nervoso. Qualquer leve desconforto me lançava no modo luta ou fuga. Sem a resistência emocional ou as ferramentas para lidar com essa constante agitação física, cresci correndo pela casa e "pulando por toda parte", como minha mãe descrevia, tentando descarregar meu avassalador desconforto energético. Pensando agora, acho que minha energia agitada, junto com a falta de ferramentas saudáveis de enfrentamento em minha família, foi uma grande razão de eu ser inscrita em incontáveis programas e atividades extracurriculares, que foram uma vazão socialmente aceita, até mesmo celebrada, para minha energia acumulada.

Se eu não estava ocupada nos sete dias da semana, como minha mãe dizia, reclamava de estar entediada e ficava pedindo a alguém que brincasse comigo. Eu dizia isso tantas vezes que se tornou uma piada na família. Infelizmente para mim, ninguém sabia que, para o meu corpo desregulado, "estou entediada" de fato significava "estou me sentindo desconfortável agora e preciso sentir conexão e apoio".

Quando criança, eu podia facilmente explodir de raiva e começar a gritar furiosamente, em geral para minha mãe, sobre alguma expectativa frustrada, como uma imperfeição no meu cabelo que ela havia penteado enquanto eu me preparava para a escola. "Eu te odeio!", eu gritava. Sem uma presença tranquilizadora, minhas emoções saíam de controle com frequência, tanto que, em determinada manhã, eu acidentalmente quebrei meu dedinho do pé ao sair correndo pelo corredor após me olhar no espelho.

Às vezes, eu reagia mal até a demonstrações aparentemente positivas de apoio. Durante uma partida de softball, no meio de uma entrada difícil, minha mãe tentou gritar conselhos úteis da arquibancada. Sem conseguir tolerar o desconforto que eu sentia quando me viam jogando mal, lancei um olhar mortal para ela, sem me importar com quem pudesse ver, apesar de quase todos no campo terem visto. Naquele momento, eu me sentia tão ameaçada e envergonhada das minhas imperfeições visíveis que não me importei com o que os outros veriam. Estava desregulada e emocionalmente distanciando minha mãe de mim para tentar controlar a avassaladora vergonha que eu sentia.

Com o tempo, meu estresse e minha desregulação emocional se tornaram tão constantes que meu sistema nervoso entrou em modo de desligar, o que quase me impossibilitava de me conectar ou corregular com outra pessoa. Quando me tornei adulta, com frequência excedia os recursos internos do meu corpo e aumentei a sua *carga alostática*, ou seja, os efeitos cumulativos do estresse crônico. Incapaz de relaxar sozinha ou corregular com outras pessoas, eu raramente dormia e sofria com problemas intestinais crônicos, que esgotavam ainda mais meus recursos físicos e emocionais. À medida que meu ciclo de estresse continuava e aumentava em frequência, eu me apoiava em minhas estratégias de enfrentamento aprendidas na infância, distraindo a mim mesma, ficando ocupada e, por fim, usando substâncias para tentar administrar meus sentimentos e entorpecer minha mágoa tão enraizada.

Depois de me tornar ciente dos hábitos condicionados do meu corpo, comecei a regular meu sistema nervoso. Gradualmente, precisei aprender não apenas a me sentir segura em meu corpo, mas a me sentir segura o bastante para me abrir para a corregulação com outras pessoas. Comecei a praticar as checagens da consciência (ver página 67), analisando os níveis de estresse do meu corpo durante o dia, sobretudo se eu notasse uma mudança na frequência cardíaca, na respiração ou na tensão muscular. Comecei a reconhecer quando meu corpo reagia a um estresse percebido no meu mundo interno ou externo, e com isso obtive espaço e oportunidade para fazer novas escolhas em relação à maneira como eu lidava com isso.

Quando notava que me sentia agitada, o que, em geral, me fazia explodir emocionalmente, dizendo coisas maldosas ou distraindo a mim mesma, eu fazia uma pausa para checar com meu corpo, em vez de permitir que o piloto automático do meu cérebro determinasse a próxima ação. Se notasse a mim mesma afastando as pessoas ou sendo emocionalmente fria ou distante, eu criava o espaço para me conectar com elas em vez de me isolar, se eu tivesse os recursos energéticos. E, se não os tivesse, eu comunicava isso e reconhecia minha necessidade de tempo e espaço antes de me reconectar. Sempre que notava essa hiperindependência refletida em minha mente, percebendo pensamentos como *não preciso deles* ou *posso e vou cuidar de mim*, fazia uma pausa para lembrar que eu realmente queria estar aberta para receber apoio e me conectar com os outros.

Fazer uma pausa nem sempre me impede de realizar aquilo que me sinto impelida ou habituada a fazer, mas me dá a oportunidade de tomar uma decisão diferente. Nos momentos em que retorno para velhos hábitos, eu me ofereço graça e compaixão, lembrando a mim mesma que cada novo momento oferece uma nova oportunidade para praticar *ser* o amor que busco.

COMO SABER QUANDO OS OUTROS ESTÃO ATIVADOS

Os modos de luta, fuga, congelar ou desligar e bajulação produzem comportamentos externos semelhantes. Se for capaz de reconhecer quando está entrando em uma dessas respostas, você provavelmente também será capaz de dizer quando outra pessoa está na mesma situação. No capítulo 3, falamos sobre os modos do estresse associados com as quatros respostas ao estresse: Erupção para luta, Distração para fuga, Dissociação para congelar ou desligar e Agradar para bajulação. Qualquer pessoa pode entrar nos modos Erupção, Distração, Dissociação ou Agradar em alguns momentos ou o tempo todo, dependendo de com quem está e o que está acontecendo no entorno ou no interior desse interlocutor.

Para ajudar a identificar em qual estado do sistema nervoso os outros podem estar, tire um tempo para responder às perguntas a seguir. Se você acredita que uma resposta em particular descreve melhor a pessoa amada, considere com qual frequência (e quando) ela reage dessa maneira, o que pode fornecer pistas que o ajudarão a reconhecer quando ela entrar em um estado pautado em ameaça no futuro. Se achar útil, escreva suas respostas em um caderno ou diário à parte.

Modo Erupção (resposta tipo luta). Uma pessoa explosiva exterioriza a maior parte de sua atenção. Ela pode gritar, berrar, retirar-se de repente, jogar coisas ou bater as portas. Também pode tentar dominar ou controlar a conversa sobrepujando os outros ou o ambiente com o volume ou o conteúdo de sua fala. Pode parecer calma por fora, mas estar fervendo por dentro, à beira de uma erupção. Quando você está perto de uma pessoa explosiva, pode se sentir com medo ou como se pisasse em ovos, esperando a próxima explosão.

Com que frequência (e quando) eu sinto que vou dizer ou fazer a coisa errada, mudando o humor da minha pessoa amada quase instantaneamente?

_____

_____

Com que frequência (e quando) sinto que a raiva ou a irritação da minha pessoa amada esgota toda a energia emocional do recinto?

_____

_____

Com que frequência (e quando) deixo de compartilhar meus sentimentos, minhas crenças ou minhas opiniões por medo de como minha pessoa amada vai reagir?

_____

_____

Modo Distração (resposta tipo fuga). Uma pessoa que se distrai concentra a maior parte de sua atenção em qualquer coisa que não sejam as experiências difíceis ou perturbadoras ao seu redor. Ela pode ser viciada em trabalho, ter uma lista interminável de afazeres, ser obcecada por tecnologia ou televisão, se entorpecer com substâncias ou se manter sempre ocupada. Às vezes, essa pessoa pode ser uma supermãe, um superchefe ou um superparceiro – aquele que mantém tudo funcionando, mas que se ausenta emocionalmente. Quando você está perto de uma pessoa assim, pode se sentir desconectado ou ignorado (a menos que esteja ativamente engajado em alguma distração; por exemplo, álcool, tarefas diárias e outras).

Com que frequência (e quando) minha pessoa amada tende a ficar ocupada, passando de uma tarefa a outra?

_____

_____

Com que frequência (e quando) quero me conectar com minha pessoa amada, mas sinto falta de sua atenção ou presença quando estamos juntos?

_____

_____

Com que frequência (e quando) minha pessoa amada passa seu tempo livre jogando videogames, navegando em redes sociais ou concentrada em outra atividade que mantém sua atenção voltada a alguma fonte externa e afastada de nossas interações?

_____

_____

Modo Dissociação (resposta tipo congelar ou desligar). Uma pessoa que se dissocia internaliza a maior parte de sua atenção. Ela não explode ou se distrai ativamente – em vez disso, parece não sentir nada nem se conectar a nada. Embora a resposta possa ser difícil de identificar, já que esse tipo de pessoa muitas vezes permanece fisicamente presente e pode parecer engajada de forma bastante ativa, ela está emocionalmente distante ou indiferente. Quando estiver perto de uma pessoa assim, você pode se sentir distante ou desligado, não importa o que diga ou faça, e também se sentir sempre rejeitado quando tenta se conectar emocionalmente.

Com que frequência (e quando) me encontro implorando para minha pessoa amada dizer o que está pensando ou sentindo?

_____

_____

Com que frequência (e quando) me sinto emocionalmente desconectado ou afastado da minha pessoa amada?

_____

_____

Com que frequência (e quando) me sinto rejeitado ou criticado quando compartilho novos interesses ou experiências com a pessoa amada?

_____

_____

Modo Agradar (resposta tipo bajulação). Uma pessoa que só quer agradar concentra a maior parte de sua atenção em tentar deixar os outros felizes. Esse tipo de pessoa está sempre antecipando aquilo que alguém possa querer, tentando atender às necessidades dos outros, pondo-se à disposição dos outros ou evitando conflito. A pessoa que só quer agradar muitas vezes sabe o que diz e permanece complacente às opiniões dos outros. Quando você está perto de alguém assim, pode se sentir sobrecarregado, emocionalmente sufocado ou ressentido.

Com que frequência (e quando) vejo minha pessoa amada fazendo coisas porque sua família ou seus amigos dizem que ela precisa fazer?

_____

_____

Com que frequência (e quando) a pessoa amada me procura para buscar algo (validação, apoio emocional, contato tranquilizador)? E com que frequência me sinto confortável ou seguro buscando o mesmo da pessoa amada?

_____

_____

Com que frequência (e quando) vejo a pessoa amada dizer ou fazer algo para manter a paz ou deixar outra pessoa feliz, muitas vezes resultando em mais conflito no longo prazo?

_____

_____

Ser capaz de notar quando nossas pessoas amadas estão desreguladas pode nos ajudar a trazê-las de volta à segurança, com o auxílio das ferramentas de corregulação a seguir. A prática também pode nos ajudar a não levar seus comportamentos para o lado pessoal, sabendo que suas reações são um reflexo da falta de segurança que sentem em vez de uma reação a nós.

APRENDENDO A CORREGULAR

O fato de não termos experimentado uma corregulação tranquilizadora consistente na infância não nos impede de aprender a praticá-la na vida adulta. Para começar, é útil saber quando nosso sistema nervoso está desregulado. Se não nos sentimos seguros, não seremos capazes de ajudar ninguém a se sentir seguro, não importa o que fizermos. Em vez disso, ocorrerá o efeito oposto, isto é, enviaremos mensagens de estresse e perigo por meio de sinais tanto invisíveis quanto visíveis, como olhares irritados ou comentários maldosos ou passivo-agressivos.

Quando reconhecemos que nosso sistema nervoso está ativado, podemos ajudar nossas pessoas amadas a se sentirem mais seguras se nos retirarmos de sua presença. Se precisarmos ou quisermos estar com elas, podemos fazer um esforço consciente para trazer nosso sistema nervoso de volta à segurança, praticando as técnicas de autoalívio que já cobrimos nos capítulos anteriores, incluindo respiração intencional e ancoragem em terra firme, lembrar a nós mesmos que o comportamento das pessoas pode se basear em traumas passados, não na realidade presente. É claro, também podemos pedir a elas que nos ajudem a corregular se elas estiverem seguras e ancoradas em seu próprio corpo.

À medida que continuamos regulando nosso sistema nervoso, torna-mo-nos menos propensos a ficar presos em uma resposta ao estresse. Como já vimos, podemos começar priorizando alimentos ricos em nutrientes enquanto limitamos alimentos inflamatórios; movendo nosso corpo regularmente de maneiras nutritivas; dormindo tempo suficiente para ter um sono de qualidade; aumentando nossa capacidade de tolerar desconforto físico e emocional; testemunhando nossa história do ego, que diz que não somos merecedores; e conectando-nos com nosso coração sempre que possível. Essas escolhas ajudam a aumentar nossa resistência ao estresse, dando-nos a capacidade de tolerar experiências mais desconfortáveis ou perturbadoras sem ficarmos ativados e reativos demais ou distraídos e evitando essas experiências. Quanto mais estresse pudermos tolerar, menos probabilidade haverá de projetarmos nossa irritação ou culparmos os outros, sentirmos vergonha de nossas reações ou suprimirmos a expressão do nosso eu.

Ao longo de minha vida, precisei aprender a tolerar o medo e o desconforto que sentia quando ficava fisicamente afastada ou me percebia emocionalmente distante de uma pessoa amada, sobretudo em meus relacionamentos românticos. Se eu sentisse alguma fissura em minha conexão com uma parceira ou percebesse que ela estava irritada comigo, eu presumia que a culpa era minha, uma presunção que fazia meu corpo tensionar. Com isso, minha história do ego, de como eu era desconsiderada, inundava minha mente. Nos níveis físico e emocional, eu voltava para a criança que havia sido emocionalmente abandonada pela mãe. Sem as palavras para descrever a memória, meu corpo encenava minha mágoa profunda em sensações físicas desconfortáveis e reações comportamentais.

À medida que eu me tornava consciente dessas sensações e reações, aprendia que nem todas as distâncias em um relacionamento são ruins. De fato, alguma distância é necessária para criar equilíbrio. Todo ser humano

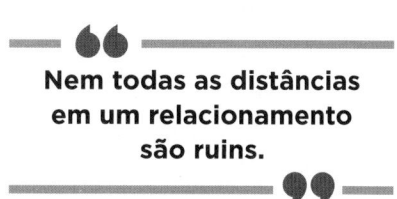

Nem todas as distâncias em um relacionamento são ruins.

precisa de tempo e espaço para ficar longe de outras pessoas, a fim de se recarregar e reabastecer suas reservas individuais de energia, mesmo se por alguns momentos a cada vez.

Faminta por conexão emocional, notei um padrão relacionado no qual eu me forçava a ser receptiva aos outros sempre que eles estivessem disponíveis ou desejando uma conexão e me culpava pelos momentos em que eu não me sentia aberta ou disponível, por qualquer razão. Agora estou aprendendo a me permitir ter esses momentos quando preciso de espaço para simplesmente *estar* em minha própria presença ouvindo músicas tranquilizadoras com fones de ouvido, dirigindo até o lago por algumas horas ou mesmo passando uma noite sozinha em um hotel. Também estou aprendendo a me apoiar emocionalmente, mesmo se for apenas caminhando ou tomando um banho quando sinto uma agitação interna (aqueles momentos em que, anos atrás, eu proclamava "estou entediada"), em vez de procurar outras pessoas para culpar ou esperando que elas me ajudem a me sentir melhor. Posso agora enxergar esses momentos por aquilo que são: um indicador de que posso precisar de algum tempo sozinha para aliviar e me reconectar comigo mesma antes de me conectar mais profundamente com as pessoas ao meu redor.

A habilidade de nos tranquilizarmos, ou de encontrarmos o caminho de volta à segurança, seja sozinhos ou corregulando com outra pessoa, é crucial para a encarnação da verdadeira compaixão. Sempre que nos sentimos inseguros ou ameaçados, voltamos nosso hiperfoco para nós mesmos, observando as experiências apenas do nosso próprio ponto de vista e a maneira como se relacionam com nossa sobrevivência imediata. Como resultado, podemos agir de formas que magoam as pessoas próximas. O mesmo é verdade para aqueles que amamos, e, se pudermos aprender a ter graça e compaixão por nós mesmos, podemos estender essa habilidade àqueles que nos magoaram. As coisas dolorosas que eles reativamente fazem quando estão com medo, estressados, sobrecarregados ou irritados também não refletem quem de fato são.

A compaixão é uma resposta encarnada que depende de segurança e da regulação do sistema nervoso. Para sentir a verdadeira compaixão pelos outros e apoiá-los em seu sofrimento, precisamos primeiro ser capazes de sentir ou sintonizar esse sofrimento. Para nos sintonizarmos emocionalmente com os outros, precisamos sair do estado de sobrevivência do nosso próprio corpo, a fim de enxergarmos a experiência pela perspectiva do outro. Podemos fazer isso apenas quando nosso corpo se sente seguro o bastante para permitir que nossa mente desvie seu foco intencional para longe de nossas experiências. Estender a compaixão e a paciência para nós mesmos enquanto

> **Para nos sintonizarmos emocionalmente com os outros, precisamos sair do estado de sobrevivência do nosso próprio corpo.**

desenvolvemos essa nova prática de encarnação da segurança é especialmente importante para as pessoas que sentem a própria segurança como uma experiência pouco familiar. Assim como com tudo o que não é familiar, tanto nosso corpo quanto nossa mente tentarão resistir a essas novas experiências e retornar para seus hábitos familiares e mais estressantes à medida que nos aventuramos no desconhecido ameaçador.

Encarnar segurança e compaixão é útil em momentos de estresse ativo e conflitos. Se conseguirmos nos manter calmos e ancorados em nosso corpo, seremos mais capazes de não levar para o lado pessoal as reações ao estresse das outras pessoas, entendendo-as como a adaptação pautada em ameaça que realmente são. Como resultado, será menos provável para nós gritarmos de volta, forçarmos uma conexão ou sacudi-los para fora da dissociação, sabendo que esses tipos de comportamento provavelmente aumentariam o nível de estresse interno da pessoa, e nós seremos mais capazes de responder de modo compassivo.

Como podemos criar segurança quando alguém está perturbado? Temos três opções quando sabemos que o sistema nervoso de uma pessoa está ativado em uma resposta ao estresse:

1. **Podemos abrir espaço para elas** ao mesmo tempo que, conscientemente, reformulamos nossa experiência da situação para não levarmos o humor, as palavras e as reações das pessoas para o lado pessoal. Entender que a pessoa está em uma resposta ao estresse nos permite permanecer compassivos e responsivos à dor alheia. Será menos provável reagirmos e mais provável nos juntarmos a ela em sua experiência emocional.

2. **Podemos nos retirar da presença dessas pessoas** até elas se regularem. Muitas vezes, essa é a melhor abordagem para alguém no modo Erupção. Para se afastar sem parecer condescendente ou desdenhoso, você pode

dizer: "Preciso fazer uma pausa dessa interação ou experiência". Embora fazer isso possa irritar quem estiver no modo Erupção, sobretudo se ele já estiver ativado, é crucial comunicar à pessoa que manter a própria segurança é a sua prioridade. E lembre-se de que, se você começar a sentir que está em perigo físico, emocional ou sexual, é importante ligar para os serviços de emergência.

3. **Podemos corregular** usando as técnicas já exploradas e aquelas que vamos aprender agora.

CORREGULANDO ATIVAMENTE COM OS OUTROS

Nossa capacidade de corregular com os outros rotineiramente é a fundação da segurança e da proteção emocional em nossos relacionamentos. Se, na infância, tivemos um modelo de reatividade emocional e desconexão, pode ser difícil para nós permanecermos conectados com outras pessoas durante momentos de desacordo ou conflito, mas podemos desenvolver essa confiança emocional "sentida" com o tempo ao repararmos ou retornarmos para a segurança emocional e a conexão depois que o conflito ocorre. Esse retorno para a conexão segura e protegida é importante, sobretudo para as crianças, que muitas vezes se sentem confusas, sozinhas e sobrecarregadas diante de emoções reativas ou explosivas, como os gritos ou o silêncio quando a mãe ou o pai estão irritados.

Embora a maior parte da corregulação aconteça por meio dos sinais invisíveis do corpo e da segurança de nosso próprio sistema nervoso, podemos intencionalmente escolher corregular com os outros por meio de abraços, apertos de mão, olhares amorosos, sentando-nos ao lado deles ou praticando o exercício para corregulação com foco no coração da página 232.

Se você escolher corregular com outra pessoa, é importante antecipar alguma possível resistência, em especial se o conceito não for familiar para ela. Para apresentar a prática, pode ser útil ter uma conversa com sua pessoa amada quando ela não estiver irritada, perguntando se estaria disposta a testar a prática em futuros conflitos e momentos de estresse. A seguir, apresento alguns fatos básicos sobre essa técnica, que você pode compartilhar com a pessoa amada para ajudá-la a entender o poder e o potencial da corregulação.

CINCO FATOS SOBRE A CORREGULAÇÃO

- Nosso corpo é programado para se conectar com os outros.
- A corregulação é um processo que ajuda a fornecer a segurança de que precisamos para nos sentirmos receptivos a uma conexão.
- Nosso sistema nervoso se comunica com o sistema nervoso de outra pessoa por meio de sinais elétricos, hormonais e energéticos que não podemos ver.
- Quando sentimos dificuldade para acalmar nossas emoções (ou regular nosso sistema nervoso), podemos usar a paz e a calma do corpo de outra pessoa para ajudar a nos acalmar.
- Podemos começar a usar várias ferramentas e práticas para nos sentirmos mais seguros e mais conectados uns aos outros agora mesmo.

Exercício para corregulação com foco no coração

A seguir, apresento um exercício fácil para ajudá-lo a praticar a corregulação com uma pessoa amada. Antes de começar, pode ser útil que um de vocês esteja em um estado calmo ou parassimpático.

1. Sentem-se frente a frente e pousem a mão sobre o coração ou a área do peito um do outro. Vocês sentirão o peito da outra pessoa subindo e descendo, e isso permite que sincronizem a respiração.
2. Respirem lenta e profundamente.
3. Comecem a visualizar o sistema nervoso enviando sinais de paz e calma para a pessoa amada. Então, visualizem seu sistema nervoso recebendo a paz e a calma do outro.

É útil fazer esse exercício antes de conversas potencialmente difíceis ou experiências estressantes, porque ele aumenta nossas sensações de conexão e pode ajudar a reequilibrar a energia coletiva do relacionamento.

O CARDÁPIO DA CORREGULAÇÃO

A seguir, apresento uma lista de ações que você pode usar para corregular com uma pessoa amada durante momentos de estresse ou conflito.

- Troquem sorrisos e olhares tranquilizadores um para o outro, aumentando os sinais de segurança e ajudando a ativar o estado vagal ventral de todos ao redor.
- Pratique respiração lenta e profunda em sincronia com a outra pessoa enquanto se sentam de frente um para o outro ou com as costas juntas.
- Faça carinho ou abrace a pessoa amada para ativar ocitocina (o hormônio do "amor"), ao mesmo tempo que aumenta a sensação de confiança e conexão.
- Olhem confortavelmente para os olhos um do outro.
- Peça à pessoa amada que faça carinho em seus cabelos ou acaricie os cabelos dela para se acalmar e se conectarem.
- Abracem um ao outro para aumentar a ocitocina e ajudar a relaxar qualquer tensão em seus músculos.
- Beijem um ao outro para aumentar a ocitocina e diminuir os níveis de cortisol.
- Saiam para uma caminhada juntos, observando a sincronia dos seus passos e movimentos em vez de terem uma conversa ativa. Isso pode ajudar a reduzir o estresse e promover a conexão e a comunicação relacional.

Se você está sozinho ou é incapaz de corregular com outra pessoa, pode imaginar um momento de conexão com alguém, o que também aumentará a ocitocina e a sensação de segurança. Você pode até se conectar com o sistema nervoso de um animal, o que ajuda a encontrar segurança em seu próprio corpo. Fazer carinho ou se deitar perto de um bichinho de estimação relaxado pode ajudá-lo a alcançar os mesmos efeitos tranquilizadores.

* * *

Assim como já exploramos juntos, é apenas quando entendemos a influência que nosso sistema nervoso tem sobre as pessoas ao redor que podemos tomar os passos para criar segurança e proteção em nossos relacionamentos. Encarnar uma sensação de segurança nos permite lidar melhor com os conflitos, muitas vezes sem nem dizer uma só palavra, e pode ajudar a nos tornar parceiros mais colaborativos. Ao estender a segurança para outras pessoas por meio do processo de corregulação, podemos começar a mudar nossas interações e dinâmicas com o outro, mesmo durante momentos de estresse, dificuldades ou desacordos. À medida que nos reconectamos com a compaixão que mora em nosso coração, nós nos empoderamos para começar a quebrar os padrões disfuncionais em qualquer um de nossos relacionamentos.

> **Encarnar uma sensação de segurança nos permite lidar melhor com os conflitos, muitas vezes sem nem dizer uma só palavra.**

9

EMPODERANDO OS SEUS RELACIONAMENTOS

Na introdução, você leu sobre as cinco linguagens do amor, criadas pelo dr. Gary Chapman no começo da década de 1990. Ele argumenta que cada um de nós tem uma maneira preferida de receber afeto que, quando comunicada às pessoas amadas, pode criar ou sustentar o amor que buscamos. De acordo com o dr. Chapman, nossas cinco linguagens do amor são:

- **Palavras de afirmação.** Desejamos reafirmações e elogios verbais da pessoa amada.
- **Tempo de qualidade.** Desejamos passar um tempo frequente, pré-planejado, ou significativo com a pessoa amada.
- **Receber presentes.** Desejamos que a pessoa amada nos dê símbolos visíveis ou quantificáveis de amor.
- **Atos de serviço.** Desejamos que a pessoa amada faça tarefas ou outros favores para nós.
- **Toque físico.** Desejamos que a pessoa amada nos mostre afeto por meio de toque físico ou outros atos íntimos.

Esse conceito que pode mudar sua vida nos ajuda a reconhecer que cada um de nós tem preferências individuais e muitas vezes distintas. Alguns até usaram essas categorias para diretamente comunicar suas preferências emocionais em seus relacionamentos e transformar suas experiências interpessoais. Reconhecer a singularidade de nossas experiências, preferências e perspectivas nos abre para infinitas possibilidades de autoexpressão e conexão emocional. Mas existe uma grande diferença entre comunicar nossas preferências emocionais aos outros e esperar que eles atendam às nossas necessidades de uma maneira específica.

Quando pedimos às pessoas amadas que mudem sua maneira natural de se expressar, podemos nos fechar para outros tipos de expressão emocional e oportunidades de conexão. Ao negligenciarmos aquilo que vem de forma natural para aqueles que amamos, nós inadvertidamente limitamos o espaço que oferecemos aos outros para *serem* eles mesmos.

Para complicar as coisas, as maneiras como aprendemos a nos sentir valorizados ou amados pelos outros se baseiam em nosso condicionamento e nossas experiências. Quando nos limitamos a essas já conhecidas exibições de afeto, muitas vezes estamos simplesmente pedindo à pessoa amada que recrie nossos primeiros relacionamentos, ou aquilo que o amor parece para nós. Ao esperar que os outros nos tratem dessas formas familiares, arriscamos recriar as dinâmicas disfuncionais de nossa infância.

Por anos, eu acreditei que só era amada se minha parceira romântica desempenhasse atos de serviço para mim, como lavar a louça e as roupas ou limpar a casa. Quando ela não se apresentava a mim dessa maneira específica, minhas narrativas do ego pautadas no abandono influenciavam minhas experiências, o que me fazia sentir desconsiderada, desprezada e, em última instância, não amada. Aqueles sentimentos se baseavam não na minha atual realidade relacional, mas nas minhas mágoas da infância. Enquanto eu crescia, a principal maneira pela qual minha mãe me mostrava afeto era cozinhando, servindo minhas refeições favoritas, lavando minhas roupas e arrumando minha bagunça. De outro modo, a menos que eu estivesse me saindo bem na escola ou nos esportes, ela geralmente estava distraída pela dor e sobrecarregada pelas emoções que se acumulavam em seu corpo ou consumida por pensamentos de preocupação.

Na vida adulta, quando não recebia o mesmo tipo de atenção dos outros, eu voltava para aquelas antigas memórias, que ainda moram em meu corpo e minha mente. Quando Lolly e eu começamos a namorar, eu me sentia magoada e ignorada se ela não me fizesse o jantar, não lavasse a louça ou me ajudasse a lavar as roupas. Embora ela me dissesse constantemente o quanto gostava de mim e mostrasse afeto de outras maneiras, eu iniciava discussões ou agia de modo passivo-agressivo se voltasse para casa e o jantar não estivesse pronto, a casa parecesse bagunçada ou a roupa suja continuasse espalhada pelo apartamento. Isso não apenas criava conflitos em nosso relacionamento, mas também a ativava: quando ela era pequena, sua mãe explodia sempre que Lolly deixava o prato sujo na sala de estar ou não arrumava sua bagunça.

Como foi o caso em meus relacionamentos, pedir a alguém que mude aquilo que lhe é confortável pode aumentar o conflito, criar ressentimento e até ativar sentimentos profundamente enraizados de não merecimento que nos impedem de criar ou sustentar uma conexão mais profunda. Nosso pedido para receber amor de determinada maneira pode ser bem-intencionado, mas também pode afastar as pessoas ainda mais.

A realidade é que precisamos nos sentir seguros em nosso corpo e receptivos ao nosso coração antes de nos abrir para receber qualquer tipo de amor, não importa como nós ou os outros o expressem. Se nosso sistema nervoso desregulado e nossas histórias do ego nos mantêm desconectados de nosso coração, não importa o que a pessoa amada diga ou faça – podemos continuar rejeitando qualquer uma de suas tentativas de nos mostrar amor ou conexão. Se nosso coração está fechado para nos proteger de possíveis mágoas, nossas conexões e nossos relacionamentos continuarão a desmoronar. E depender dos outros para adaptar suas maneiras naturais de expressão, a fim de atenderem às nossas necessidades, pode plantar uma semente de ressentimento e criar ciclos disfuncionais de conflito em nossos relacionamentos que apenas continuarão enfraquecendo nossas ligações.

Para fazermos nossa parte e criarmos essa segurança na relação, podemos praticar a *consciência empoderadora*, assumindo a responsabilidade de nos certificarmos de que nossas necessidades estão sendo atendidas em nossos relacionamentos. Quando criamos o bem-estar do sistema nervoso por meio de atos diários de autoajuda, podemos relaxar mais facilmente em nosso estado natural, ou nosso eu autêntico, enquanto damos aos outros o espaço para fazerem o mesmo. Ao praticar a consciência empoderadora, não "precisamos" que as pessoas amadas se apresentem ou mostrem afeto de uma maneira específica – podemos assumir a responsabilidade pela nossa própria segurança ao nos certificarmos de que estamos atendendo às nossas necessidades e pedindo apoio adicional quando quisermos ou precisarmos.

Pedir apoio aos outros pode ser enviar uma mensagem para ver se um amigo tem tempo e energia para ouvir enquanto você compartilha seus sentimentos, pedir a ele que passe um tempo com você em silêncio ou tranquilizar um ao outro quando necessário. Pode ser pedir a um membro da família que cuide do seu filho por algumas horas para que você possa tomar um longo banho, dormir um pouco ou sair para realizar alguma tarefa. Pode ser pedir o conselho de um colega sobre um relatório antes de enviar para o seu chefe. Ou pode ser pedir nas redes sociais para se conectar com outras pessoas que enfrentam problemas semelhantes, o que pode ajudá-lo a se sentir menos sozinho com suas lutas. Pedir apoio dessas maneiras nem sempre é fácil, sobretudo se tivemos uma infância em que não recebíamos apoio algum. A seguir, apresento algumas sugestões que podem ajudá-lo a começar a se comunicar de um jeito mais seguro e eficiente com os outros quando precisar de apoio adicional.

Neste capítulo, você também aprenderá a construir a consciência empoderadora usando os *cinco passos para empoderar seus relacionamentos*, que são a minha abordagem para curar conflitos em relacionamentos, tanto românticos quanto platônicos, sem iniciar mais conflitos, criar ressentimentos ou tentar mudar os outros.

INTERDEPENDÊNCIA

Antes de mergulharmos na consciência empoderadora, vamos falar sobre o conceito de *interdependência*. A interdependência ocorre quando entidades separadas, que podem ser pessoas, plantas, animais, empresas ou países, retêm suas identidades individuais enquanto compartilham uma conexão. Em relacionamentos humanos, ela existe quando dependemos dos outros para ter segurança e apoio enquanto sustentamos nossa integridade e nosso valor como indivíduos separados e distintos.

Para criar relacionamentos interdependentes, primeiro precisamos construir uma fundação de segurança e proteção que permite a cada indivíduo ter o espaço para expressar suas paixões e suas habilidades únicas. Quando nos sentimos realmente seguros para expressar nossa criatividade e trazer nossas habilidades para os relacionamentos, continuamos ótimos sozinhos, mas ficamos ainda melhores se estivermos juntos. É como um time em que cada jogador recebe o tempo, o respeito e a liberdade para treinar sua posição individual ao mesmo tempo que leva seu melhor esforço para os exercícios em grupo e os jogos.

Nós funcionamos interdependentemente em nossos relacionamentos quando somos capazes de nos conectar e nos juntar de modo cooperativo como indivíduos completos e inteiros. E, como aprendemos até aqui, somos mais capazes de nos conectar ao nosso eu autêntico quando:

- Regulamos nosso sistema nervoso, sobretudo em momentos de estresse ou conflito, para nos sentirmos mais física e emocionalmente seguros e protegidos;
- Testemunhamos o impacto das diferentes histórias do ego, que muitas vezes criam momentos de reatividade e desregulação do sistema nervoso;
- Nós nos conectamos com nosso coração para que possamos alinhar mais autenticamente nossas escolhas e nos sentirmos mais ancorados nessas decisões.

A verdadeira interdependência – aquilo que chamo de *juntamente separados* – permite a harmonia e a colaboração entre membros do grupo. Seja um grupo de dois, seja um grupo de vinte, consideramos as diferentes necessidades e os interesses de cada indivíduo, assim como as necessidades e os interesses do grupo em si.[52] Quando confiamos na segurança de nossa conexão com o *"nós"*, criamos o espaço necessário para enxergar as coisas de diferentes perspectivas, a fim de que sintonizemos e apoiemos uns aos outros. Considerar os interesses do grupo não apenas incrementa o bem-estar aumentando a produção do hormônio dopamina, mas também aumenta a motivação e a sensação de recompensa.[53]

A interdependência nem sempre vem naturalmente. Pelo fato de muitos de nós terem sido criados por pais emocionalmente subdesenvolvidos, crescemos sem sentir segurança e proteção suficientes para tomar o espaço de que precisamos para curiosamente explorar e conhecer a nós mesmos como indivíduos separados e inteiros. Em vez disso, continuamos participando de padrões familiares de autotraição, geralmente desempenhando papéis condicionados em vez de viver como nosso eu autêntico. Presos no modo de sobrevivência, subconscientemente priorizamos os próprios pensamentos, sentimentos e perspectivas, mas precisamos ter a capacidade de sintonizar a perspectiva de outra pessoa, se quisermos existir em um relacionamento compassivo. E, para podermos nos sintonizar com outra pessoa, precisamos sair do estado de sobrevivência do nosso corpo para que ao menos enxerguemos a perspectiva do outro.

Embora nosso senso de autoestima tenha sido impactado por nosso condicionamento, podemos aprender a cultivar e aumentar a autoconexão e o amor-próprio, usando as práticas apresentadas neste livro, independentemente da condição de nosso relacionamento. Para reconstruir nossa autoestima e cultivar o amor-próprio, devemos aprender a estabelecer limites com as pessoas, para que possamos começar a nos dar o tempo, o espaço e os recursos de que precisamos para explorar nossos pensamentos, sentimentos e interesses. Quanto mais criamos espaço para sintonizar nossos mundos internos, mais fácil se torna notar quando precisamos mudar a maneira como nos apresentamos em nossos relacionamentos. Podemos começar a identificar nossos limites fazendo uma pausa e notando quando certos relacionamentos ou experiências consistentemente criam estresse ou perturbação emocional. É somente quando testemunhamos e reconhecemos os nossos próprios limites que podemos começar a assumir a responsabilidade por nosso espaço energético separado ou, simplesmente, nosso eu individual.

Como você provavelmente pode imaginar, a coerência cardíaca é necessária se quisermos criar essa interdependência em nossos relacionamentos. Quando estamos na coerência cardíaca, ficamos abertos para criar uma conexão duradoura e amorosa com outra pessoa. Ficamos emocionalmente resistentes e maduros, melhorando nossa capacidade de oferecer espaço para a autoexpressão única de outra pessoa, a fim de que sintonizemos, corregulemos e nos unamos em cooperação e cocriação com ela. Deste modo, seremos mais capazes de tolerar os mal-entendidos que naturalmente ocorrem quando navegamos pela vida com outras pessoas, permitindo que haja espaço para nossas diferenças e individualidades inerentes.

CONSCIÊNCIA EMPODERADORA

Ganhamos a verdadeira interdependência quando praticamos a *consciência empoderadora*, um estado que nos permite honrar os aspectos inerentes e lindos de nossas pessoas amadas que as tornam especiais e únicas. Podemos permanecer abertos e curiosos quanto a nossas diferenças, tentando entender suas perspectivas únicas. Podemos descartar a ideia de que precisamos receber afeto de um jeito específico para nos sentirmos amados ou escolhidos e, em vez disso, podemos começar a identificar e celebrar o modo como nossas pessoas amadas nos valorizam e nos amam, modo este que é mais natural para elas.

Ao nos empoderarmos, não mais esperamos que os outros leiam nossas mentes ou saibam intuitivamente como nos sentimos para atenderem às nossas necessidades emocionais. Reconhecemos que não é responsabilidade de ninguém nos fazer sentir melhores ou acabar com nossa tristeza, solidão, irritação, desespero ou qualquer outra emoção dolorosa. Em vez disso, podemos comunicar e pedir diretamente apoio e suporte, de uma maneira que seja segura e confortável para todos os envolvidos. Nós somos emocionalmente resistentes e capazes tanto de autorregulação quanto de corregulação com os outros.

Por eu ter crescido com pais desregulados, emocionalmente subdesenvolvidos e indisponíveis, assim como muitos de vocês, sempre tive dificuldade de pedir conforto e apoio aos outros, e às vezes ainda acho isso difícil. Desejar apoio faz com que eu me sinta vulnerável demais, como se estivesse fracassando em meus relacionamentos, e isso ativa sentimentos profundamente enraizados de não merecimento. Nesse mesmo sentido, posso ficar irritada quando vejo minha pessoa amada pedindo o apoio ou o conforto de que ela precisa. Estremeço quando ela me pede uma massagem nos pés. Olho feio quando me diz que vai se trancar em outro quarto pelo restante do dia para passar algum tempo sozinha. Agora consigo enxergar que minha irritação indica o desconforto que ainda sinto quando expresso minhas próprias necessidades, muitas vezes me sentindo bastante desconfortável para tirar o tempo ou o espaço de que posso precisar ou vulnerável demais para pedir o apoio ou a conexão que eu possa desejar. Embora possa pensar que estou irritada com minha parceira, na verdade estou irritada comigo mesma, por meus próprios atos de autotraição ou minhas necessidades negligenciadas. Agora, minha reação sugere que meus recursos podem estar se esgotando e que eu também posso me beneficiar com alguma autoajuda e conexão.

Ao ler isto, imagino que alguns de vocês sintam medo ou preocupação pelo fato de que suas pessoas amadas possam genuinamente ser incapazes ou não estarem dispostas a dar o apoio que vocês pedirem. Mesmo nesses momentos em que nos sentimos sem esperança e impotentes, podemos, quando estamos empoderados e conectados com nosso coração, acessar a intuição e confiar em nossas escolhas se de fato decidirmos sair de um relacionamento ou nos comprometermos a fazer nossa parte para torná-lo um espaço de apoio mútuo. Podemos fazer nossa parte trabalhando intencionalmente para mudar as dinâmicas do relacionamento saindo com menos frequência para encontrar um amigo, escolhendo viver ou dormir em quartos separados ou tirando tempo e espaço para nós mesmos com mais frequência, a fim de que estejamos mais abertos e solidários no relacionamento.

Pedir apoio pode ser difícil para muitos de nós, sobretudo para aqueles cujas figuras parentais não eram capazes de pedir aquilo de que precisavam ou que toleravam os hábitos disfuncionais de outras pessoas. Impelidos pelo que vimos e experimentamos em nossos primeiros relacionamentos, podemos continuar, ainda hoje, encarnando os mesmos hábitos disfuncionais. Aqueles de nós que rotineiramente se sentem compelidos a ajudar um amigo em sua última crise criada por si próprio, que dão desculpas para encobrir as mentiras de um parceiro ou que acalmam o pai ou a mãe para evitar uma reação explosiva permitem que outros continuem seus padrões ou comportamentos autodestrutivos. Embora possamos supor que estamos agindo compassivamente ou mesmo oferecendo o nosso apoio, na verdade estamos permitindo a nós mesmos e aos outros que permaneçam presos em seus ciclos disfuncionais, geralmente mediante um alto custo físico e emocional.

Quando estamos empoderados, não deixamos que os outros nos tratem da forma que quiserem. Nós nos sentimos seguros e protegidos o suficiente para sair da sala ou tomar o espaço de que precisamos sem nos preocuparmos se isso vai causar uma ruptura em nossa conexão. Confiamos na segurança de nossa ligação, sabendo que o relacionamento pode e vai sobreviver aos conflitos naturais. E, se o conflito ou o próprio relacionamento se torna ameaçador, confiamos em nossa capacidade de nos removermos e de encontrarmos nosso caminho até a segurança, mesmo que isso signifique envolver os serviços sociais ou a polícia. Embora nunca sejamos pessoalmente responsáveis por comportamentos abusivos ou violadores, é, sim, nossa responsabilidade identificar quando nossos limites foram ultrapassados, buscando a segurança correspondente.

Nosso objetivo com a consciência empoderadora é aprender a sustentar a singularidade das pessoas e suas diferentes maneiras de ser enquanto nos asseguramos de que nossos próprios limites não sejam violados ou não contribuam para os comportamentos nocivos de outras pessoas. Da próxima vez que uma pessoa amada ligar ou enviar uma mensagem precisando de apoio emocional e você estiver passando por uma situação estressante ou difícil, lembre-se de fazer uma pausa antes de imediatamente oferecer seu apoio. Às vezes, a coisa mais amorosa que você pode fazer é usar os seus recursos para apoiar as próprias necessidades emocionais, o que pode ser muito útil para prevenir futuros ressentimentos em seu relacionamento.

Espero que esteja ficando claro que é apenas quando nos tornamos presentes para nossas próprias necessidades que podemos estar presentes para as necessidades de nossos relacionamentos. Podemos começar a comunicar a necessidade natural de nossa própria autoajuda para os outros dizendo algo simples como: "Eu adoraria poder lhe oferecer apoio agora, mas também estou passando por algo difícil, então tenho poucos recursos emocionais disponíveis. Vou apoiá-lo em algumas horas/alguns dias, quando eu estiver mais presente e capaz de lhe dar suporte".

Lembre-se disso da próxima vez que testemunhar a si mesmo se tornando desregulado por uma mensagem que recebeu de um amigo, por exemplo, sobre como o relacionamento o está impactando ou se um parceiro revela sua infidelidade em um relacionamento passado – você pode fazer uma pausa antes de reagir, seja porque está se sentindo perturbado pelas ações relatadas, seja porque está sobrecarregado com suas emoções. Ao fazer uma pausa, você pode então reconhecer a vulnerabilidade que sua pessoa amada precisou aguentar para compartilhar a informação ao mesmo tempo que reconhece o impacto emocional em si mesmo. Para evitar futuras perturbações, a coisa mais amorosa que você pode fazer pelo relacionamento é dar a si mesmo um tempo para processar e decidir como *você* se sente antes de responder. Pode comunicar essa necessidade por tempo e espaço dizendo algo tão simples quanto: "Agradeço por você ter compartilhado [insira algo pessoal que foi compartilhado] e posso imaginar que não deve ter sido fácil fazer isso. Mas preciso de um tempo para processar e ficaria grato de ter a oportunidade de compartilhar com você mais tarde, se você estiver aberto a isso".

Apesar do que a sua mente condicionada possa lhe dizer, você não precisa ter uma razão "válida" ou "justificada" para tirar um tempo ou um espaço para si mesmo, seja fazendo uma pausa antes de responder, seja buscando sua própria criatividade, paixão ou propósito. Desejar permanecer em um espaço equilibrado, produtivo ou criativo em si mesmo o ajudará a se apresentar em seus relacionamentos para se conectar e apoiar suas pessoas amadas. Tento praticar isso criando um espaço para mim mesma não apenas quando os outros estão de bom humor, mas também quando uma pessoa amada está irritada, estressada ou isolada por algum motivo. Permanecer ancorada em meu próprio espaço emocional não é egoísmo, mas me permite oferecer mais compaixão e apoio empático no relacionamento.

Focar a construção e a manutenção de uma conexão emocional saudável e interdependente inevitavelmente diminui o ressentimento nos relacionamentos.

Nós nos sentiremos mais seguros em nossas conexões e expandiremos a capacidade de nos sentirmos amados além de gestos mais limitados de afeto. E criaremos uma mudança duradoura ao fazermos novas escolhas sempre que nos dermos conta de que estamos reconstituindo os hábitos condicionados de nosso passado.

OS SEUS RELACIONAMENTOS SÃO EMPODERADOS OU NÃO?

Observe o quadro na seção seguinte, que faz distinções entre um relacionamento empoderado e um não empoderado à medida que você testemunha a si mesmo e suas interações com os outros. Esse exercício exploratório pode ajudar a identificar padrões habituais em seus vários relacionamentos.

COMO COMUNICAR SUAS NECESSIDADES EMOCIONAIS

Não devemos depender exclusivamente dos outros para atender às nossas necessidades ou retirar nossas emoções dolorosas, mas isso não significa que não devamos reconhecer e comunicar nossas necessidades e pedir apoio emocional quando necessário. Tornar-nos mais conscientes de nossas necessidades emocionais nos permite construir uma sensação de domínio de nossas experiências. Esse estado empoderado nos ajuda a perceber que temos mais assertividade na vida e diminui nossa tendência de culpar os outros ou as circunstâncias. Ao assumir responsabilidades e compartilhar nossas várias experiências emocionais, fazemos nossa parte para cultivar a intimidade emocional. E, quando nós e os outros nos sentimos seguros, valorizados e amados em nossos relacionamentos, somos capazes de vulneravelmente pedir o apoio de que precisamos.

À medida que você se torna mais ciente de que algumas das suas necessidades (ou todas) não estão sendo atendidas em seus diferentes relacionamentos, torna-se útil tomar um momento para explorar as questões na página 251.

RELACIONAMENTO NÃO EMPODERADO	RELACIONAMENTO EMPODERADO
Dependemos um do outro para ficar felizes e atender à maioria das necessidades e dos desejos (ou todos) da outra pessoa sem diretamente comunicar quais sejam.	Somos responsáveis pela nossa própria felicidade e praticamos atos regulares de autoajuda para assegurar que nossas necessidades estão sendo atendidas, comunicando aquilo que necessitamos e desejamos.
Não estabelecemos limites, frequentemente ignorando ou permitindo comportamentos inaceitáveis ou disfuncionais (às vezes enxergando esses comportamentos como punição ou algo que merecemos).	Somos autônomos, respeitando os limites ou dizendo "não" sem reatividade emocional (como raiva, explosão, desligamento ou silêncio) ou sem nos sentir pressionados, culpados ou forçados a fazer qualquer coisa.
Temos dificuldade de expressar nossas emoções e nos tornamos reativos ou agressivos em situações de desacordo, conflito ou perturbação, ou evitamos todas as nossas emoções.	Acolhemos as expressões emocionais autênticas, criando um espaço seguro para compartilharmos nossos sentimentos e tomando um espaço, quando necessário, para fazer uma pausa antes de nos reconectarmos.
Regularmente interrompemos ou culpamos um ao outro ou ao mundo externo por nossos pensamentos e sentimentos, tornando as coisas unicamente sobre nós e nossas experiências, e nos preocupamos mais com nossos interesses, raramente tentando qualquer reparação.	Regularmente praticamos a escuta do coração para que possamos ficar emocionalmente sintonizados e mudar nossa perspectiva, a fim de desenvolver uma sensação "intuitiva" das experiências da outra pessoa e agir como uma equipe para encontrar soluções viáveis.
Guardamos rancor ou ressentimento de experiências e muitas vezes usamos comportamentos e comunicações que jogam a culpa um no outro.	Perdoamos um ao outro, enxergando o lado bom de cada um e confiando que estamos, ambos, fazendo o melhor possível.
Regularmente colocamos as necessidades e os desejos do outro acima dos nossos ou assumimos a responsabilidade pelo comportamento do outro, em geral experimentando sentimentos de raiva ou ressentimento como resultado. Podemos não ter apreciação ou culpar um ao outro (por exemplo, "Se você não tivesse feito X, eu não teria feito Y" ou "Você me forçou a fazer X").	Damos um ao outro espaço e suporte para atendermos às nossas necessidades e aos nossos desejos individuais (responsabilidade pessoal), e permitimos que haja crescimento e evolução mútuos (responsabilidade relacional).
Geralmente nos encontramos presos no modo de sobrevivência ou de administração de crises e somos incapazes de ter momentos sozinhos ou priorizar nossos interesses, hobbies e paixões individuais.	Temos o compromisso de reservar um tempo não estruturado para brincadeiras e atividades que tragam alegria tanto para dentro quanto para fora do relacionamento, incluindo tempo e espaço para buscar solidão e interesses, hobbies e paixões individuais.

Eu comuniquei diretamente para minha pessoa amada aquilo que necessito/desejo ou o que não necessito/não quero? Muitos de nós são capazes de externalizar os problemas que têm com as pessoas amadas e enumerar mais de uma vez as coisas que não querem. Mas, para termos certeza de que nossas necessidades podem ser atendidas, é útil dizer o que especificamente queremos ou necessitamos, o que aumenta a clareza, cultiva um ambiente colaborativo e nos coloca na mesma página com os outros. Em vez de dizer: "Você não se importa comigo quando está longe", podemos perguntar: "Você pode me enviar uma mensagem antes de dormir para que possamos nos atualizar sobre o nosso dia? Isso me ajudaria a me sentir mais conectada com você quando estivermos longe". Ou, antes de gritar: "Você nunca me ouve!", podemos calmamente pedir: "Podemos ter uma conversa em que nenhum de nós esteja distraído com o celular? Isso vai me ajudar a colocar todos os meus pensamentos e sentimentos para fora".

Como posso atender a essa necessidade/esse desejo sozinho se minha pessoa amada não pode ou não está disposta a fazer isso? Se você não sabe ao certo como responder a essa pergunta, não tem problema: seja paciente e tenha autocompaixão. Continue tirando tempo e espaço para autorreflexão e curiosamente explore a si mesmo usando os exercícios deste livro. Lembre-se de que, mesmo em parcerias emocionalmente sintonizadas, existe uma flexibilidade na disponibilidade de recursos de apoio, e é normal e até necessário revezar, desempenhando o papel de apoiador com base nos recursos energéticos disponíveis para cada um de vocês. Em virtude de ninguém conseguir atender a todas as necessidades o tempo todo, também pode ser útil encontrar relacionamentos ou comunidades solidárias fora de nossa parceria principal.

Para muitos de nós, comunicar emoções é algo desafiador, mesmo em relacionamentos mais longevos. Estamos tão desesperados para sermos amados pelos outros e com medo de "perder" nossos parceiros que não pedimos apoio nem estabelecemos limites necessários. Isso é especialmente verdadeiro se nossos sentimentos foram ignorados ou subestimados na infância. E, quando acreditamos em nossas histórias do ego, que dizem que não somos merecedores de ter nossas necessidades atendidas, continuamos por suprimi-las ou negá-las. Mas, se fingirmos ser "independentes" e "fortes" o tempo todo ou se agirmos como se nunca ficássemos bravos ou precisássemos de apoio (como eu fazia), não poderemos desenvolver a segurança e a conexão necessárias para sobreviver e prosperar.

Se não comunicamos nossos sentimentos e estabelecemos limites, não podemos esperar nos sentirmos seguros, valorizados ou amados em nossos relacionamentos. Para começar a nos comunicar mais efetivamente com os outros, nós podemos ter as seguintes atitudes:

1. **Considere o momento.** Se nossas pessoas amadas estão distraídas, defensivas, deprimidas, magoadas, ciumentas, inseguras ou reagindo a seus próprios traumas do passado, elas não serão capazes de ouvir nossas necessidades, por mais que as comuniquemos de modo eficiente e direto. E precisamos nos sentir seguros em nosso próprio corpo até mesmo para sermos capazes de compartilhar nossas necessidades de forma clara e efetiva. Infelizmente, muitos de nós tentam comunicar as necessidades quando se sentem irritados, no meio de uma conversa acalorada ou sendo ignorados por alguém que está distraído, dissociado ou reativo. Nesses momentos, é provável que ninguém se sinta seguro. Certifique-se de que tanto você quanto sua pessoa amada se sintam calmos, ancorados e presentes quando decidir compartilhar suas necessidades.

2. **Comunique sua intenção.** Muitos de nós não especificam ou dizem de modo explícito por que estão compartilhando desejos e necessidades com outra pessoa, seja porque querem se sentir seguros em sua companhia, seja porque desejam estar mais seguramente conectados no relacionamento. Antes de ter uma conversa sobre seus desejos, pense na razão de os estar compartilhando, mesmo se for apenas por querer melhorar seu relacionamento. Quando identificamos a "razão" por trás da comunicação, aumentamos a probabilidade de os outros serem capazes de enxergar e entender nossa perspectiva.

3. **Escolha suas palavras sabiamente.** Quando compartilhamos nossas necessidades emocionais com os outros, é melhor evitar criticar, culpar ou usar linguagem pautada em "você" (procure usar frases com "eu"). É útil evitar linguagem do tipo "tudo ou nada", como: "Você sempre diz X, Y ou Z"; "Você nunca faz A, B ou C". Esse tipo de pensamento ativa nosso ego e o ego da pessoa amada, então ambos acabam se sentindo ameaçados, focados em suas diferenças individuais e incapazes de enxergar a perspectiva do outro ou até mesmo o próprio conflito. Isso naturalmente impacta a nossa capacidade de se comunicar de modo produtivo e de abordar o problema colaborativamente, com os interesses de ambos em mente.

Aqui vão exemplos de linguagem que você pode usar para comunicar suas necessidades emocionais de um jeito mais claro e efetivo para outra pessoa.

- "Tive um dia difícil e preciso de um pouco de apoio. Você tem espaço e energia para me ouvir agora ou em algum momento nas próximas horas?"
- "Estou tendo dificuldade de encontrar uma solução para esse problema no trabalho e adoraria obter uma perspectiva diferente. Posso compartilhar com você aquilo que está acontecendo e pedir um conselho?"
- "Estou me sentindo triste e preciso de um pouco de apoio. Você estaria disposto a se sentar comigo pelos próximos minutos?"
- "Estou me sentindo desconectado e gostaria de me conectar com você. Você estaria disposto a passar algumas horas fazendo [insira uma atividade] comigo?"
- "Estou me sentindo sobrecarregado cuidando da nossa mãe (ou pai, filho, parceiro etc.) e preciso de um tempo sozinho. Você pode vir até aqui e se sentar com ela por algumas horas para eu poder ter esse espaço para mim?"
- "À noite, eu me sinto ansioso e inquieto. Preciso passar pelo menos meia hora fazendo [insira uma atividade] para me acalmar. Você pode me dar esse espaço?"
- "Às vezes, preciso desabafar sem que você tente consertar meu problema. Você poderia se esforçar para apenas escutar sem me dar conselhos ou me dizer o que eu deveria fazer? Eu me sinto apoiado assim."

- "Quando chego do trabalho, noto que é difícil para mim me conectar imediatamente. Preciso que seja normal eu necessitar de espaço e tempo para me adaptar a estar em casa antes de me conectar. Você poderia me dar [insira o período que você precisar] para eu ficar sozinho?"
- "Eu me sinto desconfortável quando você compartilha certos detalhes de nosso relacionamento com outras pessoas, sobretudo com sua família. Preciso que algumas coisas fiquem apenas entre nós. Podemos conversar sobre os limites que nos ajudariam a nos sentir mais confortáveis?"
- "Eu me sinto desconfortável quando se compartilham detalhes íntimos de meu relacionamento pessoal perto de outros colegas do trabalho na mesa do almoço. Podemos conversar sobre os limites com nossos colegas que nos ajudariam a ficar mais confortáveis?"
- "Conflitos significavam completa destruição e desconexão para mim na infância, então preciso de garantias depois de uma discussão para me sentir seguro. Você pode me lembrar de que ainda me ama mesmo quando está irritado?"
- "Quando você zomba de mim ou me provoca ao sairmos com amigos, fico magoada. Você pode não estar ciente disso, e eu preciso que entenda como me sinto."
- "Ser espontâneo não é fácil para mim como é para você. Valorizo essa qualidade em você e preciso que entenda que planejar com antecedência faz eu me sentir mais seguro."
- "Percebo o quanto você gosta de fazer [insira uma atividade]. Eu honestamente não gosto disso tanto quanto você, e, embora eu o encoraje a continuar desfrutando de suas paixões, não vou mais me juntar a você com tanta frequência."
- "Quando visitamos minha família, preciso de apoio emocional. Você pode me apoiar perguntando como estou me sentindo, me abraçando ou [insira outra ação que você prefira]."

Quando construímos a consciência empoderadora, podemos começar a reconhecer quando outra pessoa precisa de apoio. Podemos frequentemente sentir quando nossas pessoas amadas estão irritadas ou estimuladas demais e oferecer apoio com seus problemas ou compartilhar nossa perspectiva sobre eles. Quando compassivamente compartilhamos nossas experiências naqueles momentos de desregulação, podemos às vezes até gentilmente incentivar as pessoas amadas a tirarem o tempo ou o espaço de que necessitam para se autorregularem. Ao estarmos cientes daquilo que acontece dentro de nós, incrementamos nossa capacidade de abrir um espaço para as várias necessidades daqueles ao nosso redor. E, à medida que ficamos cada vez mais confiantes em nosso próprio valor e ganhamos mais segurança em nossos relacionamentos, podemos honrar aquilo de que os outros necessitam sem interpretar suas preferências como indicações de nosso não merecimento.

SUPERANDO CRENÇAS NÃO EMPODERADORAS SOBRE OS SEUS RELACIONAMENTOS

Assumir a responsabilidade sobre nossas necessidades e construir a consciência empoderadora nos permite ser a mudança que queremos ver em nossos relacionamentos, enquanto os tornamos mais sustentáveis e amorosos. Quando nos concentramos nos pontos dos outros que gostaríamos que fossem diferentes, criamos uma dependência de circunstâncias externas e negamos a verdade e o poder que todos temos para transformar nossas experiências. Afirmações podem ser uma ferramenta útil para ajudar a mudar e finalmente reprogramar nossa mente.

A seguir, você encontrará exemplos de crenças não empoderadoras e as afirmações associadas que você pode usar para se reconectar com seu poder inerente, criando mudança em qualquer relacionamento. Ao final da lista, você encontrará dicas para criar suas próprias afirmações, que se encaixam melhor em suas experiências individuais.

> **Antiga crença:** Meu parceiro é o problema e ele realmente precisa trabalhar em suas questões pessoais.
> **Afirmação empoderadora:** Relacionamentos são empreendimentos mútuos, e nós dois desempenhamos um papel. À medida que me torno mais consciente disso, tenho a oportunidade de fazer escolhas que criam relacionamentos mais saudáveis.

Antiga crença: Meu ex é mentiroso, traidor, narcisista e um completo psicopata.

Afirmação empoderadora: As dinâmicas dos meus primeiros vínculos com minhas figuras parentais ou outros traumas de infância foram reconstituídos em um relacionamento que era inseguro, instável e caótico.

Antiga crença: Meu amigo está sempre tirando vantagem de mim.

Afirmação empoderadora: É responsabilidade minha estabelecer e manter os limites de que eu preciso.

Antiga crença: Minha pessoa amada diz que não está interessada em fazer o trabalho necessário para tornar o nosso relacionamento mais saudável.

Afirmação empoderadora: Essa é uma informação importante sobre como ela pensa e agora eu posso escolher se aceito isso ou não.

Antiga crença: Minha mãe/pai/irmã/irmão constantemente nega a realidade (também conhecido como *gaslighting*, um tipo de manipulação).

Afirmação empoderadora: A maneira como minha mãe/pai/ irmã/irmão se comunica comigo é um indicador poderoso de seu desenvolvimento emocional, e agora eu posso escolher como lidar com isso.

Antiga crença: Meu amigo diz uma coisa, mas faz outra, o que me faz sentir manipulado e magoado.

Afirmação empoderadora: Estou ciente das ações do meu amigo e posso fazer escolhas com base nessas ações, não apenas em suas palavras.

Antiga crença: Minha mãe sempre me arrasta para os conflitos da família.

Afirmação empoderadora: Agora posso escolher como gastar meu tempo e minha energia, e posso comunicar meus limites claramente para os outros, até mesmo para minha mãe.

Você pode começar a mudar as crenças não empoderadoras dos relacionamentos que testemunhar em si mesmo mudando a linguagem dos seus pensamentos. Para isso, desvie o seu foco daquilo que você acredita que a outra pessoa o fez sentir. Então, dedique algum tempo a explorar como você poderia começar a mudar suas circunstâncias e suas emoções relacionadas, apresentando-se diferentemente.

CINCO PASSOS PARA EMPODERAR SEUS RELACIONAMENTOS

Neste ponto da jornada, já cobrimos os passos necessários para entender hábitos disfuncionais de relacionamento e começar a criar ligações mais profundas, sustentáveis e autênticas com os outros. Ao mesmo tempo, sei que discutimos muitas coisas que podem parecer desafiadoras ou desconfortáveis, e é normal se sentir um pouco sobrecarregado por todas essas novas informações e ferramentas.

Para tornar esse trabalho um pouco mais fácil, veremos tudo o que já discutimos organizado em cinco pilares ou passos. Esse processo o ajudará a se tornar mais consciente de si mesmo, de sua segurança e da segurança de todos ao seu redor.

1. Encarnar o seu eu.
2. Criar e compartilhar a segurança do seu sistema nervoso.
3. Testemunhar, com compaixão, o seu eu condicionado.
4. Reconectar-se com seu eu autêntico.
5. Cultivar a consciência empoderadora.

Embora já tenhamos conversado sobre todos esses conceitos nos capítulos anteriores, aqui você verá como colocá-los em prática.

1. **Encarnar o seu eu.** Nosso primeiro passo é perceber que nossos relacionamentos com os outros são impactados por mais coisas além daquilo que pensamos, dizemos e fazemos ou daquilo que os outros pensam, dizem ou fazem. Pelo fato de interagirmos com os outros por meio de nosso eu encarnado (corpo, mente e alma), precisamos atender às nossas necessidades físicas, mentais e espirituais antes de nos apresentarmos como nosso eu completo.

2. **Criar e compartilhar a segurança do seu sistema nervoso.** O estado de nosso sistema nervoso afeta pensamentos, palavras e ações. Se nosso sistema nervoso estiver preso em uma resposta ao estresse, como o da maioria de nós está, vamos pensar, fazer e dizer coisas que criam ou aumentam o conflito com os outros. O sistema nervoso comunica nosso estado de ameaça para as pessoas ao redor, aumentando o nível de estresse coletivo. Quando nos tornamos cientes do estresse do nosso sistema nervoso, podemos escolher trazer nosso corpo de volta à segurança ou esperar para interagir até estarmos calmos e ancorados de novo ou podermos seguramente corregular com os outros.

3. **Testemunhar, com compaixão, o seu eu condicionado.** Todos nós temos um eu condicionado, criado pelos papéis que aprendemos a desempenhar em nossos primeiros relacionamentos. Ou, simplesmente, é como aprendemos a nos sentir seguros, valorizados e amados na infância. Quando desempenhamos esses papéis na vida adulta, subconscientemente esperamos que os outros atendam às nossas necessidades e desempenhem seus papéis em nossas reconstituições da infância. É apenas quando testemunhamos nossos condicionamentos que podemos começar a fazer escolhas que melhor se alinhem com aquilo que realmente queremos e necessitamos.

4. **Reconectar-se com seu eu autêntico.** Quando consistentemente nos comprometemos com essas primeiras três práticas, é natural que comecemos a viver em integridade e a fazer escolhas alinhadas com nosso eu autêntico. Somos capazes de expressar pensamentos e emoções genuínos, compartilhar paixões e propósitos mais profundos, confiar nas decisões que tomamos e nos sentir mais completos e inteiros em nós mesmos e na presença de outros. Isso, por sua vez, permite que nos conectemos mais autenticamente com as pessoas.

5. **Cultivar a consciência empoderadora.** Quando estamos empoderados, assumimos a responsabilidade de criar a segurança de que precisamos para autenticamente nos expressar ou *ser* quem somos – presenteamos os outros com a oportunidade de fazer o mesmo. Quando estamos autenticamente conectados com nosso coração, podemos acessar nossa sabedoria e nossa intuição, aprendendo a retomar e reconstruir a confiança em nossos instintos. Reconectados com nossa própria fonte de energia, podemos realmente *ser* o amor que buscamos.

Autoexploração da consciência empoderadora: sugestões para um diário

As perguntas a seguir podem ajudar a identificar as áreas nas quais você já se sente empoderado e interdependente em seus relacionamentos e as áreas nas quais gostaria de trabalhar para desenvolver mais empoderamento e interdependência relacional. Passe um tempo pensando sobre cada um de seus relacionamentos, anotando seus pensamentos e sentimentos em um caderno ou diário à parte, se ajudar.

Como me sinto quando estou na presença dessa pessoa? Como me sinto antes e depois de passar um tempo com ela?

_____

_____

Do que gosto nessa pessoa? Do que não gosto nela ou o que vejo como um possível sinal de alerta?

_____

_____

Essa pessoa é honesta e consistente em sua comunicação (por exemplo, ela faz aquilo que diz)? Ela é desonesta e inconsistente com sua comunicação (por exemplo, ela diz uma coisa e faz outra)?

_____

_____

Existe espaço em nosso relacionamento para expressão e sintonização emocional? Isto é, os meus sentimentos estão sendo ouvidos e entendidos?

_____

_____

Essa pessoa ouve meus pedidos e aceita meus limites?

_____

_____

Essa pessoa claramente pede aquilo de que necessita?

_____

_____

Essa pessoa entende e assume responsabilidade por seus papéis e emoções no relacionamento?

_____

_____

Nós queremos as mesmas coisas? Os nossos valores se alinham?

_____

_____

Estou receptivo para esse tipo de relacionamento?

_____

_____

A nossa dinâmica parece saudável, e isso é algo que quero manter? O que preciso mudar na dinâmica para que ela se torne mais saudável e seja algo que quero continuar buscando?

_____

_____

É completamente normal você se sentir desconfortável ou de coração partido em algumas de suas respostas a essas perguntas. É útil enxergar suas respostas como uma oportunidade ou um ponto de partida para identificar e esclarecer áreas que você gostaria de melhorar. Entender aquilo que não está funcionando pode ajudá-lo a encontrar o seu caminho na direção daquilo que vai funcionar, mesmo que isso signifique mudar as dinâmicas do seu relacionamento atual ou se aventurar no desconhecido, sozinho. Lembre-se de que sair de um relacionamento quando ele não se alinha mais ou quando você se sente completo e amadurecido é diferente de sair de um relacionamento para tentar encontrar algo melhor, o que muitos de nós, incluindo eu mesma, já fizeram no passado. Seja paciente e dê a si próprio tempo e espaço para digerir as mudanças e as perdas em seus relacionamentos, mesmo aquelas que você escolheu iniciar.

À medida que você explora suas circunstâncias atuais ou começa a criar outras circunstâncias, continue oferecendo compaixão para si mesmo e lembrando que cada um de nós é um trabalho em andamento, fazendo o melhor que podemos. O fato de você ter chegado tão longe é um incrível sinal de seu desejo e seu compromisso de criar mudança para você e seus relacionamentos.

COMO TER UMA CONVERSA DIFÍCIL

Como você já aprendeu, fazer uma pausa e se conectar com seu coração pode ajudá-lo a se mover na direção de um espaço de coerência cardíaca mais conectado e colaborativo. Antes de entrar naquilo que pode ser uma interação ou conversa difícil, pouse as mãos sobre o coração e respire fundo algumas vezes enquanto lembra a si mesmo daquilo que realmente é importante para você sobre aquela pessoa ou aquele relacionamento. Pode ser algo tão simples quanto se lembrar de algo que você goste ou aprecia sobre a pessoa e como ela se apresenta no relacionamento. Tome para si quanto tempo for necessário antes de começar a interação ou a conversa, examinando se a sua experiência ou visão geral muda de alguma maneira. Preste atenção particularmente em se há diferença em como você aborda a interação e como a outra pessoa responde a qualquer mudança na sua energia.

Aqueles que querem começar a abordar assuntos ou realidades mais difíceis podem achar útil o seguinte guia.

- Peça para ter conversas abertas e explícitas com outras pessoas que diretamente abordam a fonte do conflito. Tente quebrar os hábitos que podem levá-lo a evitar ou a se esconder de assuntos difíceis.
- Pratique validar pensamentos, sentimentos e perspectivas dos outros, mesmo se discordar. Você não precisa concordar com alguém ou se sentir da mesma maneira para tentar entender ou validar e aceitar como essa pessoa se sente. Para demonstrar que está tentando entender, você pode dizer: "Eu entendo que isso realmente o magoou" ou "Posso entender por que você está se sentindo assim".
- Quebre o hábito natural de tentar entender pensamentos, sentimentos ou intenções de outra pessoa, ou presumir quais sejam. Em vez disso, pratique perguntar e ouvir a partir de um local de curiosidade e conexão com o seu espaço do coração, permitindo à pessoa que fale sem que você a interrompa.
- Assuma seu papel em suas experiências compartilhadas, seja receptivo e humilde, e peça desculpas ou assuma a responsabilidade quando magoar alguém.
- Pratique tentar encontrar um lugar comum e navegar conflitos como uma equipe para encontrar soluções que funcionam para os dois. Quebre seu hábito de focar apenas em si e em seus próprios interesses (quando for seguro e apropriado fazer isso).
- Tente se manter no assunto ou na questão e quebre qualquer hábito que possa lembrá-lo do passado ou que o faça usar afirmações absolutistas como: "Você sempre faz X" ou "Você nunca faz Y".
- Afirme seu amor e sua conexão à pessoa amada durante o conflito, lembrando a si mesmo que pode ser estressante e pesado para vocês dois, mesmo se o outro parecer distraído ou dissociado. Se você não conseguir fazer isso durante um conflito, reafirme sua conexão quando ambos se acalmarem, deixando a pessoa saber que você a ama, valoriza e continua comprometido com o relacionamento. (Isso é particularmente importante para aqueles que cresceram em lares em que os conflitos envolviam grandes explosões e perda de amor, como o tratamento do silêncio.)

COMO REPARAR UMA CONEXÃO
DEPOIS DE UM CONFLITO

Conflitos são uma parte natural da convivência com outra pessoa que inevitavelmente possui ideias, sentimentos e perspectivas diferentes. Aprender a reconhecer nossos papéis individuais no conflito, incluindo o impacto de nossa reatividade emocional, ajuda a aumentar a segurança e a confiança em um relacionamento. Casais emocionalmente saudáveis reparam seu relacionamento depois de discordâncias e desconexão em vez de ignorarem os problemas ou fingirem que o conflito não aconteceu. Pratique usar as dicas da lista a seguir para reparar o seu relacionamento ou se reconectar depois de momentos acalorados ou de desconexão.

- **Examine o seu sistema nervoso para ter certeza de que você está regulado.** Você precisa que seu corpo esteja em um estado calmo e ancorado quando pedir desculpas ou tentar reparar a desconexão. Se estiver estressado ou irritado, não será capaz de pensar ou falar claramente, ou dar espaço para os sentimentos da outra pessoa.
- **Seja específico.** Nomeie o comportamento, seu impacto (seja curioso e pergunte se não tiver certeza) e o seu papel nele. Por exemplo: "Na outra noite, quando fiz aquela piada na frente dos nossos amigos, eu estava tentando ser engraçado e sinto muito se magoei você". Ou: "Eu queria saber como você se sentiu quando fiz aquela piada na frente de nossos amigos na outra noite".
- **Ouça sem ser defensivo.** Isso será difícil se você cresceu em um lar no qual as pessoas subestimavam ou invalidavam os sentimentos dos outros. Lembre-se de que você pode não concordar com o que a outra pessoa está dizendo, mas permita que ela compartilhe suas experiências mesmo assim.
- **Concentre-se nos sentimentos da outra pessoa, não nos seus.** Se você, assim como eu, foi criado por pais emocionalmente subdesenvolvidos, notará o desejo de centralizar a conversa em como você se sente. Tente sair desse hábito, já que desculpas sinceras e verdadeiras se baseiam nos sentimentos da outra pessoa, não nos nossos.
- **Afirme aquilo que você fará diferente no futuro.** Identifique seu papel ou sua responsabilidade em criar a mudança ou diminuir a

probabilidade de que o conflito aconteça de novo. Por exemplo: "Quando eu estiver cansado e irritado, vou tentar tirar um espaço para ficar ciente daquilo que me ativa, porque descontar em você não é legal". Eu mesma precisei dizer isso muitas vezes!

- **Pratique perdoar a si mesmo.** Todos nós magoamos pessoas durante a vida – faz parte da experiência humana. Depois de pedir desculpas, lembre-se de praticar a autoajuda, oferecendo a si mesmo graça e compaixão, tendo em mente que está fazendo o melhor que consegue. Tire um momento para celebrar a si mesmo por assumir a responsabilidade. Pratique redirecionar sua atenção para longe de pensamentos críticos e acusatórios.

* * *

Naturalmente, queremos nos sentir amados da mesma maneira que aprendemos a nos sentir amados na infância. Para a maioria de nós, essas maneiras estão ancoradas em trauma e naquilo que precisávamos fazer para nos sentir seguros, valorizados e amados em nosso ambiente da infância. À medida que nos tornamos mais cientes das expectativas que colocamos nos outros e assumimos a responsabilidade por nossas necessidades não atendidas na infância, nós nos tornamos criadores intencionais de nossas experiências com os outros em vez de permitir que nosso trauma influencie e dite como interagimos com as pessoas. Quando estamos empoderados em nossas interações e nossos relacionamentos, somos capazes de nos conectar mais autenticamente com as pessoas com quem compartilhamos espaço e tempo. Também conseguimos nos conectar melhor com o poder energético do mundo natural no qual vivemos, um poder que pode mudar sua vida e que vamos conhecer mais a fundo no próximo capítulo.

10

RECONECTANDO-SE COM O COLETIVO

O verão de 1993 foi escaldante e mortal em Washington, DC. Naquela época, a cidade tinha uma das maiores taxas de criminalidade do país e passava pelo tipo de temperatura que fazia até o maior fã de calor buscar uma sala com ar-condicionado. Apesar do calor e da violência, 4 mil pessoas escolheram ir à cidade para se sentar em silêncio e meditar com um objetivo em mente: reduzir a taxa de criminalidade focando sua energia mental em espalhar paz e segurança para os outros.

E funcionou. No auge do experimento, que durou dois meses, os crimes violentos na cidade diminuíram vinte e três por cento.[54] Antes do estudo, liderado pelo físico quântico John Hagelin, o chefe de polícia de Washington disse aos repórteres que somente a queda de trinta centímetros de neve durante o verão causaria uma baixa semelhante na criminalidade.[55]

Aquilo que aconteceu naquele verão não foi um incidente único. Décadas de pesquisas forneceram evidências de que, quando um grupo de pessoas concentra sua atenção em promover paz, harmonia, saúde ou bem-estar, ele alcança o resultado desejado de maneiras quantificáveis. Outro estudo notável descobriu que, durante a guerra entre Israel e Líbano em 1983, as mortes caíram 76% como resultado da meditação diária de um grupo focado no coração.[56] Ocorrências cotidianas, como crimes, acidentes de trânsito e incêndios, também diminuíram na área ao redor.

Os "efeitos do campo de consciência", como Hagelin chamou, vão além da meditação: qualquer prática que cria segurança fisiológica no sistema nervoso e coerência entre coração e cérebro pode impactar o bem-estar geral dos outros. Mais surpreendentemente, quando nos juntamos para concentrar nossa energia mental em sensações, intenções ou resultados específicos, isso pode espalhar essas sensações, intenções ou resultados para as pessoas ao redor do mundo, não apenas aquelas em nossa cidade ou no mesmo país. Isso é conhecido como *consciência não local*.

Algumas das melhores pesquisas sobre consciência não local foram produzidas a partir do uso de rezas ou outras projeções de intenção. Cardiologistas da Universidade de Duke descobriram que, quando pessoas de várias religiões de todo o mundo rezaram por 150 pacientes cardíacos usando seus nomes, esses pacientes obtiveram uma melhora de 50% a 100% maior do que aqueles que não receberam nenhuma oração, mesmo com os pacientes e aqueles que rezaram por eles estando separados por centenas ou milhares de quilômetros.[57] Outro estudo de quase mil pacientes cardíacos obteve resultados semelhantes, mostrando que aqueles que receberam orações não localmente tiveram resultados melhores que aqueles que não receberam orações.[58] Como dizem os pesquisadores, esses resultados não provam a existência de Deus ou que Ele responde às orações, mas que o consciente coletivo é extremamente poderoso.[59]

Embora o termo tenha vários significados, eu defino *consciência coletiva* como o estado combinado de energia em um grupo de pessoas, sendo esse grupo a nossa família, círculo de amigos, colegas de trabalho, equipe esportiva, universidade, empresa, corporação, cidade ou país. Também existe a *consciência global*, ou estado massivo energético de todas as pessoas vivas na Terra.

Nossa consciência coletiva pode ser calma, colaborativa, produtiva e harmoniosa – ou estressada, agitada, temerosa e caótica. Se você já achou que todo mundo que encontrou um dia parecia um pouco à beira de um ataque de nervos ou que a energia de seu escritório, sua comunidade ou mesmo do planeta parecia fora do normal, você provavelmente estava sentindo os efeitos da consciência coletiva ou global.

O que determina a consciência coletiva? Todos nós a determinamos, com base em quão fisiologicamente seguros nós individualmente nos sentimos com nosso sistema nervoso e em se estamos em um estado de coerência. Isso ocorre porque a segurança e a coerência cardíaca individual das pessoas afetam todos as outras em nosso grupo e ao redor do mundo, como se estivéssemos em um gigante jogo de dominó.

Com 8 bilhões de corações e sistemas nervosos comunicando-se uns com os outros o tempo todo, sinais invisíveis viajam constantemente por todo o mundo, mais rápida e efetivamente que qualquer rede sem fio. Estando ou não cientes desses sinais, todos afetamos uns aos outros em um loop contínuo.

Para mais provas de nossa consciência coletiva e global, é interessante olhar para as pesquisas conduzidas pelo Projeto de Consciência Global (PCG). Essa colaboração internacional de cientistas analisou os efeitos de centenas de eventos, incluindo a morte da princesa Diana e os ataques do 11 de Setembro em Nova York, que ativaram uma reação emocional global. Nas últimas décadas, o PCG descobriu que esses eventos de impacto mundial alteram o resultado de geradores de números aleatórios – dispositivos que se baseiam em física quântica geralmente usados em pesquisas científicas – de maneiras estatisticamente significativas, que não podem ser explicadas por mero acaso. Isso levou os cientistas à conclusão de que é a nossa energia coletiva que afeta os resultados.[60] Embora o PCG tenha sido criticado por alguns devido ao seu caráter enviesado, o projeto analisou o resultado quântico de mais de quinhentos eventos globais até hoje, permitindo aos cientistas argumentarem que seus resultados não podem ser interpretados de outra maneira.[61]

Não há como negar que nós, como seres humanos, estamos interconectados em um estado de consciência global coletiva. Somos todos feitos dos mesmos elementos naturais, compartilhamos o mesmo espaço na Terra e passamos energia do sistema nervoso uns para os outros em todos os segundos de todos os dias. Podemos gastar a maior parte de nossa atenção e energia interagindo com as pessoas em nosso ambiente imediato, mas também estamos conectados a outros grupos, redes, sistemas e à humanidade como um todo. E, em virtude de estarmos conectados, nós, como indivíduos, podemos começar a usar o estado pacífico do próprio corpo para impactar os corpos daqueles ao nosso redor.

O SEU CORAÇÃO IMPACTA AS PESSOAS

No capítulo 8, aprendemos sobre a corregulação e como usar a segurança de nosso sistema nervoso para ajudar nossas pessoas amadas a se sentirem seguras para se conectarem conosco em um nível mais profundo. Agora, vamos explorar como podemos usar a corregulação para comunicar segurança não apenas para aqueles em nossa proximidade imediata, mas também para aqueles em nossos grupos e nossas comunidades, incluindo pessoas com as quais não interagimos diretamente ou que nem sequer conhecemos. Estou me referindo ao fenômeno conhecido como *coerência social*, que ocorre quando nosso estado de coerência cardíaca se espalha para os outros em nossos grupos, redes e sistemas.

Em um nível mais simples, a coerência social ocorre porque a bondade é contagiante – literalmente. Quando encarnamos os sentimentos centrais do coração, como compaixão, apreciação, aceitação, tolerância, paciência, perdão e amor, nós os irradiamos por meio de comportamentos visíveis, incluindo palavras, ações, tons de voz e expressões faciais, e por meio de sinais invisíveis, como a energia que emitimos do sistema nervoso e do coração. Essa propagação de coerência social é uma forma de *entrainment* (arrasto, em inglês), um fenômeno que ocorre quando ritmos cooperativos são gerados entre indivíduos. Sempre que interagimos com os outros, estando eles próximos ou não, nosso sistema individual ativamente se coordena com as comunicações energéticas da outra pessoa. Esse arrasto energético junta o *eu* individual para formar o *nós* em um relacionamento com outra pessoa.

A sincronização da comunicação energética humana já foi documentada por um fenômeno conhecido como *contágio emocional*. Você já leu sobre os estudos da meditação no começo deste capítulo, que ilustram o relevante impacto que uma pequena porcentagem de indivíduos em paz pode causar. O contágio emocional é a propagação das emoções entre indivíduos. Emoções se propagam porque nós subconscientemente imitamos o comportamento dos outros, com o cérebro ativando *neurônios-espelhos*, células que disparam quando testemunhamos as ações de outra pessoa.[62] Neurônios-espelhos nos ajudam a sintonizar ou sentir o estado emocional da outra pessoa, o que pode espalhar energia emocional e aprofundar nossa ligação com ela.[63]

Muitas pesquisas foram conduzidas sobre o contágio emocional, em parte porque empresas e corporações usaram essas descobertas para influenciar as decisões dos consumidores, assim como a satisfação e a lealdade dos funcionários.[64] Ao despertar certas emoções por meio de propaganda e marketing, as empresas descobriram como influenciar as decisões de compra dos consumidores. Embora isso possa ser visto como preocupante, as pesquisas podem nos ajudar a compreender por que nossa segurança individual importa tanto para a consciência coletiva.

Um enorme estudo com os usuários do Facebook descobriu que, quando pesquisadores manipulavam as notícias para apresentarem conteúdo mais negativo, os usuários criavam mais postagens negativas e vice-versa, ocorrendo mais postagens positivas quando expostos a conteúdo mais positivo.[65] Outro estudo conhecido mostrou que as pessoas ficam mais generosas quando veem outras agindo generosamente e mais propensas a agir de modo mesquinho quando veem os outros fazendo o mesmo. Aqueles que veem comportamento generoso também se tornam mais amigáveis, empáticos e solidários com estranhos.[66]

A mensagem empoderadora é: quando nos apresentamos em um estado de segurança coerente, interagindo diretamente ou não com os outros, temos o poder de propagar a coerência social para muitas outras pessoas, incluindo aquelas fora de nossos círculos imediatos.

A SUA COERÊNCIA FAZ SEU GRUPO SER MAIS BEM-SUCEDIDO

Quando encarnamos a coerência cardíaca, ajudamos nosso grupo a ser mais harmonioso, produtivo, eficiente e, em última instância, bem-sucedido. Adquirimos maior capacidade de explorar nossos talentos, habilidades e dons únicos, e podemos entrar mais facilmente no estado de fluxo, aumentando nossa produtividade, nossa criatividade e nossa capacidade de resolução de problemas. Estar em nosso próprio estado de fluxo pode até ativar as mesmas regiões do cérebro nas pessoas ao nosso redor, ajudando-as a entrar em seu próprio estado de fluxo de modo mais fácil.[67]

Quando estamos incoerentes, entretanto, é mais provável nos prendermos a ciclos de estresse, que pressupõem competição, conflito e ineficiência, de acordo com pesquisas.[68] É apenas quando nos sentimos seguros e sociais que podemos tolerar as diferenças dos outros, e, como resultado, nos sentir menos competitivos e estressados. Quando podemos enxergar as coisas de uma perspectiva mais distanciada, somos mais capazes de considerar os melhores interesses do grupo e negociar para o bem maior em vez de focarmos em nossos próprios desejos e interesses. As pesquisas sobre a segurança individual e a coerência cardíaca até mostram que uma única pessoa pode reduzir o conflito em famílias, escritórios, organizações, esportes e entidades maiores.[69] E, quanto mais sincronização houver nas ondas cerebrais entre professor e alunos em uma sala de aula, mais efetiva a comunicação se torna, com maiores níveis de aprendizado e melhores dinâmicas sociais.

Compartilhar um senso de segurança comunal permite que os indivíduos sejam mais presentes no momento atual, o que pode abrir novas oportunidades em seus relacionamentos para quebrar ciclos repetitivos. Quando estamos totalmente imersos no momento, é mais provável que utilizemos nossa criatividade e nossa imaginação, o que nos permite enxergar e honrar a criatividade das pessoas ao nosso redor. Nossa segurança e nossa energia incentivam as pessoas a compartilhar talentos, habilidades e dons únicos com o grupo, e isso fará com que esse grupo disponha de múltiplas perspectivas quando estiver procurando soluções mais inovadoras. Em outras palavras, a coerência social permite que todos no grupo encontrem seu fluxo e se especializem naquilo que fazem de melhor, beneficiando o grupo como um todo. Empresas, hospitais, equipes esportivas e unidades militares que desenvolveram a coerência social possuem menores taxas de estresse físico e mental e/ou melhores índices de comunicação, satisfação, produtividade e solução de problemas entres seus membros, de acordo com pesquisas.[70]

Eu já experimentei os efeitos da coerência social em muitas de minhas próprias comunidades, incluindo a criação da The Holistic Psychologist. Após iniciar minha jornada de cura, comecei a buscar relacionamentos mais autênticos com aqueles com quem eu compartilhava interesses e objetivos e com quem eu podia *ser* eu mesma. Entendendo a importância de *ser* eu mesma em meus relacionamentos, criei a conta do Instagram @the.holistic. psychologist e comecei a usar a hashtag #selfhealers como uma maneira de me conectar com outras pessoas que pensam da mesma forma que eu e que também embarcaram em uma jornada de cura. Minha esperança era, com o tempo, criar uma comunidade socialmente coerente na qual a segurança coletiva tornaria o processo de cura mais acessível para todos – para de fato nos curar, precisamos nos sentir seguros o bastante para nos expressar e compartilhar sem focar as diferenças dos outros ou sem ter medo do julgamento de alguém.

Logo depois de abrir a conta e lançar a hashtag, pessoas de todo o mundo começaram a se comunicar, se conectar e se juntar a mim, honrando nossas diferenças e jornadas individuais. Sensível à realidade de que muitas pessoas não têm recursos para acessar os serviços de que necessitam, tomei como uma de minhas missões assegurar que as informações e as ferramentas que compartilhamos na plataforma gratuita estivessem disponíveis para todos.

Alguns meses depois de criar a conta, comecei a receber mais e mais pedidos dos seguidores para criar um espaço seguro fora da conta da rede social. Inspirada por aquelas mensagens, criei a SelfHealers Circle, uma comunidade privada cujos membros podem compartilhar comunicações e autoexploração compassivas, que são essenciais para a cura e a coerência social. Eu me sinto continuamente honrada quando ouço o impacto que esse ambiente seguro e solidário causou nas jornadas individuais de cura dos membros.

Além dos benefícios dentro de nossas comunidades escolhidas, a coerência social pode mudar as dinâmicas de grupos desorganizados, como a atmosfera que experimentamos em restaurantes, teatros, festas e outros espaços e eventos públicos. Deixe-me dar um exemplo.

Recentemente, você participou de um evento em grupo com alguns colegas, mas chegou um pouco mais tarde que eles. Quando entrou na sala, podia sentir que a energia coletiva estava tensa e carregada – as pessoas não se conheciam, e as conversas pareciam hesitantes. Já que se sentia seguro, coerente e alegre naquela noite, você encarnou o seu eu com coerência cardíaca: sorriu para todos, canalizou a compaixão e a gratidão para quem estava na sala, e ficou genuinamente interessado em ouvir as experiências e as histórias dos outros. Pouco depois de chegar, as dinâmicas do evento começaram a mudar – as pessoas começaram a sorrir e falar mais abertamente umas com as outras. A linguagem corporal se tornou mais relaxada e a atmosfera começou a ficar mais leve, com risadas e conversas mais fluidas.

Outro exemplo. Imagine um restaurante cheio no qual um garçom chega ancorado em um estado de segurança. Esse garçom socialmente coerente tem compaixão com qualquer cliente irritado e pode mais autenticamente se conectar com as pessoas ao redor. Ele não reclama com outros garçons sobre como suas mesas são terríveis, o que impede que os demais funcionários comecem a procurar experiências semelhantes para confirmar a situação. O garçom seguro emite sinais invisíveis de coerência, ajudando a regular os outros no local. Os clientes ou funcionários que se mostravam estressados ou irritados podem começar a suavizar e sorrir. Logo, a energia no restaurante muda para um tom mais amigável e harmonioso. Sentindo ele próprio essa mudança energética, o garçom continua se beneficiando dos efeitos da compaixão que ele iniciou. Todos nós podemos fazer isso, sempre que escolhemos encarnar uma resposta mais compassiva em nossas interações diárias.

Esse estado harmonioso e socialmente coerente permitiu que os humanos evoluíssem e prosperassem como espécie. Forjar associações colaborativas permite que alguns de nós atendam às suas necessidades fundamentais de comida, abrigo, cuidados infantis e de saúde, enquanto outros se dedicam à arte, música, tecnologia e outros interesses que lhes tragam satisfação e que nos ajudam a levar vidas mais longas e prósperas.

DESENVOLVENDO A COERÊNCIA SOCIAL

Criar a coerência social sustentável requer mais do que ter certeza de que não estamos desregulados em nível individual – também precisamos ser capazes de oferecer compaixão, empatia e apoio aos outros. Quando encarnamos a compaixão, enviamos sinais reguladores para as pessoas ao redor, a fim de que elas sejam mais capazes de se sentirem seguras, coerentes e conectadas com o grupo. Somos mais capazes de sentir empatia ou de estar presentes com os outros em seu mundo emocional ao ouvir atentamente quando compartilham suas experiências em vez de ficarmos distraídos por nossos pensamentos ou sentimentos a respeito daquilo que está sendo compartilhado. E somos capazes de fazer perguntas para entender a perspectiva da outra pessoa antes de assumirmos ou dispensarmos o seu ponto de vista.

À medida que desenvolvemos coerência social, também desenvolvemos a capacidade de identificar quando nos sentimos inseguros ou combativos, o que nos dá a oportunidade de nos acalmar, tomando um espaço longe do grupo ou procurando a ajuda de uma pessoa em quem confiamos para nos corregular. Uma vez de volta a um estado mais aberto, podemos praticar a colaboração honrando as diferenças uns dos outros, enquanto focamos nos objetivos compartilhados do grupo. Adquirimos a habilidade de ser curiosos a respeito dos outros, mesmo se discordarmos de certas questões, e de encontrar maneiras de seguir em frente enquanto mantemos nosso próprio senso de segurança individual. Com a coerência social, podemos continuar sendo um *eu*, mesmo quando nos conectamos com os outros como um *nós*.

Para aumentar a coerência social, pode ser útil notar ou buscar outras pessoas que nos façam sentir seguros e calmos. Em contrapartida, se notarmos que temos dificuldade de nos sentir seguros ou calmos perto de certas pessoas, podemos comunicar nossa necessidade de espaço e escolher voltar a falar com essa pessoa quando nos sentirmos prontos e capazes – não quando não temos os recursos internos necessários para navegar pela interação. Embora não seja possível evitar todas as interações estressantes ou perturbadoras, a coerência social aumenta nossa capacidade de tolerar o estresse e outras emoções ativadoras. E, quando cultivamos uma comunidade em que todos os membros se sentem seguros e calmos, podemos desenvolver conexões mais profundas e autênticas. Encontrar e ancorar a si mesmo apenas em uma comunidade na qual você obtenha uma sensação de pertencimento ou coerência social pode ajudá-lo a construir e sustentar a segurança de que precisa para oferecer coerência para o seu mundo mais amplo.

Checklist da coerência social

A lista a seguir pode ajudá-lo a avaliar o seu estado atual de coerência social. Seja o mais honesto e objetivo consigo mesmo que puder. E lembre--se de que, para chegar aonde queremos, primeiro precisamos ser realistas quanto a onde estamos agora. Considere as afirmações a seguir e marque as respostas com as quais você mais se identifica.

- ☐ Eu noto como me sinto ao consumir certos conteúdos (televisão, séries, podcasts, redes sociais etc.).
- ☐ Posso identificar quais relacionamentos, circunstâncias ou experiências me fazem sentir mais leve, esperançoso, e mais expansivo ou confortável e despreocupado.
- ☐ Posso identificar quais relacionamentos, circunstâncias ou experiências me fazem sentir inseguro, sobrecarregado, temeroso, preocupado, retraído ou tenso.
- ☐ Eu sei quando estou sobrecarregado e posso pedir e receber ou aceitar apoio.
- ☐ Eu me sinto seguramente conectado com aqueles ao meu redor e sou capaz de autenticamente me expressar com eles.

☐ Posso considerar minhas próprias necessidades, assim como as necessidades do grupo ou as coletivas em geral.

☐ Eu sei quais atividades gosto de fazer por diversão e o que me traz alegria.

☐ Eu sei o que é importante ou significativo para mim e regularmente me certifico de encarnar esses valores, trabalhando para atingir esses objetivos em meus relacionamentos.

☐ Eu sei o que me inspira e me faz sentir animado.

☐ Posso me engajar em uma comunicação ativa e aberta com os outros, permitindo uma troca calma e curiosa de pensamentos e emoções.

☐ Eu trabalho para resolver conflitos tentando entender as perspectivas e as experiências vividas pelos outros.

☐ Eu celebro meus sucessos e também os sucessos dos outros ao meu redor.

Quanto mais frases você tiver marcado, mais chance terá de se mover na direção da coerência social e mais capacidade terá de influenciar as experiências das pessoas ao seu redor. À medida que você continua sua jornada, pode revisitar essa lista para comprovar e celebrar o seu progresso.

ACESSANDO A SUA CONSCIÊNCIA GLOBAL

Nosso corpo está sempre juntando informações energéticas do ambiente. Quando estamos em um estado de coerência cardíaca, somos capazes de intuitivamente acessar essas informações e sentir mudanças na consciência coletiva e global. Quanto mais conectados com nosso coração, mais capazes seremos de sentir e interpretar com precisão aquilo que acontece ao nosso redor.

Todas as pessoas vivas na Terra impactam a consciência global porque cada um de nossos corpos individuais emite energia. Do mesmo modo, o próprio planeta produz energia, em parte por meio de algo chamado de ressonâncias Schumann, que são ondas eletromagnéticas de baixa frequência que existem entre a Terra e a ionosfera, a camada mais externa da atmosfera.[71] As ressonâncias Schumann são às vezes chamadas de "batimentos cardíacos" da Terra. Séculos antes de os cientistas descobrirem e nomearem esse campo de energia, antigos sábios e curandeiros indígenas descreveram essa "teia da criação", uma força energética unificadora que mantém a coesão de todas as coisas. E, em virtude de os humanos serem feitos dos mesmos quatro elementos (hidrogênio, nitrogênio, oxigênio e carbono) que formam o universo, os corpos físicos são facilmente impactados por mudanças no mundo natural ao redor, incluindo mudanças no batimento cardíaco do planeta.

A ressonância Schumann natural da Terra é de 7,8 hertz (Hz), um valor tranquilizador para o corpo humano, enquanto níveis mais baixos ou altos podem nos fazer sentir sonolentos ou entrar no modo luta ou fuga, de acordo com pesquisas.[72] As ressonâncias Schumann flutuam pautadas em mudanças ionosféricas e, quando mudam, afetam o sistema nervoso, aumentando ou diminuindo os níveis de estresse coletivo, bem como a saúde e o comportamento humanos.[73] Um aumento na atividade solar e geomagnética impacta nosso sistema nervoso autônomo, alterando o equilíbrio entre melatonina, serotonina e pressão arterial, além dos nossos processos neurológicos, reprodutivos, cardíacos e imunológicos. Alguns estudos mostram que o corpo pode experimentar uma "reação de antecipação" dois ou três dias antes de um evento geomagnético que altera frequência cardíaca e sua variabilidade, pressão sanguínea e condutividade da pele.[74]

Ficar exposto às ressonâncias Schumann quando são relaxantes – ou seja, na frequência de 7,8 Hz – é extremamente benéfico. Um estudo descobriu que os participantes que viviam em um abrigo subterrâneo que filtrava as ressonâncias Schumann por um mês sofreram com problemas de sono, perturbações emocionais e dores de cabeça.[75] Sua saúde estabilizou quando voltaram ao mundo natural. Outra pesquisa descobriu que a exposição às ressonâncias Schumann nos ajuda a dormir mais rápido e a manter o sono durante a noite.[76] Sei que frequentemente experimento esse efeito, dormindo melhor à noite depois de passar um tempo em contato com a natureza durante o dia.

Assim como a Terra afeta nossa energia e nossa saúde, a energia do sistema nervoso global pode mudar as frequências naturais do planeta. Em outras palavras, nós, humanos, e a Terra estamos em um constante loop de retroalimentação.[77] A sociedade moderna pode estar mudando a energia natural da Terra devido à produção de *electrosmog*, ou campos magnéticos gerados por tecnologias modernas como Wi-Fi, televisores, fornos de micro-ondas e dispositivos de GPS. De acordo com pesquisas, essas frequências eletromagnéticas de baixo nível (EMF) elevam a ressonância Schumann natural da Terra a valores acima de 7,8 Hz, em níveis que podem aumentar o estresse global.[78]

Considerando a relação cientificamente documentada entre a energia da Terra e a nossa própria energia, um inspirador novo projeto chamado Iniciativa da Coerência Global (Global Coherence Initiative – GCI) foi lançado para ajudar a criar oportunidades para indivíduos impactarem os campos energéticos e geomagnéticos do planeta, unindo-se em coerência cardíaca. Para medir o impacto na consciência global, pesquisadores instalaram estrategicamente uma rede ultrassensível de detectores de campos magnéticos ao redor do mundo. Essa pesquisa é um poderoso lembrete para cada um de nós de que precisamos fazer nossa parte para diminuir a presença e o impacto de nosso estado de estresse individual e global no planeta que compartilhamos.

Tornar-nos cientes de nossa consciência global e da energia da Terra pode nos ajudar a entender por que às vezes nos sentimos ansiosos e estressados, mesmo que nada estressante tenha ocorrido conosco pessoalmente. Quando experimentamos esses momentos de ansiedade por nenhuma razão aparente, podemos praticar a autoajuda ou tomar passos para nos regularmos ou corregularmos, a fim de acalmar os efeitos que a incoerência global pode ter em nossa energia individual. Também podemos ser mais empáticos com as pessoas nesses momentos, entendendo que elas podem estar se sentindo agitadas, ansiosas ou irritadas por causa da agitação energética de nossa consciência global. Quando possível, alguns de nós podem decidir remarcar uma reunião importante ou conversa difícil para um momento de mais calmaria.

CARDÁPIO DA RESSONÂNCIA DE SCHUMANN

A seguir, apresento uma lista de providências que podemos tomar para nos reconectar com a energia natural da Terra, energia essa que corresponde aos batimentos cardíacos do planeta. Considere praticar regularmente aquelas de que você mais gosta.

- Passe mais tempo na natureza, visitando parques, florestas, praias ou outros ambientes naturais.
- Estabeleça contato direto com a Terra andando com pés descalços, tirando um cochilo na grama, respirando ar fresco lenta e profundamente ou observando as estrelas.
- Limite o tempo que você passa com tecnologias modernas e sua exposição a campos eletromagnéticos, usando óculos de lentes azuis ou bloqueadores de EMF sempre que possível.
- Ouça músicas que incluem uma ressonância Schumann ao fundo durante o trabalho ou momentos de lazer (o YouTube é um ótimo lugar para encontrar essas gravações).

Assim como todas as ferramentas que você aprendeu ao longo da leitura deste livro, quanto mais consistentemente praticar, mais conectado você se sentirá com o próprio planeta.

EXPANDINDO SUA CONSCIÊNCIA

Assim como a Terra, nós também somos feitos de energia. Pratique os seguintes exercícios para se tornar mais ciente de seu relacionamento energético e interdependente com a natureza. Escolha uma das três modalidades sensoriais listadas – visual, auditiva ou energética – e pratique o mais consistentemente possível.

EXERCÍCIOS PARA A EXPANSÃO DA CONSCIÊNCIA

Visão expandida. Concentre sua consciência em um objeto em seu campo de visão imediato. Em seguida, gradualmente expanda sua consciência para incluir objetos à esquerda e à direita; depois, qualquer objeto acima ou abaixo desse ponto. O objetivo desta prática não é fazer uma varredura do seu ambiente, mas gentilmente expandir sua consciência natural para incluir mais do seu campo de visão.

Audição expandida. Se você se sentir seguro o bastante, feche os olhos. Concentre sua consciência em qualquer som que ouvir em seu ambiente imediato. Em seguida, gradualmente expanda sua consciência para incluir sons mais fracos vindos de longe. Mais uma vez, o objetivo não é forçar a sua audição, mas gentilmente expandir sua consciência natural para incluir mais do seu campo auditivo.

Consciência energética expandida. Respire fundo pela barriga três vezes, concentrando sua consciência no subir e descer do estômago. Gentilmente, expanda sua consciência para incluir todo o seu corpo enquanto ele sobe e desce a cada respiração. Expanda novamente sua consciência para incluir o espaço ao seu redor, que muda com o fluxo de ar do seu corpo para suas imediações. Finalmente, expanda sua consciência mais uma vez para incluir tudo o que flui no espaço entre você e as coisas ao redor, assim como entre você e tudo o que veio antes e o que virá depois de você.

O exercício a seguir pode ajudá-lo a expandir sua consciência para incluir a consciência global, auxiliando-o a sintonizar sua natureza energética.

1. Encontre um lugar para se deitar ou se sentar confortavelmente por cinco minutos. Se você se sentir seguro o bastante para isso, pode fechar os olhos.
2. Respire fundo e lentamente duas vezes, sentindo seu corpo relaxar.
3. Passe um momento gentilmente expandindo sua consciência para notar o próprio ar e as diferentes sensações à medida que o ar acaricia sua pele, nutre seus pulmões e seu corpo, e carrega os sons até você.
4. Passe um momento gentilmente expandindo sua consciência para notar os diferentes pensamentos em sua mente, sem se distrair ou se concentrar em um único pensamento, permitindo-se descansar confortavelmente nesse espaço de consciência expandida.
5. Enquanto você continua descansando em sua calmaria, note seu corpo no espaço, gentilmente expandindo sua consciência para:

- O espaço à sua frente, notando até onde conseguir sentir.
- O espaço atrás de você, notando até onde conseguir sentir.
- O espaço à sua esquerda, notando até onde conseguir sentir.
- O espaço à sua direita, notando até onde conseguir sentir.
- O espaço acima da sua cabeça, notando qualquer som ou movimento acima de si até onde conseguir sentir.
- O espaço abaixo de si, notando onde seu corpo toca o chão e qualquer vibração sutil que conseguir sentir.

6. Passe um momento gentilmente expandindo sua consciência para notar os vários sons dentro e ao redor de si, prestando atenção tanto em quaisquer ruídos quanto no intervalo entre eles à medida que você escuta sem prestar atenção em julgamentos ou comentários mentais. Permita-se descansar confortavelmente nessa consciência expandida.
7. Passe um momento expandindo sua consciência para notar os vários aromas ao seu redor, permitindo-se descansar confortavelmente nessa consciência expandida.
8. Passe um momento expandindo sua consciência para notar as várias memórias do seu passado que podem estar vindo à tona no presente, permitindo-se descansar confortavelmente nessa consciência expandida.

9. Passe um momento expandindo sua consciência para notar as várias sensações físicas em seu corpo nesse momento, permitindo-se descansar confortavelmente nessa consciência expandida.

10. Passe um momento gentilmente expandindo sua consciência para notar a vastidão e a interconectividade da própria vida, permitindo-se explorar o apoio ilimitado presente em cada momento e descansar confortavelmente nessa consciência expandida.

Esses exercícios ajudarão a sintonizar sua consciência como um ser energético interconectado com o mundo natural ao seu redor. Acessar a energia da Terra vai ajudá-lo a criar mais coerência energética em seu cérebro e seu corpo, que pode então se estender de volta para o exterior, criando uma consciência coletiva mais coerente. Encarnando ou vivendo com mais paz e compaixão, cada um de nós individualmente pode ter um grande impacto em toda a humanidade quando nos juntamos na derradeira colaboração energética – realmente mudando o mundo ao nosso redor!

* * *

Embora tenhamos chegado às últimas páginas, a sua jornada não termina aqui. Espero que a sua jornada mude como resultado deste livro. A vida é um processo de mudanças, como aprendi. Por décadas, eu pensava que inevitavelmente alcançaria um estado de "conquista", "finalidade" ou "conclusão" no qual eu poderia relaxar em um estado perene de paz, amor e conexão. E, desde então, percebi que não existe um fim ou um destino ao qual chegamos. Nós carregamos paz, amor e conexão dentro de nós em cada momento. À semelhança da própria natureza e vida, nossa existência está sempre evoluindo, e encarnar quem somos é um processo sempre em andamento.

Nosso primeiro ambiente moldou cada um de nós para que fôssemos quem precisávamos ser na época para nos encaixarmos e sobrevivermos. Todos nós continuamos carregando o estresse acumulado das gerações que vieram antes, cuja falta de conhecimento e recursos impactou corpos e mentes, mantendo-nos presos no modo de sobrevivência. Hoje, muitos de nós mal conseguem atender às suas próprias necessidades, e não nos sentimos seguros no próprio corpo. Essas duas coisas nos impedem de aparecer como nosso eu autêntico ou de nos conectarmos com outra pessoa, não importando o que dizemos, o quanto tentamos ou quem está por perto.

Curar o seu relacionamento mais importante – aquele que você tem consigo mesmo – é a melhor maneira de passar a amar as pessoas e encontrar alegria e facilidade em seus relacionamentos. Apenas quando você se sente seguramente conectado com quem realmente é – corpo, mente e alma –, torna-se habilitado a construir conexões autênticas com os outros e quebrar os ciclos que o mantêm preso em seu passado e no passado daqueles que vieram antes de você.

Quando você se sente seguro e protegido, torna-se mais capaz de lidar com as emoções que afetam sua experiência humana e que guardam valiosos entendimentos para as suas decisões diárias. Você se torna mais sintonizado com as mensagens do seu coração – a sua bússola interna sempre batendo dentro de você –, as quais podem direcioná-lo em sua jornada ao desconhecido. E você se torna mais frequentemente capaz de acessar o amor e a compaixão que estão sempre presentes em seu coração, oferecendo-os a todos os seus relacionamentos, assim como ao mundo ao redor. Em última instância, quando você está realmente conectado com seu coração, é mais capaz de perceber e receber o amor que está presente e disponível nas outras pessoas.

Eu continuo na mesma jornada junto de cada um de vocês. Todos os dias, estabeleço uma intenção de permanecer comprometida com meu relacionamento com meu eu autêntico, para continuar servindo às pessoas e às comunidades ao redor. Para apoiar essa intenção, faço escolhas diárias, a fim de fortalecer minha conexão com meu coração e continuar descobrindo o que é o verdadeiro amor autêntico em meu próprio corpo e mente.

O amor, no fim das contas, não vem de algo ou alguém fora de nós – ele vive dentro de cada um de nós. Quando nos reconectamos com o suprimento infinito de bondade e compaixão em nossos corações, somos guiados pelo amor.

E, quando agimos alinhados com essa orientação amorosa, nós nos *tornamos* o próprio amor.

EPÍLOGO

A INESPERADA VERDADE DO MEU CORAÇÃO

Em algum de seus relacionamentos ao longo dos anos, você pode ter passado por um período em que quase todas as palavras, olhares ou discordâncias – a despeito de quão pequenos fossem – transformavam-se em discussões, mágoas ou desconexões. Talvez houvesse uma corrente de tensão oculta em todas as suas interações com aquela pessoa, e, embora vocês tivessem se dado bem em algum ponto, pouca coisa entre vocês parecia tranquila e amorosa desde então.

Há muitos anos, essa situação existiu entre Lolly, Jenna e mim por alguns meses. O problema não era que não estivéssemos comprometidas com a conexão com nosso coração, é que não estávamos realmente ouvindo aquilo que nosso coração dizia. Para muitos de nós, os sinais intuitivos do coração podem ser difíceis de ouvir e pode ser ainda mais difícil lhes dar atenção – isso é especialmente verdadeiro se as mensagens do seu coração são diferentes das convenções e das expectativas que a sociedade nos impõe (ou que nós mesmos nos impomos). Ao mesmo tempo, se não vivermos pela verdade de nosso coração, não importa o quão desconfortáveis (ou novas) sejam as mensagens a princípio, podemos ficar presos em ciclos disfuncionais de relacionamentos ou ser incapazes de aliviar a tensão ou resolver os conflitos com as pessoas. Embora eu soubesse de tudo isso em um nível intelectual, foi só depois de uma memorável manhã com Jenna que eu de fato entendi de um modo real.

Jenna foi a primeira pessoa a se juntar a Lolly e eu em nossa equipe na The Holistic Psychologist. Se você leu *Como curar sua vida*, pode se lembrar da história: no dia em que lançamos o SelfHealers Circle, o servidor externo do site caiu, sobrecarregado pelo número de pessoas tentando acessá-lo. Lolly e eu, ansiosas para ajudar aqueles que queriam se juntar à nossa comunidade, entramos em pânico enquanto tentávamos não deixar a peteca cair. Foi então que Jenna, um membro de longa data da comunidade, seguiu a intuição de seu coração e enviou uma mensagem para dizer que ela enxergava e compartilhava a mesma visão, e estava ali para ajudar. Nós lemos sua mensagem apenas alguns segundos depois de ela enviar, o que foi notável – e, no fim, sincrônico – em uma comunidade de milhões.

Conversamos por telefone, e ficou claro que Jenna compartilhava nossos valores, nossa visão e nossa jornada de cura. Ela ofereceu uma parceria profissional que Lolly e eu não sabíamos que podia ser possível, e nós três trabalhamos juntas virtualmente por vários meses antes de Jenna viajar da Califórnia para a Filadélfia, onde Lolly e eu morávamos na época, para enfim nos encontrar pessoalmente.

Muito rapidamente, Jenna se estabeleceu como um membro essencial da nossa equipe, trazendo a comunicação e a liderança que complementavam os pontos fortes que Lolly e eu tínhamos, permitindo a cada uma de nós se concentrar em áreas específicas de nosso crescente negócio. Nosso relacionamento profissional floresceu de modo rápido e sinérgico, e nós também nos tornamos amigas.

Alguns meses depois de Jenna se juntar a nós, Lolly e eu nos mudamos para Los Angeles, uma transição que vínhamos considerando já havia algum tempo, depois de nos sentirmos mais alinhadas com o clima e as oportunidades oferecidas lá. Jenna, que também havia se mudado da Costa Leste para a Califórnia alguns anos antes, mudou-se para um apartamento em Venice Beach, perto de nosso novo lar, e continuamos trabalhando juntas, agora pessoalmente.

No primeiro ano, nosso ambiente de trabalho como equipe era tranquilo e colaborativo. Na maioria dos dias, Jenna caminhava até nosso apartamento pela manhã e tomávamos café juntas – depois trabalhávamos até o almoço, comíamos e voltávamos ao trabalho, muitas vezes até tarde da noite. À medida que mais pessoas ao redor do mundo se juntavam ao movimento SelfHealing, Jenna, Lolly e eu começamos a passar ainda mais tempo juntas, nossas horas no "escritório" se transformando em noites cada vez mais longas, jantares e fins de semana juntas.

Logo, nós três passamos a manter rituais semanais, como comprar tacos todas as terças e visitar o Farmer's Market todas as sextas, quando fazíamos a feira e comprávamos flores nas barracas a céu aberto perto de casa. Começamos a celebrar marcos importantes como uma equipe, como quando meu livro *Como curar sua vida* alcançou a primeira posição na lista do *New York Times* e nossa comunidade se expandiu em todo o mundo. Até começamos a celebrar aniversários e a passar os feriados juntas.

Com o tempo, entretanto, a tensão, a irritabilidade e a insegurança começaram a invadir nosso relacionamento, lenta e insidiosamente a princípio, como óleo se acomodando na água. Passamos a discutir sobre coisas pequenas, incluindo bobagens, como alguém ter se esquecido de apanhar um item extra no mercado ou não ter usado uma palavra específica em um texto. Embora Jenna passasse a maior parte de seu tempo conosco, ela ainda tinha seu próprio apartamento, que ficava a alguns quarteirões do nosso. Muitas vezes, ela se sentia triste à noite depois do trabalho, e queria ficar em casa, mas, ao mesmo tempo, não queria nos deixar. Lolly e eu também nos sentíamos hesitantes, querendo que ela ficasse, mas também sem saber o que fazer com a tristeza e a culpa que às vezes sentíamos quando ela acabava voltando para casa. Nós três começamos a interromper umas às outras, agir de modo passivo-agressivo e levar as coisas para o lado pessoal. Quanto mais tempo passávamos juntas, mais a tensão crescia, tornando-se tão pesada que era palpável.

Com cuidado e compaixão umas com as outras, percebemos que estávamos tendo dificuldade para nos comunicar como uma equipe, tanto pessoal quanto profissionalmente. Estávamos comprometidas e dispostas a ter conversas difíceis, mas nenhuma quantidade de confrontação amorosa ou diálogo maduro parecia mudar as dinâmicas entre nós.

Então, em uma manhã de sexta-feira, Jenna passou em nosso apartamento bem cedo, perto das seis horas, e perguntou se podia conversar com cada uma de nós separadamente. Ela estava a caminho de encontrar uma amiga na cidade para tomar café antes de Lolly e eu nos encontrarmos com ela para nosso ritual de sexta-feira.

O apartamento em que Lolly e eu morávamos era pequeno, então Jenna e eu encontramos um espaço calmo no quarto dos fundos e fechamos a porta. Eu me sentei na cama e a encarei quando ela se sentou diante de mim, mirando-me nos olhos e respirando fundo. Percebi que ela queria compartilhar algo que estava pesando em seu coração e sua mente: seu rosto estava corado enquanto olhava para mim, e ela claramente escolhia com cuidado as palavras que diria a seguir. Percebendo que Jenna estava prestes a compartilhar algo que parecia difícil verbalizar, olhei calmamente para ela. Eu intencionalmente me conectei com meu coração enquanto abria um espaço, sentada em silêncio, dando tempo a ela para dizer aquilo que queria ou de que precisava.

Jenna respirou fundo, pousou a mão sobre o coração e começou, reconhecendo a tensão crescente entre nós. Ela disse que havia passado um tempo olhando para dentro, conectando-se com seu coração e explorando seu papel na tensão crescente, o que condizia com seu caráter: Jenna passava a maior parte de sua vida conectando-se intuitiva e intencionalmente com seu coração, ouvindo suas verdades e seguindo suas orientações. Ela também disse que o trabalho que estávamos ensinando naquele mês no SelfHealers Circle – um curso sobre Autenticidade Corajosa, que ensinava a falar e viver a sabedoria de seu coração – havia sido inspirado pela recente percepção da verdade de seu próprio coração.

Corajosamente falando com seu coração, Jenna compartilhou que amava tanto Lolly quanto a mim mais do que como simples amigas ou colegas. Ela tinha sentimentos românticos por nós duas e, embora não soubesse como eu me sentiria ou se nós estaríamos receptivas a explorar um tipo diferente de relacionamento amoroso com ela, Jenna queria honrar seu coração e explorar sua verdade. Ela sugeriu que tomássemos o tempo necessário para entender como nos sentíamos e que, independentemente do que o coração de cada uma de nós dissesse, ela estava comprometida a continuar nosso trabalho juntas. Se seus sentimentos não fossem correspondidos ou se uma dinâmica de relacionamento expandida não desse certo, ela aceitaria isso e nós poderíamos criar limites para melhor definir nosso relacionamento profissional.

Enquanto eu observava Jenna e a ouvia falar, meu coração começou a acelerar. Uma mistura de nervosismo e excitação inundou meu corpo. Ao mesmo tempo, senti uma imensa sensação de alívio, embora não conseguisse discernir se por mim, por Jenna ou por nós três. Mas o que ficou claro para mim no momento foi que Jenna havia acabado de identificar a base subentendida de nosso conflito.

Ainda sentada na cama, eu não disse nada além de agradecer do fundo coração por ela ter compartilhado aquilo. Eu sabia que precisava de tempo para processar o que ela havia me dito antes de responder – também sabia que ela queria que eu me conectasse com a verdade do meu coração antes de responder. Ela sorriu amorosamente e nós nos abraçamos antes de ela sair para se encontrar com sua amiga, o que me deu a oportunidade de tomar um momento para processar nossa conversa. Também deu a Lolly e a mim a chance de explorarmos nossas respostas individuais para aquilo que Jenna havia compartilhado.

Lolly e eu decidimos caminhar até uma cafeteria. Jenna também havia conversado sozinha com Lolly, então eu não precisava atualizar a situação para ela. Em vez disso, olhamos uma para a outra e cada uma perguntou o que a outra sentia. Nossa conversa não durou muito: descobrimos rapidamente que estávamos receptivas e curiosas sobre o que Jenna havia compartilhado e também dispostas a entrar nessa curiosidade. Eu sabia que Lolly sempre vira e desejara o melhor de mim e para mim, e eu sentia o mesmo sobre ela, o que nos ajudou a tomar a decisão de permitir aquela liberdade exploratória uma para a outra.

Olhando hoje para aquela situação, tanto Lolly quanto eu pudemos enxergar como havíamos ignorado os sinais de nossos corações. Eu sentia um aperto no peito quando Jenna falava sobre namorar outras pessoas, Lolly revirava os olhos quando Jenna mencionava ter encontrado uma ex-namorada: cada uma, à sua maneira, reprimindo ou dispensando as mensagens do coração. Naquela manhã, ficou aparente para nós duas que não estávamos vivendo a verdade de nosso coração e que nós três, na verdade, sentíamos a mesma atração pela possibilidade de um amor expandido. E, embora eu não tivesse um exemplo de como um relacionamento não convencional deveria se parecer, meu coração implorava para que eu seguisse seus sinais. Naquele ponto em minha jornada, eu sabia que precisava ouvi-lo.

Depois de Lolly e eu sairmos da cafeteria, encontramos Jenna e sua amiga no mercado. Não dissemos nada sobre o que havia acontecido – queríamos ter tempo e espaço para nos reintegrarmos sem a pressão de comunicar ou falar sobre a decisão. Então, caminhamos, jogando conversa fora no meio do caleidoscópio de cores e amoras que preenchia o mercado, incluindo o perfume de orquídeas e lírios, de melões frescos e pêssegos da cor do pôr do sol da Califórnia. Para mim, naquela manhã, o mercado parecia ainda mais vibrante, bonito, vivo e efusivo com o cheiro de laranjas frescas, a abundância de flores recém-colhidas e a sensação de alegria expandida e harmonia restaurada nos dois relacionamentos mais importantes da minha vida.

A decisão de Jenna de mostrar a verdade de seu coração naquela manhã de sexta-feira mudou para sempre as dinâmicas entre nós três. A tensão mútua, as discussões, os comentários passivo-agressivos e as mágoas se dissiparam quase imediatamente quando nossa comunicação se tornou mais honesta, eficiente e natural. Nós nos tornamos não apenas parceiras românticas, mas também melhores amigas e colegas ainda mais produtivas. Emocionalmente, evoluímos para um amor mais satisfatório, que permitiu a cada uma de nós ser honrada e valorizada por *sermos* quem somos, enquanto cultivávamos nosso relacionamento e nosso amor como um todo. Eu serei sempre grata por Jenna, sua autenticidade corajosa e sua capacidade de honrar e compartilhar a verdade de seu coração, porque sua honestidade me permitiu acessar a minha própria verdade.

Em toda a minha vida, nunca pensei que acabaria assim – nesse relacionamento expandido –, mas aqui estou. Isso me surpreendeu, e imagino que uma boa parte de vocês também tenha se surpreendido. E, por favor, não estou de jeito nenhum sugerindo que esse é o caminho para você ou para os seus relacionamentos.

Continuo compartilhando minha jornada com você para ilustrar o preço que a desconexão do seu coração pode cobrar e para mostrar o poder de se conectar e agir de acordo com seu coração. O seu coração vai, é claro, oferecer sussurros diferentes: um novo lar, uma nova cidade ou uma nova carreira ou nenhuma carreira; sussurros tão variados quanto nós, seres humanos, podemos ser. Como imagino que você agora percebeu, as mensagens do seu coração merecem o tempo de serem ouvidas, interpretadas e seguidas. Elas são a sua própria fonte de orientação profunda. O seu coração está falando com você agora mesmo, e sua sabedoria não tem limites. A questão é: você está disposto a ouvi-lo?

O seu coração humano é incrivelmente poderoso e capaz de amar de muitas maneiras diferentes e únicas. Cada um de nós possui um coração que contém uma capacidade infinita de amor, não importa a aparência que esse amor tenha para você.

Para todos os corações lendo estas palavras agora mesmo: você *já é* o amor que você busca.

AGRADECIMENTOS

Assim como com tudo que crio, eu gostaria de expressar minha infinita gratidão a cada um de vocês que se sentiram inspirados a buscar ou compartilhar meu trabalho. É somente quando nos tornamos receptivos e curiosos sobre as ideias e as perspectivas das outras pessoas que recebemos a oportunidade de enxergar a nós mesmos e ao mundo ao redor mais claramente.

Embora não seja possível nomear todos que me impactaram até hoje em minha jornada, sou grata por todos os relacionamentos que cruzaram e ainda cruzarão o meu caminho, permitindo-me expandir minha capacidade de conhecer e amar a mim mesma para que eu possa continuar aprendendo como conhecer melhor e amar outra pessoa.

À nossa comunidade global de SelfHealers, obrigada por apoiar minha jornada em direção à minha expressão autêntica neste mundo. É por meio das interações que tenho com cada um de vocês que vejo tanto de mim mesma e, como resultado, sinto-me menos solitária.

À minha família, sobretudo meu pai e minha irmã, que continuam me dando o espaço para priorizar minha própria cura e para reconstruir uma base forte de relacionamentos mais seguros e confiáveis. Obrigada pelo apoio de vocês em meu processo de me tornar eu mesma.

Às minhas parceiras de vida, Jenna e Lolly, que continuam me mostrando o maior amor expandido que já conheci. Lolly, sou eternamente grata e inspirada por você e sua capacidade de abraçar completamente a si mesma e sua curiosidade natural para entender outras perspectivas. Jenna, sou eternamente grata e inspirada por sua capacidade de se conectar com seu coração de forma tão completa e por sua tendência natural de viver guiada pelo coração.

A todos os professores que transmitiram sua sabedoria e suas experiências ao longo da história. Que minha jornada possa oferecer claridade e valor para nossa sabedoria coletiva compartilhada, a fim de que todos que vierem depois possam se beneficiar.

A todos os nossos ancestrais. É por meio da minha reconexão com todos aqueles que vieram antes de mim que eu me torno mais ciente da minha conexão com tudo o que existe e existirá. Que cada um de vocês possa se reconectar com a sua natureza infinita.

À minha equipe: Brittany, Cristen, Furkan, Mike, MJ e Tia, obrigada por seu trabalho diário para encarnar esses ensinamentos e seus esforços colaborativos em serviço de nossa comunidade.

Ao Dado, que se tornou uma parte integral e o defensor de todas as minhas criações. Obrigada por escolher compartilhar seus dons e ajudar a propagar mensagens que podem mudar tantas vidas.

A Sarah Toland, cujo desejo aberto e curioso de realmente entender e traduzir esta obra ajudou a criar este lindo presente para o coletivo.

À equipe da Harper Wave: Amanda, Emma, Karen, Julie e Yelena, que continua enxergando nossa visão e apoiando sinceramente a criação de nossas obras; à equipe de design da Harper Wave: Jo, Leah e Suzy, cujos esforços produziram artes tão lindas; e à equipe de produção, cujos esforços incansáveis tornaram este livro possível.

E, por fim, a todos vocês que continuarão sua própria jornada de volta para a verdade de seu coração, aderindo ao nosso movimento global para mudar o mundo ao nosso redor e inspirando outros a fazerem o mesmo.

SOBRE A AUTORA

Dra. Nicole LePera é autora dos best-sellers *Como curar sua vida* e *How to meet your Self*, além de criadora do movimento #selfhealers, uma comunidade de pessoas que se unem para curar umas às outras com as próprias mãos.

Graduada em Psicologia Clínica pela Universidade de Cornell e doutora pela The New School for Social Research, também estudou na Escola de Psicanálise da Filadélfia e trabalhou com uma grande variedade de pacientes em várias frentes, incluindo terapia de casais e tratamento de uso de substâncias.

Seus ensinamentos auxiliam o indivíduo a se libertar de traumas intergeracionais e crenças herdadas para se reconectar com seu eu autêntico e curar seus relacionamentos.

NOTAS

1. KLOET, E. Ron de; OITZL, Melly S.; JOELS, Marian. Stress and Cognition: Are Corticosteroids Good or Bad Guys? *Trends in Neurosciences*, v. 22, n. 10, p. 422-426, 1999. Disponível em: https://doi.org/10.1016/s0166-2236(99)01438-1. Acesso em: 8 fev. 2024.

2. BOWLBY, John. The Nature of the Child's Tie to His Mother. *International Journal of Psychoanalysis*, v. 39, n. 5, p. 350-373, 1958.

3. SIEGEL, Daniel. *The Developing Mind*: How Relationships and the Brain Interact to Shape Who We Are. 3. ed. Nova York: Guilford Press, 2020. p. 7.

4. HAWKLEY, Louise C.; CACIOPPO, John T. Loneliness Matters: A Theoretical and Empirical Review of Consequences and Mechanisms. *Annals of Behavioral Medicine*, v. 40, n. 2, p. 218-227, 2010. Disponível em: https://doi.org/10.1007/s12160-010-9210-8. Acesso em: 8 fev. 2024.

5. SIEGEL, Daniel. *The Developing Mind*: How Relationships and the Brain Interact to Shape Who We Are. 3. ed. Nova York: Guilford Press, 2020. p. 7.

6. CENTER ON THE DEVELOPING CHILD. *InBrief*: The Science of Early Childhood Development. Cambridge, MA: Harvard University, 2007. Disponível em: https://developingchild.harvard.edu/resources/inbrief-science-of-ecd/. Acesso em: 8 fev. 2024.

7. HORGAN, John. What God, Quantum Mechanics and Consciousness Have in Common. *Scientific American*, 14 abr. 2021. Disponível em: https://www.scientificamerican.com/article/what-god-quantum-mechanics-and-consciousness-have-in-common. Acesso em: 8 fev. 2024.

8. SIEGEL, Daniel. *The Developing Mind*: How Relationships and the Brain Interact to Shape Who We Are. 3. ed. Nova York: Guilford Press, 2020. p. 14.

9. TAYLOR, Kory; JONES, Elizabeth B. *Adult Dehydration*. Treasure Island, FL: StatPearls Publishing, 2022. Disponível em: https://www.ncbi.nlm.nih.gov/books/NBK555956/. Acesso em: 8 fev. 2024.

10. BARRETT, Lisa Feldman. The Theory of Constructed Emotion: An Active Inference Account of Interoception and Categorization. *Social Cognitive and Affective Neuroscience*, v. 12, n. 1, p. 1-23, jan. 2017. Disponível em: https://doi.org/10.1093/scan/nsw154. Acesso em: 8 fev. 2024.

11. ALSHAMI, Ali M. Pain: Is It All in the Brain or the Heart? *Current Pain and Headache Reports*, v. 23, n. 12, nov. 2019. Disponível em: https://doi.org/10.1007/s11916-019-0827-4. Acesso em: 8 fev. 2024.

12. A DEEPER View of Intuition. *HeartMath Institute*, 26 ago. 2019. Disponível em: https://www.heartmath.org/articles-of-the-heart/a-deeper-view-of-intuition/. Acesso em: 8 fev. 2024.

13. MCCRATY, Rollin; ATKINSON, Mike; BRADLEY, Raymond Trevor. Electrophysiological Evidence of Intuition: Part 2. A System-wide Process? *Journal of Alternative and Complementary Medicine*, v. 10, n. 2, p. 325-336, abr. 2004. Disponível em: https://doi.org/10.1089/107555304323062310. Acesso em: 8 fev. 2024.

14. BROWN, Timothy T.; JERNIGAN, Terry L. Brain Development During the Preschool Years. *Neuropsychology Review*, v. 22, n. 4, p. 313-333, 2012. Disponível em: https://doi.org/10.1007/s11065-012-9214-1. Acesso em: 8 fev. 2024.

15. LIM, Lena; KHOR, Chiea Chuen. Examining the Common and Specific Grey Matter Abnormalities in Childhood Maltreatment and Peer Victimization. *BJPsych Open*, v. 8, n. 4, p. e132, 12 jul. 2022. Disponível em: https://doi.org/10.1192/bjo.2022.531. Acesso em: 8 fev. 2024.

16. BEGEMANN, Marieke J. H. *et al.* Childhood Trauma Is Associated with Reduced Frontal Gray Matter Volume: A Large Transdiagnostic Structural MRI Study. *Psychological Medicine*, v. 53, n. 3, p. 1-9, jun. 2021. Disponível em: https://doi.org/10.1017/S0033291721002087. Acesso em: 8 fev. 2024.

17. MARINOVA, Zoya; MAERCKER, Andreas. Biological Correlates of Complex Posttraumatic Stress Disorder: State of Research and Future Directions. *European Journal of Psychotraumatology*, v. 6, n. 1, p. 2591, abr. 2015. Disponível em: https://doi.org/10.3402/ejpt.v6.25913. Acesso em: 8 fev. 2024.

18. PFALTZ, Monique C. *et al.* Are You Angry at Me? Negative Interpretations of Neutral Facial Expressions Are Linked to Child Maltreatment but Not to Posttraumatic Stress Disorder. *European Journal of Psychotraumatology*, v. 10, n. 1, p. 1682929, nov. 2019. Disponível em: https://doi.org/10.1080/20008198.2019.1682929. Acesso em: 8 fev. 2024.

19. BARRETT, Lisa Feldman. The Theory of Constructed Emotion: An Active Inference Account of Interoception and Categorization. *Social Cognitive and Affective Neuroscience*, v. 12, n. 1, p. 1-23, jan. 2017. Disponível em: https://doi.org/10.1093/scan/nsw154. Acesso em: 8 fev. 2024.

20. *Ibid.*

21. STOYE, David Q. *et al.* Maternal Cortisol Is Associated with Neonatal Amygdala Microstructure and Connectivity in a Sexually Dimorphic Manner. *eLife*, p. e60729, 24 nov. 2020. Disponível em: https://doi.org/10.7554/eLife.60729. Acesso em: 8 fev. 2024.

22. MENIGOZ, Wendy *et al.* Integrative and Lifestyle Medicine Strategies Should Include Earthing (Grounding): Review of Research Evidence and Clinical Observations. *Explore*, v. 16, n. 3, p. 152-160, maio/jun. 2020). Disponível em: https://doi.org/10.1016/j.explore.2019.10.005. Acesso em: 8 fev. 2024.

23. *Ibid.*

24. MIND FOUNDATION. The Connection Between Leaky Gut and Leaky Brain. Disponível em: https://mindd.org/connection-leaky-gut-leaky-brain/. Acesso em: 8 fev. 2024.

25. REYNOLDS, Edward. Vitamin B12, Folic Acid, and the Nervous System. *Lancet. Neurology*, v. 5, n. 11, p. 949-960, nov. 2006. Disponível em: https://doi.org/10.1016/S1474-4422(06)70598-1. Acesso em: 8 fev. 2024.

26. STAYING HEALTHY. Vitamin D and Your Health: Breaking Old Rules, Raising New Hopes. *Harvard Health Publishing*, 13 set. 2021. Disponível em: https://www.health.harvard.edu/staying-healthy/vitamin-d-and-your-health-breaking-old-rules-raising-new-hopes. Acesso em: 8 fev. 2024.

27. FREITAS, Hércules Rezende *et al.* Fatty Acids, Antioxidants and Physical Activity in Brain Aging. *Nutrients*, v. 9, n. 11, p. 1263, nov. 2017. Disponível em: https://doi.org/10.3390/nu9111263. Acesso em: 8 fev. 2024.

28. DE PALMA, Giada *et al.* Effects of a Gluten-Free Diet on Gut Microbiota and Immune Function in Healthy Adult Subjects. *British Journal of Nutrition*, v. 102, n. 8, p. 1154-1160, 2019. Disponível em: https://doi.org/10.1017/S0007114509371767. Acesso em: 8 fev. 2024.

29. WILD, Beate *et al.* Acupuncture in Persons with an Increased Stress Level: Results from a Randomized-Controlled Pilot Trial. *PLOS ONE*, v. 15, n. 7, p. e0236004, jul. 2020. Disponível em: https://doi.org/10.1371/journal.pone.0236004. Acesso em: 8 fev. 2024.

30. SCHUBERT, Sarah J.; LEE, Christopher W.; DRUMMOND, Peter D. Eye Movements Matter, But Why? Psychophysiological Correlates of EMDR Therapy to Treat Trauma in Timor-Leste. *Journal of EMDR Practice and Research*, v. 10, n. 2, p. 70-81, 2016. Disponível em: https://doi.org/10.1891/1933-3196.10.2.70. Acesso em: 8 fev. 2024.

31. MCCRATY, Rollin. Health Outcome Studies. *In*: MCCRATY, Rollin. *Science of the Heart*: Exploring the Role of the Heart in Human Performance. Boulder Creek, CA: HeartMath Institute, 2015. v. 2. Disponível em: https://www.heartmath.org/research/science-of-the-heart/health-outcome-studies. Acesso em: 8 fev. 2024.

32. *Ibid.*

33. ARMOR, John. Intrinsic Cardiac Neurons. *Journal of Cardiovascular Electrophysiology*, v. 2, n. 4 p. 331-341, ago. 1991. Disponível em: https://doi.org/10.1111/j.1540-8167.1991.tb01330.x. Acesso em: 8 fev. 2024.

34. LIESTER, Mitchell B. Personality Changes Following Heart Transplantation: The Role of Cellular Memory. *Medical Hypotheses*, v. 135, p. 109468, 2020. Disponível em: https://doi.org/10.1016/j.mehy.2019.109468. Acesso em: 8 fev. 2024.

35. MCCRATY, Rollin. Energetic Communication. *In*: MCCRATY, Rollin. *Science of the Heart*: Exploring the Role of the Heart in Human Performance. Boulder Creek, CA: HeartMath Institute, 2015. v. 2. Disponível em: https://www.heartmath.org/research/science-of-the-heart/energetic-communication/. Acesso em: 8 fev. 2024.

36. *Ibid.*

37. ARMOR, John. Anatomy and Function of the Intrathoracic Neurons Regulating the Mammalian Heart. In: ZUCKER, Irving H.; GILMORE, Joseph P. (eds). *Reflex Control of the Circulation*. Boca Raton, FL: CRC Press, 1991. p. 1-37.

38. MCCRATY, Rollin. The Social Heart: Energy Fields and Consciousness. *Pathways to Family Wellness*, v. 63, 2019. Disponível em: https://pathwaystofamilywellness.org/new-edge-science/the-social-heart-energy-fields-and-consciousness.html. Acesso em: 8 fev. 2024.

39. MCCRATY, Rollin; ZAYAS, Maria. Intuitive Intelligence, Self-Regulation, and Lifting Consciousness. *Global Advances in Health and Medicine*, v. 3, n. 2, p. 56-65, 2014. Disponível em: https://doi.org/10.7453/gahmj.2014.013. Acesso em: 8 fev. 2024.

40. A DEEPER View of Intuition. HeartMath Institute, 26 ago. 2019. Disponível em: https://www.heartmath.org/articles-of-the-heart/a-deeper-view-of-intuition/. Acesso em: 8 fev. 2024.

41. REZAEI, Saeed *et al.* Nonlocal Intuition: Replication and Paired-Subjects Enhancement Effects. *Global Advances in Health and Medicine*, v. 3, n. 2, p. 5-15, 2014. Disponível em: https://doi.org/10.7453/gahmj.2014.012. Acesso em: 8 fev. 2024.

42. MCCRATY, Rollin. Intuition Research: Coherence and the Surprising Role of the Heart. *In*: MCCRATY, Rollin. *Science of the Heart*: Exploring the Role of the Heart in Human Performance. Boulder Creek, CA: HeartMath Institute, 2015. v. 2. Disponível em: https://www.heartmath.org/research/science-of-the-heart/intuition-research/. Acesso em: 8 fev. 2024.

43. MCCRATY, Rollin; ZAYAS, Maria. Intuitive Intelligence, Self-Regulation, and Lifting Consciousness. *Global Advances in Health and Medicine*, v. 3, n. 2, p. 56-65, 2014. Disponível em: https://doi.org/10.7453/gahmj.2014.013. Acesso em: 8 fev. 2024.

44. MCCRATY, Rollin. Coherence. *In*: MCCRATY, Rollin. *Science of the Heart*: Exploring the Role of the Heart in Human Performance. Boulder Creek, CA: HeartMath Institute, 2015. v. 2. Disponível em: https://www.heartmath.org/research/science-of-the-heart/coherence/. Acesso em: 8 fev. 2024.

45. TILLER, W. A.; MCCRATY, Rollin; ATKINSON, M. Cardiac Coherence: A New, Noninvasive Measure of Autonomic Nervous System Order. *Alternative Therapies in Health and Medicine*, v. 2, n. 1, p. 52-65, fev. 1996.

46. MCCRATY, Rollin. Energetic Communication. *In*: MCCRATY, Rollin. *Science of the Heart*: Exploring the Role of the Heart in Human Performance. Boulder Creek, CA: HeartMath Institute, 2015. v. 2. Disponível em: https://www.heartmath.org/research/science-of-the-heart/energetic-communication/. Acesso em: 8 fev. 2024.

47. WISEMAN, Richard; SCHLITZ, Marilyn. Experimenter Effects and the Remote Detection of Staring. *Journal of Parapsychology*, v. 61, n. 3, p. 197-208, set. 1997. Disponível em: https://www.researchgate.net/publication/238231060_Experimenter_effects_and_the_remote_detection_of_staring. Acesso em: 8 fev. 2024.

48. PEIRCE, Penney. *Frequência vibracional*: as nove fases da transformação pessoal para utilizar todo o potencial da energia interior. São Paulo, Cultrix: 2017.

49. WELCH, Martha G. *et al.* Family Nurture Intervention in the NICU Increases Autonomic Regulation in Mothers and Children at 4-5 Years of Age: Follow-up Results from a Randomized Controlled Trial. *PLOS ONE*, v. 15, n. 8, e0236930, ago. 2020. Disponível em: https://doi.org/10.1371/journal. pone.0236930. Acesso em: 8 fev. 2024.

50. NEU, Madalynn *et al.* Effect of Holding on Co-Regulation in Preterm Infants: A Randomized Controlled Trial. *Early Human Development*, v. 90, n. 3, p. 141-147, mar. 2014. Disponível em: https://doi.org/10.1016/j. earlhumdev.2014.01.008. Acesso em: 8 fev. 2024.

51. CHILDREN's Social and Emotional Development Starts with Co-regulation. *National Institute for Children's Health Quality*. Disponível em: https://www. nichq.org/insight/childrens-social-and-emotional-development-starts-co-regulation. Acesso em: 8 fev. 2024.

52. MONTAGUE, Read. *Your Brain Is (Almost) Perfect*: How We Make Decisions. Nova York: Plume, 2007.

53. *Ibid.*

54. HAGELIN, John S. *et al.* Effects of Group Practice of the "Transcendental Meditation" Program on Preventing Violent Crime in Washington, DC: Results of the National Demonstration Project, June-July 1993. *Social Indicators Research*, v. 47, n. 2, p. 153-201, 1999. Disponível em: http://www. jstor.org/stable/27522387. Acesso em: 8 fev. 2024.

55. WASHINGTON DC Meditation Project Reverses Violent Crime Trend by 23.3%. *World Peace Group*. Disponível em: http://worldpeacegroup.org/ washington-project-full-article/. Acesso em: 8 fev. 2024.

56. LEBANON Peace Project Reduces War Deaths by 76%. *World Peace Group*. Disponível em: https://worldpeacegroup.org/lebanon-peace-project-research. Acesso em: 8 fev. 2024.

57. PRAYER and Healing. *Duke Today*, 30 nov. 2001. Disponível em: https:// today.duke.edu/2001/11/mm_prayerand.html. Acesso em: 8 fev. 2024.

58. HARRIS, William S. *et al.* A Randomized, Controlled Trial of the Effects of Remote, Intercessory Prayer on Outcomes in Patients Admitted to the Coronary Care Unit. *Archives of Internal Medicine*, v. 159, n. 19, p. 2273-2278, 25 out. 1999. Disponível em: https://doi.org/10.1001/archinte.159.19.2273. Acesso em: 8 fev. 2024.

59. DOSSEY, Larry. Spirituality, Prayer, and Medicine: What Is the Fuss Really About? *Virtual Mentor*, v. 7, n. 5, p. 390-394, maio 2005. Disponível em: https://doi.org/10.1001/virtualmentor.2005.7.5.oped2-0505. Acesso em: 8 fev. 2024.

60. NELSON, R. D. Multiple Field REG/RNG Recordings During a Global Event. *Electronic Journal for Anomalous Phenomena*, v. 98, n. 3, 1977. Disponível em: https://noosphere.princeton.edu/ejap/gaiamind/nelson_eJAP2_gaia.html. Acesso em: 8 fev. 2024.

61. BANCEL, Peter A. Searching for Global Consciousness: A 17-Year Exploration. *Explore*, v. 13, n. 2, p. 94-101, 2017. Disponível em: https://doi.org/10.1016/j.explore.2016.12.003. Acesso em: 8 fev. 2024.

62. PROCHAZKOVA, Eliska; KRET, Mariska E. Connecting Minds and Sharing Emotions Through Mimicry: A Neurocognitive Model of Emotional Contagion. *Neuroscience and Biobehavioral Reviews*, v. 80, p. 99-114, 2017. Disponível em: https://doi.org/10.1016/j.neubiorev.2017.05.013. Acesso em: 8 fev. 2024.

63. HERRANDO, Carolina; CONSTANTINIDES, Efthymios. Emotional Contagion: A Brief Overview and Future Directions. *Frontiers in Psychology*, v. 12, art. 712606, 15 jul. 2021. Disponível em: https://doi.org/10.3389/fpsyg.2021.712606. Acesso em: 8 fev. 2024.

64. *Ibid.*

65. KRAMER, Adam D. I.; GUILLORY, Jamie E.; HANCOCK, Jeffrey T. Experimental Evidence of Massive-Scale Emotional Contagion Through Social Networks. *Psychological and Cognitive Sciences*, v. 111, n. 24, 8788-8790, 2 jun. 2014. Disponível em: https://doi.org/10.1073/pnas.1320040111. Acesso em: 8 fev. 2024.

66. ZAKI, Jamil. Kindness Contagion. *Scientific American*, 26 jul. 2016. Disponível em: https://www.scientificamerican.com/article/kindness-contagion/. Acesso em: 8 fev. 2024.

67. NOZAEA, Takayuki *et al.* Prefrontal Inter-Brain Synchronization Reflects Convergence and Divergence of Flow Dynamics in Collaborative Learning: A Pilot Study. *Frontiers in Neuroergonomics*, v. 2, p. 19, 3 jun. 2021. Disponível em: https://doi.org/10.3389/fnrgo.2021.686596. Acesso em: 8 fev. 2024.

68. HOEL, Heidi; SPARKS, Kate; COOPER, Cary L. The Cost of Violence/Stress at Work and the Benefits of a Violence/Stress-Free Working Environment. *Report Commissioned by the International Labour Organization*, 1º jan. 2001. Disponível em: https://www.ilo.org/wcmsp5/groups/public/---ed_protect/---protrav/---safework/documents/publication/wcms_108532.pdf. Acesso em: 8 fev. 2024.

69. MCCRATY, Rollin. New Frontiers in Heart Rate Variability and Social Coherence Research: Techniques, Technologies, and Implications for Improving Group Dynamics and Outcome. *Frontiers in Public Health*, v. 5, artigo 267, 11 out. 2017. Disponível em: https://doi.org/10.3389/fpubh.2017.00267. Acesso em: 8 fev. 2024.

70. MCCRATY, Rollin. Social Coherence: Outcome Studies in Organizations. *In*: McCRATY, Rollin. *Science of the Heart*: Exploring the Role of the Heart in Human Performance. Boulder Creek, CA: HeartMath Institute, 2015. v. 2. Disponível em: https://www.heartmath.org/research/science-of-the-heart/social-coherence/. Acesso em: 8 fev. 2024.

71. SCHUMANN Resonance. *National Aeronautics and Space Administration*. Disponível em: https://www.nasa.gov/mission_pages/sunearth/news/gallery/schumann-resonance.html. Acesso em: 8 fev. 2024.

72. SCHUMANN Resonances and Their Effect on Human Bioregulation. *Bioregulatory Medicine Institute*. 7 fev. 2020. Disponível em: https://www.brmi.online/post/2019/09/20/schumann-resonances-and-their-effect-on-human-bioregulation. Acesso em: 8 fev. 2024.

73. STOLC, Viktor *et al*. The Impact of the Schumann Resonances on Human and Mammalian Physiology. White paper submetido à NASA Biological; *Physical Sciences Decadal Survey*, 31 out. 2021. Disponível em: http://surveygizmoresponseuploads.s3.amazonaws.com/fileuploads/623127/6378869/139-39805df8350d398db74a88610c37ca5e_STOLCVIKTOR_.pdf. Acesso em: 8 fev. 2024.

74. MCCRATY, Rollin *et al*. Synchronization of Human Autonomic Nervous System Rhythms with Geomagnetic Activity in Human Subjects. *International Journal of Environmental Research and Public Health*, v. 14, n. 7 p. 770, 13 jul. 2017. Disponível em: https://doi.org/10.3390/ijerph14070770. Acesso em: 8 fev. 2024.

75. JACOBI, E.; RICHTER, O.; KRÜSKEMPER, Gertrud. Simulated VLF-Fields as a Risk Factor of Thrombosis. *International Journal of Biometeorology*, v. 25, n. 2, p. 133-1342, jun. 1981. Disponível em: https://doi.org/10.1007/BF02184461. Acesso em: 8 fev. 2024.

76. HUANG, Yu-Shu *et al.* The Subjective and Objective Improvement of Non-invasive Treatment of Schumann Resonance in Insomnia: A Randomized and Double-Blinded Study. *Nature and Science of Sleep*, v. 14, p. 1113-1124, jun. 2022. Disponível em: https://doi.org/10.2147/NSS.S346941. Acesso em: 8 fev. 2024.

77. MCCRATY, Rollin. Global Coherence Research: The Science of Interconnectivity. *In*: MCCRATY, Rollin. *Science of the Heart*: Exploring the Role of the Heart in Human Performance. Boulder Creek, CA: HeartMath Institute, 2015. v. 2. Disponível em: https://www.heartmath.org/research/science-of-the-heart/global-coherence/. Acesso em: 8 fev. 2024.

78. SCHUMANN Resonances and Their Effect on Human Bioregulation. *Bioregulatory Medicine Institute*. 7 fev. 2020. Disponível em: https://www.brmi.online/post/2019/09/20/schumann-resonances-and-their-effect-on-human-bioregulation. Acesso em: 8 fev. 2024.